经济管理新形态教材

公共基础课系列

21世纪

College Students' Innovation and Entrepreneurship Foundation

大学生
创新创业基础

郭鹏飞 曹燕菲 陈嘉尧 陈丹红 丁佳雯 ◎主编

清华大学出版社

北京

内 容 简 介

　　本书循序渐进地介绍了创新、创业的原理和方法，在理论内容的取舍与安排上，力争做到系统完整、重点突出，并注重用案例反映创新创业实践，按照逻辑顺序来阐述创新创业过程的有关知识与技能。本书博采国内外众多创新创业基础教科书之长，借鉴、参考和吸收了众多的研究成果，叙述简明，通俗易懂，可作为各类高等院校相关课程的教材。

图书在版编目（CIP）数据

大学生创新创业基础/郭鹏飞等主编. —北京：清华大学出版社，2024.5
21 世纪经济管理新形态教材. 公共基础课系列
ISBN 978-7-302-66193-1

Ⅰ．①大… Ⅱ．①郭… Ⅲ．①大学生 – 创业 – 高等学校 – 教材 Ⅳ．①G647.38

中国国家版本馆 CIP 数据核字(2024)第 086874 号

责任编辑：严曼一
封面设计：李召霞
责任校对：宋玉莲
责任印制：刘　菲
出版发行：清华大学出版社
　　　　网　　　址：https://www.tup.com.cn，https://www.wqxuetang.com
　　　　地　　　址：北京清华大学学研大厦 A 座　　　　　　邮　　编：100084
　　　　社 总 机：010-83470000　　　　　　　　　　　　邮　　购：010-62786544
　　　　投稿与读者服务：010-62776969，c-service@tup.tsinghua.edu.cn
　　　　质 量 反 馈：010-62772015，zhiliang@tup.tsinghua.edu.cn
　　　　课 件 下 载：https://www.tup.com.cn，010-83470332
印 装 者：三河市天利华印刷装订有限公司
经　　销：全国新华书店
开　　本：185mm×260mm　　　　　印 张：12.5　　　　字　　数：271 千字
版　　次：2024 年 5 月第 1 版　　　　　　　　　　　　印　　次：2024 年 5 月第 1 次印刷
定　　价：49.00 元

产品编号：101327-01

前言

习近平总书记强调："创新是社会进步的灵魂，创业是推动经济社会发展、改善民生的重要途径。青年学生富有想象力和创造力，是创新创业的有生力量。"加强创新创业教育，是推进高等教育综合改革、提高人才培养质量的重要举措。近年来，高校不断加强创新创业教育，对提高高等教育质量、促进学生全面发展、推动毕业生创业就业、服务经济社会发展发挥了重要作用。新形势下，高校必须着眼长远、聚焦聚力，下大力气解决存在的问题，进一步加强创新创业教育。

本书从学生耳熟能详的创业案例入手，让学生对创业形成感性认识，引导学生学习了解创业过程，激发其进行创新活动的兴趣，从而提高学生的整体学习参与度。在案例的选择上，既有正面经验也有反面教训；创业人物既有企业大咖也有商界新秀，既有全国典型也有区域特色人物，真正地实现案例的丰富性和多元化。在内容组织上，根据本科学生的学习特点，尽量安排通俗易懂、与实际联系紧密的创新创业相关知识。本书从高等学校创新创业教育讲起，以引起学生的共鸣，进而引出创新思维训练与创新技法、创业团队建设与创新、产品设计与创新、商业模式、商业计划书撰写以及演讲与路演，然后结合当下数智时代的创新，介绍重要的大学生创新创业比赛等内容。

在本书的编写过程中，编者参阅和借鉴了大量的相关书刊和网络资料，引用了部分文献资料和案例，在此谨向这些书籍、论文、案例及其他资料的作者表示诚挚感谢。研究生曹璐萍做了大量的资料整理、校对等工作；同时本书得到了湖州学院教材专项经费支持，在此一并表示衷心感谢！

由于编者水平有限，加之编写时间仓促，书中的疏漏和不足之处在所难免，恳请读者提出批评和建议，以使本书不断充实完善。

本书全体编者
2024 年 3 月于湖州学院

第一章

高等学校创新创业教育概述

学习目标

1. 理解高等学校创新创业教育的内涵;
2. 了解高校创新创业教育现状;
3. 了解高校创新创业教育发展历程与形势;
4. 理解创新创业教育与思政教育的关系。

引导案例

"饿了么"的前世今生

现在的年轻人大多对"饿了么"很熟悉,大家只是经常用它,却很少关注它的发展史,更别提它的创始人了。

饿了么平台的创始人张旭豪创办这个平台的起因就是自己吃外卖不方便,谁想到这个平台最后不仅解决了他的吃饭问题,还解决了他的财务自由问题。

张旭豪创业前,还是一个天天点外卖的大学生,创业后他豪情万丈,一心想把公司做上市,但最终还是选择了卖给阿里巴巴集团。不过他最近又开启了新一轮创业。

1. 砍柴

张旭豪是85后,出生于上海的一个富豪家庭里,家里世代经商。祖父是民国时期上海滩的"纽扣大王",父亲的渔具生意做得有声有色,还有个伯父是做轴承生意的,也是业内响当当的人物。可以说,张旭豪是妥妥的"富三代"。生活在这样的家庭环境中,从小少不了经商的历练,他曾经帮父亲要过债,也曾经帮妈妈炒过股,这些经历让他从小就有了敏锐的市场嗅觉。

从小到大,张旭豪都是学霸,大学时先在同济读了本科,后来在上海交通大学读研究生。

因为家里世代经商,所以父母对他的要求也不一样。刚上大学时,父母就直接给了他10万元,然后申明,以后不能问家里要生活费。张旭豪转身就把这笔钱投入了股市,早早就赚到了自己的第一桶金。尝到甜头后,他又问父亲要了10万元,自此累积了足够的创业资金。

2008年冬天,中国大部分地区都遭遇了雪灾,上海雪虽然不是很大,但也下了几场小雪,天气比往年要阴冷得多。当时的张旭豪正在上海交通大学读硕士研究生,闲暇时喜欢在宿舍里打游戏。有一天,他像往常一样,同室友打了一天的游戏,饿了就拿起桌上的送餐卡片,但他打了半天电话却没人送餐。也难怪,那天的天气实在太冷了,谁也不愿意冒着寒风送餐,这样的事情在那个冬天经常发生,于是那天的张旭豪突然看到了机会,决定开始创业。

说干就干，张旭豪用自己炒股赚的十几万元购置了电瓶车，把学校附近的餐馆电话都搜集起来，印刷后在学校分发，等接到订单后就自己送餐。那时的天气太冷，没人愿意跟他一起送，他只好叫了舍友康嘉一起送。就这样，两人一人骑一辆电瓶车，每天在校园里穿梭。送了一个冬天，两人的脚上都长了冻疮，好多年都没有痊愈。多年后，当张旭豪调侃起自己的创业史时曾说："我有一双世界上最丑的脚"。

生意多了以后，他们感觉线下交易比较麻烦，就想创办一个线上平台。于是，张旭豪找到校友叶峰，请他开发一个软件。不久后，"饿了么"平台诞生，宣传语就是"饿了别叫妈，叫饿了么"。软件被开发出以后，马上在上海交通大学火了，随后就蔓延到隔壁学校。那时的他们，没有想到自己无意中成了"风口上的那头猪"，可以做得如滴滴、共享单车一样强大，日后可以日进千万单，那时候O2O的概念都还没有出来。

2009年4月，他们注册了"上海拉扎勒斯信息科技有限公司"，在那之前，全国虽然有外卖，但没有一家专做外卖餐饮的公司，所以有人说张旭豪开创了一个行业。在平台建立后，他们开始从校内扩展到校外，商业模式也从抽佣金变成固定服务费，并且还采用了竞价排名等新型收费方式，让"饿了么"一步步从中间商转成了平台商。

2010年9月，"饿了么"在全上海上线，合作餐厅首次达到上千家，月交易额超过百万元，也推出了超时赔付的标准。

2011年，"饿了么"团队发展到40多人，成功占领了整个大学生市场。张旭豪的野心越来越大，接下来想占领上海的白领市场。

可是，白领跟学生完全不一样，张旭豪他们想了很多办法，但始终攻不进去，使团队成员一下流失了40多人，最终只剩下几个人，这是张旭豪第一次遇到创业瓶颈。中国市场上那一年兴起了5000多家团购网站，白热化的竞争让人不寒而栗，很多人称这场竞争为"千团大战"。彼时的王兴也创立了美团——这个饿了么最后的死对头，当时刚获得了红杉资本1000多万美元的融资。张旭豪却因为还是个大学生，始终拉不到投资而发愁。

2. 拾火

当时的张旭豪与王兴相比，确实稚嫩很多，他不仅没有连续创业的经历，而且连商业计划书都不会写。正因为如此，投资人一遍遍地怀疑他的能力，导致他一度想过放弃。好在吉人自有天相，张旭豪还是遇到了自己的第一位贵人——金沙江的朱啸虎给他投资了100万美元。当然，这笔投资在日后获得的利润也很丰厚。据说，当时朱啸虎在投资时，根本没有到饿了么公司考察，张旭豪后来还打趣说，不知道他到了公司后，看到办公室只有4个人，还会不会继续投资。

有了第一笔资金，张旭豪紧接着就拉到了第二笔资金，投资人是他的偶像——经纬中国的张颖。据说，张颖投资时问他，未来的目标是什么，张旭豪豪气冲天地说："老子就想去敲钟，做这个行业的第一"。

2013年，王兴的美团营业额超过160亿元，他的目光开始瞄准外卖平台，两个平台自此开始了一场大战。

2013年7月，美团副总裁王慧文找到张旭豪，希望收购饿了么，张旭豪当场拒绝，声称一定要自己敲钟，美团只得自己上线外卖平台。收购计划没有成功，王慧文开始拼命"烧钱"扩张，半年后，美团扩张到了100多个城市，而此时的饿了么只扩张到12个城市。更郁闷的是，阿里的淘点点也加入了外卖的竞争中。

张旭豪感觉到了巨大的压力，他开始疯狂扩张，目的就是牵制美团。那时，他一天打8个小时电话，不断叮嘱每个城市的负责人集中精力，防守美团。

2014 年，饿了么员工发展到 4000 余人，进驻全国 200 多个城市。与此同时，美团也不甘示弱，最高纪录每月花费 1.5 亿元补贴市场。百度同样不甘示弱，也加入外卖的行业中去。红杉资本又拿出 3.5 亿美元给张旭豪融资，随即中信、华联也拿出 6.3 亿美元来投资，一时间饿了么的估值达到 10 亿美元，发展势头一度盖过了美团。

张旭豪以为自己赢了，于是带着团队去巴厘岛度假，但是他万万没有想到，在他度假期间，美团收购了大众点评，双方的竞争又上升了一个级别。

3. 分羹

旅游回来的张旭豪见美团收购大众点评，于是想收购百度外卖扳回一局，可惜百度外卖的影响力远远不如大众点评。那时的外卖市场，经过几轮收购，只剩下美团和饿了么两大枭雄，只是此时的饿了么在管理上的短板成了它发展的最大障碍。随后，阿里给饿了么投资 12.5 亿美元，张旭豪自此与阿里结缘。与此同时，腾讯也开始投资美团。

2018 年 4 月，阿里全资收购饿了么，5 个月后，王兴在美国敲钟上市。让张旭豪痛心的是，对手的上市比自己被收购还要顺利。据说，阿里副主席蔡崇信在跟张旭豪谈判收购时，第一次只出了 76 亿美元的价格，张旭豪气得在谈判中拍起了桌子。无奈之下，张旭豪又去找了美团，美团把价格提高到了 90 亿美元，其实王慧文并不想收购他们，只是觉得76 亿美元太欺负这个大学生了。于是，张旭豪拿着美团的价格去找阿里，阿里最后才出价95 亿美元。想不到，在最后的紧要关头，帮助张旭豪的居然是自己的对手。

被收购以后，张旭豪一度也想不通，沉默了 3 年，但是后来，他还是想通了，在自己不够强大的时候，不如被收购，这样对股东们有个好的交代，也为日后创业留条路。

4. 另起炉灶

2021 年底，张旭豪再次出现在公众视野中，这一次，他做了一个高尔夫培训项目，号称"2680 元必须让大家学会高尔夫"，一听就是新概念。

据说，张旭豪在饿了么被收购后，还做过一段时间的投资人，不过，从他个人的经历来看，他就是个精明的人，天生就有投资的基因。

在所有的大学生创业故事中，张旭豪的结局比 ofo 的戴威好得多，也比摩拜的胡玮炜获利更多，虽然也有行业的因素，但更与他敏锐的商业头脑有关。

资料来源：https://baijiahao.baidu.com/s?id=1721854196431802861&wfr=spider&for=pc

引导问题：

1. 案例中，张旭豪是如何发现创业机会的？
2. 思考：创业，最开始要做什么？

第一节　创新创业教育

创新创业教育可以培养出具有科技创新与创业能力的大学生，这样的新生力量可以推动社会不断前进，所以研究大学生创新创业能力的培养途径至关重要。社会的快速发展，对学校教育也提出了更高的要求，尤其是大学教育，高等学校创新创业教育的重中之重就是培养具有创新创业能力的学生，从而为社会培养出更优秀的人才。创新是国家发展的根本动力，高校承担着培养创新人才的责任和使命，培养创新型人才是高等教育的首要任务。在高校中开展创新创业教育，培养创新型人才，有利于整合学校教育资源和社会资源，提高大学生的创新能力和素质，满足社会对人才的需求，解决大学生的就业问题，激发大学生的创业激情和提高大学生创业的成功率。

一、创新型人才培养

（一）国外创新型人才培养

尽管国外很多国家没有明确提出创新型人才培养的目标，但是在创新人才培养及素质教育方面拥有丰富的经验。学者裴文英认为，美国的高等教育非常重视学生个体的全面发展和自我价值实现，美国高校为提高创新型人才的综合素质，实现通才教育，在核心课程和教学计划中加大人文类学科的比重，侧重知识的广度和整体性。在国外的创新人才培养理念中，国外高校大多倡导学术自由、注重本科教育、关注每一个学生的个性化成长。密歇根大学前任校长詹姆斯·杜德司达特的教育名言——"让所有的鲜花都盛开"，这足以证明美国高校一直有关注每一个学生成长的教育理念。在英国，大学教育有着自由教育的传统，培养绅士型的领袖和学者是大学教育的培养目标。学者蔡蕴琦、张琳认为，英国的高等教育也在从注重古典人文教育转向重视现代科技教育，文理并重，从重视专业人才培养转向开展综合教育和跨学科培养，更新教育观念，实施宽口径综合课程教学，加强复合型人才的培养，提高科技竞争力，使高等教育更有效地为经济社会服务。例如，牛津大学和剑桥大学都采用精英化教育方式，规定了严格的招生和教学管理制度。在学生管理方面，两所学校均实行导师制，这样可以使师生有更多密切交流的机会。

拓展阅读 1-1：国外大学创新创业教育成功案例分析

（二）国内创新型人才培养研究

创新型人才培养是高等教育的基本使命和首要任务。《国家中长期人才发展规划纲要（2010—2020 年）》提出，创新型人才是指具有较强创新意识、创新精神和创新能力，可以进行创新性劳动并对社会做出贡献的人，是国家创新驱动的第一资源。学者徐小洲、叶映华认为，创新型人才素质可以从智力与非智力两个基本维度加以衡量。它的核心要素是创新素质，表现为创新人格、创新行为与创新业绩。高校围绕着培养创新型人才这一目标，结合高校创客教育发展的现状，积极探讨高校创客教育模式。培养创新型人才的高校创客教育，就是要把创客教育融入高校人才培养的全过程中，以培养创新型人才为目标，以创新型人才培养质量为主要评价标准，在创新型人才培养规划下推动高校创客教育。学者许志山从知识结构、创新意识、创新思维、第二课堂等角度出发，认为当前高校创新人才培养存在知识结构欠合理、创新意识较薄弱、创新思维方式缺乏、第二课堂建设思想亟待统一、第二课堂活动的内容缺乏针对性、第二课堂与第一课堂联系不紧密、第二课堂的硬件条件比较薄弱、专业老师指导不够并缺乏积极性、社团建设力度不够等问题。学者宁洁萍认为大学生普遍缺乏创新思维能力，大多数学生并不能利用自己所学习的知识使自己的思维活跃起来，学生懒于动脑或者不会动脑，只知机械性地记忆或者学习，思维能力较差；当今大学生成长的环境比较优越，他们很少经历过大风大浪，心理承受能力差，没有自信心，缺乏参与实践活动的动力；在日常的学校教育中，教师通常在课堂上对学生进行知识讲授，除了提问回答问题以外，学生很少能够参与知识的传授过程中，这就使学生往往是被动地接受知识，而不是主动地去探求真相。这些因素都导致学生的创新能力没有得到良好的培养及锻炼。

二、大学生创新创业教育的现状与存在的问题

（一）创新创业教育的现状

当前地方高校与重点高校相比，因为经费短缺、资源不足，存在学校对创业教育不够重视、投入不足，缺乏创业教育教师、学生创业热情不高、专业的创业服务指导不够、创业教材实践性不够等制约性问题，尤其是大多数地方高校存在创新创业教育经费不足和创业教育师资不足的瓶颈问题。

我国的高校创新创业教育已经探索了 20 余年，主要分为 3 个阶段：第一阶段是学生活动中的创业大赛，主要是学生的课外活动；第二阶段是从就业角度出发的创业教育，目的是增进学生就业；第三阶段是从人才培养角度来讲的高校创业教育。

中华人民共和国国务院在 2015 年发文提出，创新创业教育是深化高校教育改革的需求，是推进高等教育转型的有效途径，是促进高校毕业生高质量就业的重要举措。我国高校创新创业教育的总体目标是：到 2017 年取得重要进展，形成可以广泛推广和借鉴的创新创业模式，实现以创业为主导的新一轮引领计划；到 2020 年实现创新创业教育体系的完整化，在高校人才培养方面要有显著提升，学生的创新创业意识和能力要显著增强，投身实际的创业案例要显著增加。

（二）创新创业教育存在的问题

我国高校创新创业教育起步较晚，仍处于探索阶段，还未形成完整的教育培养体系。据调查，在我国 107 所"211"工程高校中，仅有 41 所高校开设了与创业相关的课程，而且很多高校提供的课程非常有限，甚至仅仅局限于一门《创业管理》或《大学生就业与创业指导》课程，很难满足大学生创业理论学习和创业技能训练的需要。因此，创新创业教育和指导还存在诸多问题。

1. 认识不到位

2015 年 5 月，教育部发布的《教育部关于做好 2016 届全国普通高等学校毕业生就业创业工作的通知》中明确要求，从 2016 年起所有高校都要设置创新创业教育课程，并纳入学分管理。但是我国的创新创业教育发展尚不完善，我们的创新创业教育经历了从创业教育到创新创业教育的过程。同时由于创业教育的主要动力是来自缓解大学生就业难的环境

压力，而不是来自大学生的内动力。所以，虽然创新创业教育已经被纳入学分体系中，但实际情况是，许多高校缺乏创新创业的教育培养体系，对创新创业教育的认识不明确。教育的形式也只是停留在讲座、比赛、小规模的实践等基础层面上。

另外，由于我国的教育模式，从小学到中学采取的是传统的应试教育，学生习惯被动接受，并不适应主动寻找机会。进入大学以后，学生对创新创业的理解和认识导致他们无法认识到创新创业在他们人生发展中的重要性。与此同时，我国高校创新创业教育的理念一直都是"精英化"，在这一理念的影响下，很多高校的创新创业教育只关注到少部分的大学生，尤其是具有一定专业特长的理工科学生。这就使得以人文社会学科为代表的非理工科学生被排斥在创新创业教育的相关活动之外，他们很少甚至无法享受创新创业教育带来的红利，创新创业教育"普适性""全面性"的理念也就无从谈起。

2. 体系不完善

根据教育部 2021 年 10 月发布的数据，全国高校已累计开设创新创业教育课程 3 万余门，共有创新创业专职教师 3.5 万余人。但 2021 年发布的《中国大学生就业创业发展报告2020—2021》显示，大学生创业者中仅有 42.3% 的人从学校获得创业知识。由此可以推断，目前创新创业教育课程体系内容匮乏、缺乏实践设计、没有统一的教学大纲、教学效果不理想。

3. 资金不充足

创新创业教育需要大量的资金投入才能有很好的实践平台，实践是检验创新创业教育成果的判定工具。同时，相比其他创业者，大学生有经济不独立，无固定经济来源等劣势。因此，不论是贷款机构还是投资人，都对大学生创业存在较大疑虑，认为初创业的大学生风险很大，一旦失败，资金很难收回，都不愿为大学生提供资金。这就要求创新创业教育的实践及后续孵化环节必须有资金的强力支持和配套服务。

4. 脱离实践

目前，创新创业课程体系的设置大部分存在与现实生活脱节的问题。我国高校在推动创新创业教育课程建设的过程中缺少与社会、企业的衔接，基本处于自己组织、自己开展、单打独斗的状态。没有企业、社会在创新创业教育教学中的支持，创新创业教育实践的空间和机会就少之又少，有了他们的支持，就可以很轻松地让学生从课内走向课外、从校内走向企业、从象牙塔走向社会，为以后真正的创业奠定基础。

拓展阅读 1-2：一个特困生走向创业致富之路的故事

三、创新创业教育的建议

（一）扎实基础，培养创新精神和科学素养

为进一步扩大学生科技创新的受益面，高校可以着力于将重大学科竞赛纳入课程体系中，建设一批水平高、专业强、深受学生欢迎的理论与实践结合的课程，从而在学生中形成一种追求真理、求实求真、勇于探索、崇尚科学、敢于实践的学术创新氛围。与此同时，

鼓励高校各学院结合自身的专业特色，开展具有专业特色的"一生一赛"形式的竞赛活动，进一步为学生提供科技创新平台。同时，完善学生科技创新活动结构，丰富学生科技创新平台，加强学生动手能力的培养和工程实践能力的训练，为培养学生创新精神和科学素养、持续推动创新创业人才培养奠定坚实的基础。

（二）深化改革，打造特色创新创业教育

必须坚守人才培养的核心使命，依托学校学科的特色，聚焦科技创新创业，大力推进创新创业教育。通过坚持创新创业教育全覆盖、坚持创新创业教育全过程、坚持创新创业教育全链条、坚持创新创业资源全开放、坚持以科技创新为核心，构建起"产教学研"一体化的创新创业体系（图1-1）。

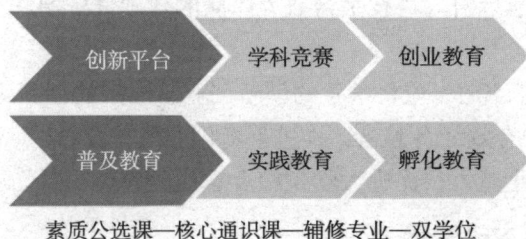

素质公选课—核心通识课—辅修专业—双学位

图 1-1 特色创新创业教育体系

首先，深化创新创业人才培养改革，把创新创业人才培养纳入根本定位。建立创新驱动、交叉培养、协同育人的创新创业教育机制，强化"创新平台—学科竞赛—创业教育"多位一体的"普惠性"创新与创业能力培养体系，形成"普及教育—实践教育—孵化教育"三位一体的创新创业教育体系。在普及教育方面，可以开设普适性创新创业课程、慕课、视频公开课等，编写特色教材，同时打造创新创业教育核心教师队伍；在实践教育方面，着力构建创新实践体系与平台，开展创新创业训练、科技创新竞赛和创业比赛实践等活动，以科技创新带动科技创业，让创新应用于创业，让创业获得发展机会；在孵化教育方面，做到点面结合，分层次、分类型、科学化地实施创新创业全过程教育，形成比较完善的创新创业教育和孵化体系。

其次，创新创业教育也可形成"素质公选课—核心通识课—辅修专业—双学位"覆盖全部本科生的分层递进式教育教学体系，支持教师、辅导员从多方位、多角度进行创新创业教学活动探索，面向全校学生开放实验室和实训平台；组织实施"创新创业训练计划"；以学科竞赛构建"普惠性"科技创新竞赛体系，提升学生的科技创新能力；以科技创新带动科技创业，举办"互联网+"大学生创新创业大赛等，全面满足各类学生的创新创业教育诉求。

（三）协同创新，提供全方位创业指导服务

为了确保创新创业教育取得实效，高效需提供全方位的支持和保障服务。面向全体学生开展创新创业教育，面向学院开展创新创业指导工作，面向具有强烈创业意愿的部分学生开展精英教育。可以通过校院两级创新创业工作体系，打造创新创业学生档案，实现创

新创业普及、项目团队指导和创业种子精英培养。

从创新创业人才档案建设、顶级创业导师库搭建、创新创业资金保障、多方联动机制构建、创业孵化服务升级和创业品牌活动打造等方面提供全方位的支持和保障服务。

（四）依托特色，开创创新创业新天地

按照高校创新创业教育的发展进程，创新创业教育大致可以划分出 4 个阶段，以学科竞赛为主要表现形式的 1.0，以创新实践为主要表现形式的 2.0，以创新创业为主要表现形式的 3.0，以及以学科特色为依托的 4.0。无论在哪个阶段，大学的创新创业都要走掌握核心技术的路线，核心技术就是学校的学科特色。依托学科特色，可以组建创新创业教育"1+1+1"的模式，即让三五个学生前期碰撞、交流提出创新的思想和理念，随后让青年导师加入团队进行引导，最后引入科技平台或大团队的软硬件资源作为支撑，从而提高大学生创业的成功率。

创新无止境，创业正当时。应将学生的创新创业与国家的创新驱动发展战略、"一带一路""一校一带"等形势有效结合起来，推进创新创业的普及教育、实践教育、孵化教育，努力培养学生的创新创业能力，促进大学生综合素质的整体提升。

（五）鼓励企业与学校合作

在校园里培养大学生的科技创新与创业能力，会为其走进社会提供很好的基础；但仅仅这样是不够的，还需要引进先进的企业理念，理解和认识优秀的企业所持有的理念，开展科技创新与创业能力教育和培训，让学生真正融入实践实训领域，这样就可以让大学生真实地、近距离地走近企业科技创新，也能近距离地接触运营管理，从而获得最直接的感受。在走进社会后，学生会感谢这种学习体验，通过这种体验可以直接获得社会知识，提高学生自身的创业意识。学生也可以提前以实习生的身份走进企业，与企业签订合作协议，在既不耽误学生的学业，也不影响企业正常运转的情况下，真真实实地了解一个企业如何解决一个又一个科技创新难题。这样的经验，才实实在在地培养了学生科技创新与创业能力，为学生参与创业搭建起一个发展平台。

四、创新创业教育的发展前景

创新创业是国家发展之根，是民族振兴之魂。今天的中国，大众创业、万众创新的时代潮流正在蓬勃涌动。我们要找准高等教育改革发展的定位，切实增强高校创新创业教育改革的责任感、紧迫感，全面提高人才培养的质量，努力造就大众创业、万众创新的生力军。

大学生的创新创业教育不仅会提升大学生的个人素质，更会极大地促进我国社会的发展。因此，我们应从创新创业教育着手，进一步完善培养体系，将大学生创新创业教育纳入本科生的培养大纲中，为培养新时代高素质人才、实现中华民族伟大复兴打好坚实的基础。

拓展阅读 1-3：习近平：
积极就业、大胆创业

第二节　高校创新创业教育发展历程与形势

高校作为国家创新体系建设的主体，承载着培养高素质创新创业型人才的重任，在高校系统探索创新创业教育人才培养的新机制中，对提高高等教育质量、促进学生全面发展、推动毕业生创业就业、服务国家现代化建设具有重要作用，对促进高等教育健康发展、实现高等教育人才培养和服务社会的职能具有长远意义。

一、我国高校创业教育发展的基本历程

回顾我国高校创业教育的产生与发展历程，大致可划分为4个阶段。

（一）萌芽期：基于创业实践的照搬模仿（1998—2002年）

被誉为"创业学之父"的美国百森商学院杰弗里·蒂蒙斯（Jeffry A. Timmons）教授曾引用过一位西方哲学家的话"那些让世界震惊的人们成功的秘密，就是他相信这个世界上没有什么东西是不可能的，这种精神就是创业精神的本质。"创业一直是美国经济发展的主要内驱动力之一，它直接催生了创业教育的诞生，经过几十年的发展，已逐渐演变成一股世界性的潮流。从1947年哈佛大学教授率先开创创业教育课程，到1968年百森商学院第一个在

拓展阅读1-4：我国创新创业教育发展标志性事件

本科教育中开设创业方向，再到20世纪90年代美国高校开始培养创业学方向的博士，美国的创业教育已纳入国民教育体系之中，并逐步形成了一整套完整的创业教育学科和教学研究体系。当前，创业学已成为美国大学，尤其是商学院和工程学院发展最快的学科领域，已经在1600多所高校开设了2200多门创业课程，共有277个捐赠教授席位，44种相关创业学术期刊及100多个创业研究中心，创业教育已经成为美国高等教育课程体系的重要组成部分。

1998年10月，联合国教科文组织在巴黎召开世界高等教育会议，会上发表了《高等教育改革和发展的优先行动框架》和《21世纪的高等教育：展望与行动世界宣言》。这两个文件均强调，要把培养学生的创业精神和创业技能作为高等教育的基本目标。以此积极应对知识经济的挑战。作为对大会的积极回应，同时也为更好地引进国外开展创业教育的成功经验。1999年1月，国务院批转中华人民共和国教育部《面向21世纪教育振兴行动计划》，正式提出了"要加强对教师和学生的创业教育，采取措施鼓励他们自主创办高新技术企业"，这是我国政府文件中首次出现"创业教育"的概念。基于此，国内的一些著名高校大胆引进并借鉴国外创业教育经验，积极参与国际创业活动的交流。1998年5月，清华大学学生借鉴美国大学流行的商业计划竞赛，举办了首届清华大学创业计划大赛。该大赛逐渐演变成为一项由共青团中央、中国科学技术协会、中华全国学生联合会主办的，全国高校参与的，在青年学生中极具影响力的全国"挑战杯"创业计划竞赛。竞赛促使大学生创业热情日益高涨，助推了创业教育在我国高校的进一步发展。

教育主管部门也对创业教育的探索给予了充分的肯定。2002年4月，教育部确定清华

大学、中国人民大学、上海交通大学等 9 所高校作为"创业教育"改革试点，并给予试点院校政策和资金支持，鼓励试点学校通过不同方式对创业教育的理论与实践进行探索。至此，创业教育作为一种新生事物开始正式进入政府的视野，创业教育也迎来了多元化发展的崭新阶段。

总体而言，处于萌芽期的中国的高校创业教育还远不够系统和深入，尚处于模仿国外高校创业教育理论与实践的阶段。创业教育还仅仅停留在与国外高校交流比较频繁的少数著名高校，对于全国绝大多数高校而言，创业教育的概念与内涵都还相当模糊。对创业教育的理解尚不明确，因此系统性地开展创业实践更是无从谈起。

（二）探索期：基于创业课程的引进与改革（2002—2008 年）

2003 年，是我国高校扩招后本科学生毕业的第一年，毕业生达到 212 万人，比 2002 年净增 67 万人，增幅达到 46.2%。高校毕业生就业工作遭遇前所未有的压力。从 2006 年开始，我国大学生就业率更是持续走低，出现了"知识失业现象"。很多大学生不得不为谋求到一个工作岗位自降身价。社会上出现了博士生抢硕士生的岗位、硕士生抢本科生的岗位、本科生与大中专生争抢饭碗的现象，大学生放弃专业特长参与就业竞争的现象日益普遍，甚至出现大学生"零工资就业"的现象。

社会就业岗位难以满足大学生就业群体基数的迅猛增加，很多学生面临着毕业即失业的困境，大学生就业难已经成为一个非常严峻的社会问题。高校就业部门为提升大学生的就业率，加大了就业指导工作力度，帮助大学生规划职业生涯，同时也开设了若干创业培训课程，指导学生毕业后创业。基于严峻的就业难现状，同时也为了引导学生将创业作为合理的职业生涯选择，共青团中央于 2005 年引进了了解企业（know about business，KAB）创业教育项目。

从国内创业教育发展的历史来看，共青团中央在推动创业教育在国内高校的普及方面发挥了重要的作用，做出了积极的贡献。创业教育之所以能得到教育界的热烈反响和社会上的广泛关注，与 KAB 创业教育项目的大力推广有直接的关系。从此，人们对创业教育的关注点悄悄发生了转变，"要不要开展创业教育"已经成为一个无须再讨论的话题，探讨的内容逐渐转向"如何更好地开展创业教育"。通过 KAB 创业教育项目的启蒙，人们厘清了对创业教育的基本认识，对一些基础性问题逐渐取得共识。

拓展阅读 1-5：KAB 创业教育简介

KAB 创业教育项目在我国高校的创业教育发展历程中有开拓之功，但也有一定的不足之处，如内容比较简单，过于强调传统加工制造行业类创业，对大学生更可能去从事的电子商务等创业类型则涉及较少等。

（三）拓展期：基于创业教育的人才培养模式探索（2008—2010 年）

创业教育在我国高校经过一段时间的改革探索，逐渐从关注大学生创业实践转向创业型人才培养模式的改革。2008 年，教育部联合财政部在全国设立了 30 家国家级人才培养模式创新实验区，这是继 2002 年确立 9 所创业教育试点院校之后的又一轮大规模的试点改革。区别于以往，这轮改革有着新的内容与特点：首先明确提出要探索创业教育的人才培养模式，希望各创新实验区能因地制宜，结合区域特点与办学实际，探索出一种符合自身发展的创业教育发展新模式。其次是覆盖的范围进一步扩大，共设立了来自 15 个省市的 30 所高校。其中既有已经在创业教育改革方面先行一步的清华大学、黑龙江大学等高校，也有对创业教育大胆投入并已取得一定成效的中山大学、温州大学、上海对外贸易学院等高校。这一批高校，特别是有一定数量的地方高校能被列为国家级人才培养模式创新实验区，对在全国高校布局中占绝大部分的地方高校来讲，起到了很好的示范辐射、宣传鼓舞的效应，同时也在实践过程中探索出了适合不同类型高校的创业教育发展模式，取得了一定的成效。

2010 年，我国政府工作报告提出了"加快转变经济发展方式，调整优化经济结构"的重要内容。发展创业型经济是转变经济发展方式的重要路径之一，是我国未来经济发展的主要推动力。这种推动力的实现有赖于创业人才作为支撑。高校作为人才培养的基地，对大学生实施创业教育，培养高素质的创业型人才，是时代赋予高校的历史重任。面对创业教育实践和理论研究的需求，2010 年 5 月，教育部高等学校创业教育指导委员会成立。该教指委致力于将创新创业教育面向全体大学生，将创新创业教育作为教育教学改革的重点内容，深化课程体系、教学内容和教学方法改革，把高校创业教育融入人才培养的全过程，鼓励高校从学校类型、层次、特点和所处区域的实际出发，探索形成多样化的创新创业教育模式。

但是在政府推动、高校实践探索不断推进的同时，这一时期的创业教育的成效并不十分突出。根据麦可思的一项调查研究显示，2009 届大学毕业生自主创业的比例仅占毕业生总数的 1.2%，远低于发达国家的 20%～30% 的比例，创业成功的例子更是少数，即使在全国大学生创业活动最为活跃的浙江省，毕业生自主创业的比例也不到 4%，创业教育的成效并不明显。

这一时期，我国高校的创业教育仅使一小部分学生受益，并没有形成大学生创业教育的大氛围。全国各地举办了不计其数的创业计划大赛，虽然起到一定宣传鼓动的作用，但是创业计划书能够"落地"的寥寥无几，真正受益的仅仅局限于少数学生，有较强的精英色彩。各高校虽然也涌现出了一批大学生创业明星，但定位于培养少数创业明星的创业教育理念和作为解决大学生就业难缓兵之计的功利化创业教育，越来越难以适应时代潮流的发展。

探索创业教育的人才培养模式，就是希望能够摸索出培养创业型人才的新路径，扩大创业教育的学生受益面。面向全体学生的创业教育，实质上是培养学生创业知识与能力的素质教育，从而提升他们的就业竞争力和岗位胜任能力，它对学校的人才培养目标、教学方式、教学内容、考核内容与考核方式都提出了新的更高的要求，但传统教育的弊端制约着创业教育的有效实施。教育改革势在必行。

（四）成熟期：创新创业教育理念的突破（2010 年至今）

2010 年，教育部颁发了《关于大力推进高等学校创新创业教育和大学生自主创业工作的意见》，其中，首次将创新的概念融入创业教育中，明确指出在高等学校开展创新创业教育，是深化高等教育教学改革，培养学生创新精神和实践能力的重要途径；是落实以创业带动就业，促进高校毕业生充分就业的重要措施。创业必须具备创新的思维，只有那些具有创新内涵的创业活动才是可持续的，将创新教育与创业教育相结合体现了教育行政部门对创业教育的内涵有了进一步的认识。2012 年 4 月，在教育部《关于全面提高高等教育质量的若干意见》中更加明确地提出"把创新创业教育贯穿人才培养的全过程""制订高校创新创业教育教学基本要求，开发创新创业类课程""大力开展创新创业师资培养培训""支持学生开展创新创业训练"等具体要求，将加强创新创业教育作为未来我国高等教育重要的改革方向之一，强调创新创业教育对全面提高高等教育质量的重要作用。

2012 年 8 月，教育部颁发《普通本科学校创业教育教学基本要求（试行）》（以下简称《教学基本要求》），该文件对进一步推进高校创业教育工作具有标志性的意义。《教学基本要求》指出要把创业教育教学纳入学校改革发展规划，纳入学校人才培养体系，纳入学校教育教学评估指标，建立健全领导体制和工作机制，制订专门的教学计划，提供有力的教学保障，确保取得实效。《教学基本要求》首次系统地提出我国高等学校创业教育的教学目标、教学原则、教学内容、教学方法和教学组织，鼓励高等学校积极创造条件，面向全体学生单独开设不少于 32 学时、不低于 2 学分的"创业基础"必修课，同时还颁发了标准化的《"创业基础"教学大纲（试行）》，并将出版统一的校本教材，这些要求都将有力推动我国高等学校创业教育的科学化、制度化、规范化建设，引领我国高校创业教育朝着一个更高的目标迈进。《教学基本要求》的颁发，其意义不仅仅是对创业教育课程的具体要求，更是对高校创新创业教育理念的提升，创新创业教育不再是只针对少数有创业潜质学生的技能性教育，而是面向全体学生的素质教育，其宗旨是为学生终身可持续发展奠定坚实的基础，这是创业教育理念的新突破。

二、我国高校创业教育十年发展历程形成的基本经验

我国高校创业教育在其发展过程中形成了 3 个主要特点。

（一）国家层面的制度设计保障

政府在推动高校创业教育方面发挥至关重要的作用。一方面，政府直接参与创业教育，为创业教育提供政策支持。例如，教育部出台《教学基本要求》等文件引导高校更好地开展创业教育，共青团中央等单位每两年举办一次"挑战杯"全国大学生创业计划竞赛，各地政府也举办各种层面与类型的创业计划大赛，都起到了很好的推动作用。另一方面，各级政府部门高度重视创业教育，通过制定创业政策、税收优惠政策、提供创业资金和场地等措施支持和鼓励大学生创业。在一定程度上为大学生创业营造了良好的创业氛围。

教育部成立了作为统领协调全国高校创业教育实践的高等学校创业教育指导委员会，这意味着创业教育在我国高校中正式取得了合法的身份，高等学校创业教育指导委员会为各地高校搭建了合作交流的平台，为其开展创业教育提供咨询指导，初步构建了我国高校创业教育的支撑体系。

不同政府部门之间通力合作在全社会共同推进创业教育。例如，教育部联合财政部共同评选出 30 家国家级人才培养模式创新实验区作为新一轮的创业教育改革试点、科技部与教育部合作共同评选国家大学科技园项目等。同时，非政府组织、民间组织也积极参与大

学生创业教育事业当中来，如中国青年创业就业基金会、中国光华科技基金会、友成基金会、上海市大学生科技创业基金会等非政府组织作为创业教育支撑体系的组成部分，发挥各自所长在各个层次的教育体系中实施创业教育计划，成为高校创业教育的有益补充。

（二）初步构建创业教育的生态系统

创业教育的生态系统需要社会各界的参与，包括政府相关部门、各个层次的教育机构、创新创业孵化平台、科研人员、教师与学生、风险投资基金等。

大学生创业需要建立一个开放的创业生态系统。KAB 创业教育项目在这方面给我们带来了一些崭新的启示。作为一个从国外引进的成型的创业教育项目，KAB 创业教育项目构建了一个相互依存的生态圈。在这个生态圈中，外部资源、组织、师资、课程、教学和实践都是紧密联系的。例如，KAB 创业教育项目既有一门基础性的创业课程，又有注重创业实践效果的大学生 KAB 创业俱乐部，力行理论与实践相结合。这些探索对于初创期的我国高校创业教育都是大有裨益的。

（三）形成一批各具特色的创业教育新模式

随着创业教育在我国的发展，在实践层面逐渐涌现出 4 种比较有代表性的创业教育新模式。

（1）清华大学：融入职业指导体系的创业教育模式。清华大学是国内最早从事创业教育的高校，也是我国高校创业教育的领头羊。清华大学非常注重对学生的职业素质、就业竞争力和创新创业能力的培养，从而使创业教育成为职业指导体系的重要组成部分。这对我国高校特别是知名高校开展创业教育具有良好的示范意义。

（2）中央财经大学：依托创业先锋班改革的创业教育模式。中央财经大学是国内最早开展创业教育改革试点班的高校，依托自身优势专业开展创业教育改革试点班，在课程设置、教学方法等方面都做了系统的且卓有成效的改革试点工作，作为以财经类专业为特色的高校，中央财经大学就如何发挥自身优势学科开展创业教育为全国高校做出了榜样。

（3）黑龙江大学：倡导面向全体学生的"融入式"创业教育模式。黑龙江大学举全校之力构建"面向全体、基于专业、分类指导、强化实践"的创业教育体系，积极探索"专业+创业"融入式创业教育人才培养新模式和"专业+行业+创业"嵌入式创业教育人才培养新模式。黑龙江大学"融入式"创业教育模式的构建，面向全体学生开展普遍性创业教育，成为一种"自上而下"推动创业教育的典范。

（4）温州大学：利用区域优势践行以岗位创业为导向的创业教育新体系。温州大学作为高校创业教育改革的积极践行者，在办学过程中形成了"秉承温州精神、开展创业教育、培养创业人才"的办学特色。在探索地方性大学应用型人才培养模式上，积极探索与实践以岗位创业为导向的创业教育新体系，发挥区域优势，为高校培养创业型人才提供了新思路。

三、高校创新创业教育发展形式

（一）面向全体学生

创新创业教育不应该是精英教育，不应该是少数学生的专利，而应该是一种普惠式的教育形态，必须面向全体学生，致力于提升全体学生的创新能力与创业素养。为此，教育部分别在 2010 年、2012 年两次在创业教育政策文件中，提出"创业教育是素质教育，是面向全体学生的素质教育形式""创业教育的发展需要与学校办学特色、专业教育相结合，引导学生在专业学习的基础上实施创业计划探索"。这些政策文件提出创业教育发展的导向问题，就是必须面向全体学生，与专业教育相结合，从不同专业、学科的角度设计出创业教育的具体目标、内容与教育理念，从而保证这些目标、内容与理念能够面向全体学生、所有专业，努力提升各个专业学生的创业意识、知识与技能，从而全面提升学生的创新意识、创业能力，进而提升学生发现问题、解决问题的能力与素养。面向全体学生就是要提升学生在创新创业上的素质，提升其发现问题、解决问题的思维与能力，而不应该是培养学生去创办一个企业。

（二）形成特色鲜明的教育模式

当前，各高校的创新创业教育基本上有 3 种模式：校本模式、区域模式与行业模式。在这 3 种模式中，校本模式是主导方式。在未来的发展趋势中，需要在坚持校本模式的同时向区域、行业两种模式发展，推进这 3 种模式的结合，进而形成"三位一体"的局面（图 1-2），保证这 3 种模式之间的统筹与协调，共同发挥创新创业教育的最大作用。高校创新创业教育在未来的发展中，应该以创新创业教育的实际效果为目标，准确把握各校的专业特色、地域特色、行业特色，找准其与区域、行业之间的契合点，积极探索学校特色、专业特色与区域特色、行业特色的融合，发挥地方政府、地方企业的积极性，促进产学研相结合，共同推进教育资源在学校、区域、行业内的良性循环与互动，最终达到资源整合的目的，形成可持续的、相互协调的创新创业教育发展模式。

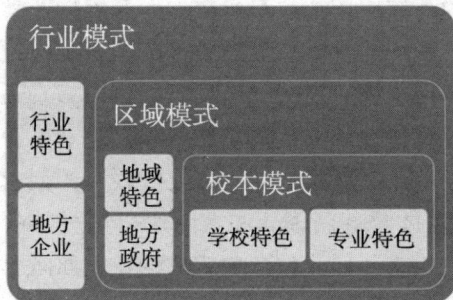

图 1-2　创新创业"三位一体"教育模式

（三）形成纵深发展的教育体系

创新创业教育体系主要包含课程体系和实践体系，未来的发展趋势就是这两大类体系之间的融合发展，达到课程体系实践化和实践体系课程化的目标，做到知识体系和实践体系相融合。第一，课程体系实践化。这方面主要包括课程内容与教学方法的双重实践化。就课程内容实践化而言，要求创新创业教育在开展的过程中，其具体的教学内容必须是面向实践的，实践性课程应该占据主导地位。当然这也并不是要弱化课程的理论性，而是将理论与实践结合起来，通过丰富的创业案例、实例来充实理论上的知识。就教学方法实践化而言，要求创新创业教育在教学过程中必须综合运用各种教学方法，包括案例讨论、互动讨论、开放交流等多种方法，倡导模拟式、体验式、参与式的教学方法，增强学生对创新创业行为的体验和理解，保持对创新创业过程的全程感知，增强学生创新创业的实践技能，以及增加应对困难的方法。第二，所谓实践体系课程化，就是要求创新创业教育实践体系必须在科学规划的基础上，完善现有的体系，强化实践的育人价值。具体有 4 个方面：首先，将创新创业实践教育与专业实践实习相结合，保证创新创业教育不偏离专业教育；其次，转变创新创业教育的实践观念，即创新创业教育实践必须是参与式、体验式的实践，是动手的实践，而不是流于形式的实践；再次，要规范创新创业实践教育的过程，教师应该做好全程跟踪与辅导；最后，强化创新创业实践教育的考核机制，在考核过程中需要重视能力的养成，注重创新创业实践的实施过程，而不应该重视结果的评比。

第三节　大学生创业政策解读

在市场经济竞争日趋严峻的情况下，需要市场经济跟上社会主义发展的步伐。大学生创业也应该跟随国家"创新教育"的方针政策，只有不断培养自身科技创新和创业的能力，才能不断有新技术和新方法应运而生。只有不断强大的市场经济，才能不断推动国家的繁荣昌盛。大学生是国家未来的新生力量，只有具备科技创新和创业的能力，才能更从容地融入社会，并且推动社会的不断发展。

一、大学生创业相关政策法规

近年来，为了鼓励大学生自主创业，国家和各地地方政府还出台了一系列相关的政策措施。

（一）全面加强高校学生创业教育

教育部已于 2010 年成立"高校创业教育指导委员会"；建议高等学校成立由主管、校领导牵头，相关部门及有关院系参加的创业教育指导协调机构，积极探索如何在专业课教学中融入创业教育，就业指导课程也要把创新创业教育作为重要内容；要充分利用第二课堂，通过举办创业讲座、创业大赛、社团活动等活动，丰富学生的创业知识和创业体验，培养学生的创新精神和创业意识，提高学生的创业素质。

（二）积极建设高校学生创业实践及孵化基地

各省级主管部门要积极协调当地有关部门，充分利用大学科技园、经济技术开发区、高新技术开发区、工业园区的资源，出台扶持大学生创业的政策。各高校要积极整合资源，特别要注重依托大学科技园等综合性科技服务平台，建立创业实习基地及孵化基地，为大学生创业提供教育培训，配备创业导师，在场地、资金等方面给予支持，切实扶持一批高校学生实现自主创业。

（三）加强对高校毕业生自主创业的政策扶持力度

（1）鼓励高校毕业生自主创业和灵活就业。工商部门和税收部门要简化审批手续，积极给予支持。凡高校毕业生从事个体经营的，除国家限制的行业外，自工商部门批准其经营之日起一年内免交登记类和管理类的各项行政事业性收费。有条件的地区由地方政府确定，在现有渠道中为高校毕业生提供创业小额贷款和担保。

（2）积极组织面向高校毕业生的创业培训，并与就业指导、咨询服务、后续扶持有机结合起来。有创业意愿的高校毕业生参加创业培训的，按规定给予职业培训补贴。强化高校毕业生创业指导服务，提供政策咨询、项目开发、创业培训、创业孵化、小额贷款、开业指导、跟踪辅导的"一条龙"服务。充分利用各级劳动保障部门远程创业培训网络和创业培训项目，集中开发一批适合高校毕业生的创业项目库，搜集一批创业信息，为高校毕业生创业提供帮助。各地要建设、完善一批投资小、见效快的大学生创业园和创业孵化基地，并给予相关政策扶持。此外，根据不同群体的不同需求，开发推广国内外先进创业培训技术，如引入欧洲模拟公司开展创业实训，不断提高创业成功率。

（3）优先安排创业场地。按照法律、法规、程序和合同约定，政府允许创业者将家庭住所、租借房、临时商业用房等作为创业经营场所，尽可能地让创业者在创业过程中降低成本。同时，各级政府及其国土规划、城管等有关部门统筹安排劳动者创业所需的生产经营场地，搞好基础设施及配套建设，优先保障创业场地。

此外，有关政策规定，各地可在土地利用总体规划确定的城镇建设用地范围内，或利用原有经批准的经济技术开发区、工业园区、高新技术园区、大学科技园区、小企业孵化园等建设创业孵化基地。

（4）国家解决大学生自主创业的资金困难的具体资金优惠政策。按照《国务院关于进一步做好新形势下就业创业工作的意见》（国发〔2015〕23 号）、《国务院办公厅关于深化高等学校创新创业教育改革的实施意见》（国办发〔2015〕36 号）等文件规定，高校毕业生自主创业优惠政策主要包括以下几点。

拓展阅读 1-6:《国务院关于进一步做好新形势下就业创业工作的意见》全文

①税收优惠：持人事部门核发的《就业创业证》（注明"毕业年度内自主创业税收政策"）的高校毕业生在毕业年度内（指毕业所在自然年，即 1 月 1 日至 12 月 31 日）创办个体工商户、个人独资企业的，3 年内按每户每年 8000 元为限额依次扣减其当年实际应缴纳的营业税、城市维护建设税、教育费附加和个人所得税。对高校毕业生创办的小型微利企业，按国家规定享受相关税收支持政策。

②创业担保贷款和贴息支持：对符合条件的高校毕业生自主创业的，可在创业地按规定申请创业担保贷款，贷款额度为 10 万元。鼓励金融机构参照贷款基础利率，结合风险分担情况，合理确定贷款利率水平，对个人发放的创业担保贷款，在贷款基础利率基础上上浮 3 个百分点以内的，由财政给予贴息。

③免收有关行政事业性收费：毕业 2 年以内的普通高校毕业生从事个体经营（除国家限制的行业外）的，自其在工商部门首次注册登记之日起 3 年内，免收管理类、登记类和

证照类等有关行政事业性收费。

④享受培训补贴：对高校毕业生在毕业学年（即从毕业前一年 7 月 1 日起的 12 个月）内参加创业培训的，根据其获得创业培训合格证书或就业、创业情况，按规定给予培训补贴。

⑤免费创业服务：有创业意愿的高校毕业生，可免费获得公共就业和人才服务机构提供的创业指导服务，包括政策咨询、信息服务、项目开发、风险评估、开业指导、融资服务、跟踪扶持等"一条龙"创业服务。各地在充分发挥各类创业孵化基地作用的基础上，因地制宜建设一批大学生创业孵化基地，并给予相关政策扶持。对基地内大学生创业企业要提供培训和指导服务，落实扶持政策，努力提高创业成功率，延长企业存活期。

⑥取消高校毕业生落户限制：允许高校毕业生在创业地办理落户手续（直辖市按有关规定执行）。

二、我国大学生创业支持政策体系构架

大学生创业支持政策包括融资、开业、税收、创业培训与创业教育四个方面。

（一）融资政策

资金投入是创业的必要条件，大学生在创业初始阶段不可避免地会遇到资金短缺的问题。近年来，国家在出台"首违免罚""名师指路"等有效政策之后，又出台若干政策，以资金引导、贷款扶持的方式鼓励和支持大学生创业。例如，《关于发展众创空间推进大众创新创业的指导意见》（2015）提出："引导资金流向创业企业，为天使投资和创业投资提供政策支持，鼓励投资者和银行帮助创业企业融资。"同年 4 月，《国务院关于进一步做好新形势下就业创业工作的意见》（2015）下发，提出将小额担保贷款调整为创业担保贷款，并提高了贷款最高额度，对针对不同群体的 5 万元、8 万元、10 万元不等统一调整为 10 万元。这些政策为解决大学生创业资金不足和融资难问题发挥了积极作用，在一定程度上调动了大学生创业的积极性。

（二）开业政策

开业一般指涉及经济领域的某项经济活动的开始。开业政策指大学生取得某种企业法人资格或经营资格的政策。2008 年，人力资源社会保障部等 11 个部门联合发出《关于促进创业带动就业工作的指导意见》，要求"降低创业者市场准入门槛""禁止任何部门、单位和个人干预创业企业的正常经营""全面实行收费公示制度和企业交费登记卡制度"。2015年 4 月，《国务院关于进一步做好新形势下就业创业工作的意见》提出了"坚决推行工商营业执照、组织机构代码证、税务登记证'三证合一'"，并规定注册企业场所可"一址多照"。可以说，放宽新注册企业场所登记条件限制，简化办事程序，为大学生创业开辟了"绿色通道"，使其创业开业更为快捷、便利、高效。

（三）税收政策

大学生创业者是一个特殊的创业群体，在创业过程中会遇到诸多阻碍和困难。其中，融资难是一个大问题，解决这个问题的途径除提供低息贷款、项目扶持、企业融资外，还可从税收减免方面寻求对策。在税收方面，可依具体情况不同采取不同政策，如"差别税

率、减税"或者免税政策。我国相关政策规定：高校毕业生从事个体经营并符合优惠条件者，国家对其免收行政事业性收费；对于新办的独立核算的服务业类企业或经营单位给予一定比例的税收减免。例如，2015年《国务院关于进一步做好新形势下就业创业工作的意见》规定"高校毕业生等重点群体创办个体工商户、个人独资企业的，可依法享受税收减免政策""毕业年度内高校毕业生从事个体经营，在3年内以每户每年8000元为限额依次扣减当年应缴纳的营业税、城市维护建设税、教育费附加、地方教育附加和个人所得税，限额标准最高可上浮20%"。我国各地方政府也出台相关税收减免政策，支持大学生群体创业。

（四）创业培训与高校创业教育政策

近年来，随着国家及地方政府对创新创业的高度重视，社会创业培训活动和学校创业教育日渐兴起。2008年，国务院批转了《关于促进创业带动就业工作的指导意见》，要求"加大创业培训力度""健全创业培训体系"，实行全民创业培训，同时强调"加强普通高校和职业学校的创业课程设置"。此政策为社会开展创业培训活动及各类院校开展创业教育指明了方向。2015年4月，《国务院关于进一步做好新形势下就业创业工作的意见》规定：开展各类创新创业大赛和鼓励创业的公益活动，让企业家和投资人多为创业者提供咨询建议；支持社会力量举办创业沙龙、创业大讲堂、创业训练营等创业培训活动。高校是实施创业教育的主阵地，既要加强"专业人才培养"又要加强"非专业人员的普及教育"。同年5月，《国务院办公厅关于深化高等学校创新创业教育改革的实施意见》下发，要求高校从完善人才培养质量标准、创新人才培养体制机制、改进学生创业指导服务、健全创新创业教育课程体系、强化创新创业实践等9个方面采取措施促进大学生创新创业。

第四节　创新创业教育与思政教育

一、创新创业教育与思政教育的关系

（一）目标具有一致性

高校思想政治工作涉及"培养什么样的人""如何培养人"的根本问题，是贯穿教育全过程的一项重要工作。为能改进和加强思想政治工作，开创新时代高等教育发展新局面，其他各类课程也要做到"守好一段渠、种好责任田"。高校思想政治教育的终极目标就是通过系统性、规范性、合理性的课程教学来让学生的思想认识、价值理念、道德追求能够符合一名合格社会公民的标准，并起到全面提升学生综合素养的作用，最终推动学生成为德才兼备、品学兼优的社会主义事业接班人。创新创业教育旨在通过与之相关的意识塑造、思维锤炼、能力构建等培育过程，来帮助学生成为立足自身专业对口的行业、凭借聪明才智创造价值的创新型人才，而创新型人才在各个方面都是鹤立鸡群，脱颖而出的佼佼者，因此只有具备扎实崇高的综合素养才有这个条件。为此，思想政治教育与创新创业教育的育人目标是一致的，都旨在强调提高学生的综合素养和整体能力。

（二）内容具有互融性

创新创业教育作为推动学生全面发展，促进学生人格健全的层次相对较高的大学教学内容之一，归根到底是属于职业教育、就业教育和理想规划教育，因此其中不可避免地会包含思想政治方面的观点。比如，其中的创业意识和创业精神就包含了社会主义核心价值观提倡的"爱岗敬业"的品质，职业道德和职业素养的培育包含思政教育发挥学生干事兴业主观能动性的激情与动力，创新创业教育中的学生必备的基本素养，如团队协作精神，听从指挥安排的意识，这与思想政治教育中的集体主义精神内涵有着高度的一致性。由此可见，在创新创业教育中合理地融入思想政治教育的观点与内容，在"立德树人"方面能够起到事半功倍的效果。

（三）影响具有互促性

思想政治教育能够让创新创业教育更加具有与价值创造、梦想实现、人生追求等相契合的形而上的意义，从而淡化其功利性意味。当前高校创新创业教育只是简单片面地在课堂教学中指导学生拥有创业技巧，讲解创业步骤，从而更好地了解企业运作模式，掌握岗位工作方法，但这只属于大学生就业指导，其目的是让学生成为职业经理人或者在岗位能手，而忽略了更深层次的创新意识和创新能力的塑造（图 1-3）。

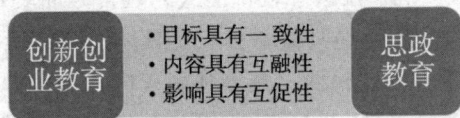

图 1-3　创新创业教育与思政教育的关系

二、创新创业教育与思政教育融合提升策略

（一）更新教学理念

将创新创业教育与思想政治教育从相互分开，自行授课的方式向相互融合，统一授课的方式转变，这是实现二者有效融合的前提和基础。为此高校要以帮助学生树立与社会主义核心价值观相契合的人生观、世界观和价值观为宗旨，以增强学生的综合核心素养为使命，用思想政治教育去指导学生正确认识世界，理性对待社会，客观分析自我为方法论来科学系统地分析，论证创新创业教育中的各种价值观点，令学生基于专业知识的厚积薄发拥有创业的智慧灵感，基于思想政治教育的熏陶感悟获得创业的综合素质，将学生培养成创新能力强，思想观念正，业务素质高的高素质人才。

（二）组建专业队伍

教师是教学任务的执行者，是向学生传播知识的落实者。长期以来，思想政治教育教师应该不断提升自己的教学能力和水平，尤其是要紧跟时代，紧密结合当下党和国家对大学生人才培育观的要求，与时俱进，不断创新，让创新创业、社会实践、事业发展等关于学生人生发展的教学内容合理地在思想教学中进行融合、渗透。为了达到既定的教学目的，高校一是要加强教师队伍的建设工作，本着优中选优的原则，通过平时教学效果的考查，师德师风的表现从教师队伍中来挑选出优秀教师；二是要定期组织开展系列教育培训活动，通过校企联合、课外活动、学术交流等方式来提高教师的教学水平。

（三）创新教育平台

创新思政教育平台，让其从传统的课堂教学方式向校内外多元化教学形式转变，是新时代高校素质教育理念下的客观要求，也是将高校教育资源进行有效整合，实现优化利用的正确举措。为此，高校一是要结合该校学生的学习特点，通过教材内容的合理选择，选修课与必修课在各个年级的合理安排来推动两者的有效融合。比如，可以在阐述思政理论观念的时候，用创新创业的相关案例素材来佐证。二是要积极打造第二课堂平台，第二课堂作为思政教育的重要补充，能够充分利用学生的课外碎片化时间，进一步丰富教学形式和内容。为此高校可以积极在第二课堂活动中用优秀学长学姐创业故事分享、知名企业家创业经验交流、举办创新创业大赛等活动来实现两者之间的有效融合。三是要创新思政教育与创新创业教育的融合方式，其中可以通过"互联网+"教育的模式下的新媒体教学，充分发挥微信、抖音、微博等平台在线授课，在线互动交流等方面的信息传播沟通的优势，这对新时代大学生而言，具有非常高的学习吸引力。

（四）强化教育实践

实践是检验真理的唯一标准。在两个教育形式的融合方面要特别注重加强实践性教学，并将其作为重要的教学内容常态化地坚持下去。其具体的实施策略主要体现在以下 3 个方面：一是做好实践活动的整体设计规划，充分利用校内各项资源，以活动主题的形式，学期为时间线来进行合理安排，每个实践活动要提前制订方案，准备好各种物料；二是通过组建创新创业兴趣社团等形式来调动学生学习的自主性，思政教师提供相应的指导和帮助，尤其是纠正学生在自主学习中容易犯的一些思想认识上的问题，始终确保学生的理想信念方向的正确性；三是积极开展校企合作，构建"产学研"一体化的融合教育新模式。学校要本着"敞开大门办学"的开放式思维，积极与各种专业对口的企事业单位进行交流合作，在教师的引导下参与企业岗位实训的体验式学习，进行专业领域内的项目科研的探索式研究，构建协同育人体系。

本章小结

本章首先对高校创新创业教育国内外发展现状进行讲解，包括其内涵、现存问题及建议等；其次介绍了我国高校创新创业教育发展历程，并总结发展经验；再次对我国现有针对大学生创新创业支持政策架构进行了梳理与解读；最后讲述了创新创业教育与思政教育的联系与区别。

通过本章的学习，希望大家对高校创新创业教育的内涵和发展前景有一个基本的认识，能够对今后的学习树立信心、指明方向。

关键词

创新创业教育　　创新精神　　协同创新　　思政教育

即测即练

问题思考

1. 大学生创新创业的基本方法有哪些？

2. 高校关于培养创新创业人才所进行的教学改革和激励保障措施有哪些，大学生可以充分利用的社会资源有哪些？

实训专题

你知道哪些创新创业案例？请分别对它们进行评价。

参考文献

[1] 杨彦栋，高广胜，王亚丽，等. 创新创业基础教程[M]. 吉林：吉林人民出版社，2019.

[2] 张光位. 高校创新创业教育与思政教育深度融合的路径探索[J]. 文化创新比较研究，2021，5(24)：44-47.

[3] 徐攀. 新时期高校创新创业融入思政教育研究：评《"互联网+"时代高校创新创业教育》[J]. 中国高校科技，2020(9)：111.

第二章

创新与创新者素质

学习目标

1. 掌握创新的内涵；
2. 理解创新的类型；
3. 掌握创新的主要模式；
4. 明确创新者的胜任力特征。

引导案例

口香糖一度是人人都爱的休闲食品，也是生活出行必备单品。而如今，围绕口香糖的消费需求、消费方式、消费场景无一不在改变。巨大的增长压力摆在面前，绿箭携手美团点评，从到店和到家两大通路挖掘 Food+绿箭"餐后清新"的新消费场景，将品牌的"口气清新"卖点无限放大。美团点评的实时配送和高效履约，让用户消费绿箭时的购物感知和购物体验更具时效性。最终以可复制的用户消费行为习惯培养模型，促成"餐后嚼绿箭，清新更亲近"的用户心智、购买习惯养成及商家渠道。

外卖、闪购等消费形式广受年轻消费群体的欢迎，消费者的购买场景在逐渐迁移。传统商超渠道售卖的口香糖优势减弱，绿箭急需开辟新的零售场景。美团点评平台活跃商家数达 590 万户，并拥有 70 万名日活跃外卖骑手，平均 30 分钟的配送时长形成高效履约能力，为绿箭打开了全新的场景和渠道通路。

美团点评利用其在 B 端商户的影响力，积极助力绿箭开拓在餐饮渠道的售卖机会。依托独有的 Food+商户池，充分联动 B 端商家，定向上海这座最在意口腔清新的城市及重庆这座重口味之最的餐饮网红城市，精选 60 家火锅店、烧烤店等重口味餐饮商户，参与绿箭"餐后清新"主题店铺的打造。

通过高效的商户联动和即时配送能力完成履约，为品牌带来渠道通路的拓展延伸、用户心智的构建强化，从而形成不断的正向循环，也为陷入增长焦虑的品牌打开新的增长之门。

资料来源：https://www.sohu.com/a/389772689_121629

引导问题：

1. 案例中绿箭是如何创新推广产品的？
2. 思考：创新，最主要的是做什么？

第一节　创新的概念与类型

一、创新的概念

创新作为一个基本概念，由美籍奥地利经济学家熊彼特在其《经济发展理论》一书中首次提出，并逐步演化为创新理论。熊彼特认为，创新就是"建立一种新的生产函数，即把一种从来未有过的关于生产要素和生产条件的新组合引入生产体系"。通俗来讲，就是将生产要素和生产关系进行新的组合。同时熊彼特还将这个创新概念归纳了五种类型：一是产品创新，即推出一种新的产品，或者赋予现有产品一种新的特性；二是工艺创新，即采用一种新的产品生产方法；三是市场创新，即开辟出一种新的市场；四是原料创新，即获取一种原材料或半制成品的新的供应渠道；五是管理创新，即建立起一种新的生产经营组织形式。由此可以看出，熊彼特认为创新是一种经济活动，其中既涉及技术性变化的创新，也涉及非技术性变化的创新。

后人以熊彼特的创新理论为基础，将创新的概念引入管理学领域，并将其定义为"赋予资源以新的创造财富能力的行为"。管理学领域的创新包括技术创新和社会创新两种类型，前者是指在自然界中为某种自然物寻找到新的应用场所，并赋予其新的经济价值，这种创新必须以科学技术为基础方可发生；后者是指在社会经济领域创造一种新的管理机构、管理方式或者管理手段，以求在资源配置过程中获取更大的经济价值或社会价值。

随着科学技术和经济社会的快速发展，人类的创新意识和创新能力也随之提高，其创新的范围向政治、军事、科技、文化和社会生活等更广泛的领域渗透、扩展，并由此衍生了许多新的与创新相关的概念。但综合各种关于创新的定义，其中所蕴含的本质内容可以归结为三个层面：第一个层面是创新就是创造新的知识，或是相对于已有事物，对原有的事物进行改造、重新组合、延伸，从而创造出不同于原来事物的新事物；第二个层面是创新可以在运用和传播知识的过程中获得收益，这种收益既包括经济收益；也包括社会收益；第三个层面是创新可以提高人类对整个自然界和社会的认知水平，使人类的知识系统不断得到丰富和完善，并进一步用以认识世界和改造世界。从广义的角度看，创新既包括一切从无到有的创造，也包括对特定的活动客体或者社会架构进行改组、改造、革新的活动过程和行为，它既可以是一个以技术为内涵的概念，也可以是一个非技术内涵的概念。从创新成果的具体表现形式来看，这是前所未有的科学发现、技术发明、技术创新及其应用性转化，或者是关于体制、管理制度、文化观念方面的破旧立新等。

二、创新的类型

（一）产品的创新

产品创新（product innovation）是指创造某种新产品或对某一新或老产品的功能进行创

新。产品是企业的核心，是企业抢占市场的武器，只有好的产品才可能在市场上获胜。当今社会，应用软件中的产品琳琅满目，如何才能在市场上占有一席之地是许多企业研究的课题，而且以后还会不断地有人继续研究下去。人们的需求随着时间、空间的变化而变化着，在今天是正确的事儿，在明天可能就是错误的；在今天还是前沿的产品，在明天可能就是落后的。时代在变化，人的需求也在变化。所以，只有当企业生产的产品一直随着人们需求的变化而创新时，企业才能在竞争中处于不败之地。

产品是用来解决大众化需求的，带给大众新的生活方式，因此，服务于大众才是产品的主旨。产品是企业的核心，产品经理是产品的发明家。只有不断地完善、修正产品，才能使产品保持青春、充满活力。

创新分两种类型，一种是维持性创新，另一种是破坏性创新。维持性创新主要是局部的产品特性创新，即给产品做"微整形"，使产品保持一份青春活力。破坏性创新是具有颠覆性的创新，它的出现不一定是给用户提供更好的产品，有可能是通过降低服务和产品质量来实现的，而同时也通过用创新改变人们的行为习惯，用低价格等其他手段来满足市场需求。

拓展阅读 2-1：华为手机创新案例分析

抓住产品创新的机遇有以下几种方式。

1. 解决供需矛盾

用户与企业是一对矛盾体，用户想要的和企业能给的不一定是一样的，产品是解决大多数用户的需求，但对于特定的用户群体或有特殊需求的用户则往往无法满足，这就是为什么许多客户要求定制开发产品。产品解决不了所有用户的问题，这就形成了产品的新痛点，对于这些问题需要再整理、再分析。产品就是这样在不断地解决现有用户痛点，并形成新痛点的过程中不断优化、强壮的。

2. 调整产业结构

中国市场是政策性＋市场化的市场，政府鼓励各行业、各企业进行互联网化的创新，鼓励企业先做起来，但是当发现做起来的企业或产品有弊端的时候，政府就会出台新政策来规范当前市场。例如，互联网金融市场，自从余额宝颠覆了整个互联网金融行业，各种"宝宝"类产品、P2P 产品、定期理财产品、基金类产品等金融产品就都冒了出来，但随着 P2P 行业等公司的倒闭和跑路，政府开始对 P2P 行业进行政策性管制。所以做产品也要时刻关注政策变化、产业结构、市场情况，以便灵活应对，进行产业结构性调整。

3. 关注外界环境的变化

产品有着自己的生存土壤，只有在适合自己的土壤上生长才能结出丰硕的果实，因此，我们要随时关注产品的环境变化。例如：

使用场合（使用时间、使用地点）：凉茶多在南方销售，冰棍多在夏天销售。

地理位置（农村、城市）：农村多养笨猪、土鸡，而城里的人想吃却很难吃到。

生活方式：南方人、北方人，渔民、山民、城市居民等，都有着各自的生活方式。

需求动机：用户买面包机是为了做面包，买婴儿奶粉是为了解决宝宝吃饭问题。

购买因素：用户购买产品是看中产品的质量，还是看中产品的服务、价格、品牌、功能。

人员特征：用户的年龄、性别、教育程度、文化背景、收入等各种因素的变化都可能产生不同的需求。

所以，我们要不断关注产品的外界环境变化，让产品有一个更好的发展环境。如果将不同的外界环境相互搭配，就有可能产生新的需求，如把凉茶卖给北方人，让大学生去农村种地，让老年人学习舞蹈，让洗衣机洗土豆……要大胆想象，大胆创新，之后就会发现另外一个世界是多么广阔。

（二）工艺创新

工艺创新指企业采用某种方式对新产品或新服务进行生产、传输，主要是企业研究和采用新的或有重大改进的生产方式，从而提高劳动生产效率、降低原材料及能源消耗或改进现有产品生产，最终实现企业产出的最大化的创新活动。

我们也可以这样定义工艺创新：指技术上采用全新或具有明显改良过的生产方式与产品运送方式。例如，某网络书店与连锁的便利店合作，让顾客网上购书后，可自行选择距离最近的便利商店取货。此种做法对该网络书店而言，即为工艺创新。

1. 工艺创新的三个层次

（1）源于企业发展战略的工艺创新，它是依业界发展趋势来看必然要发展的，如细胞生产（cell production），精益生产（lean production，LP），柔性制造系统（flexible manufacturing system，FMS）等。

（2）源于产品实时创新的工艺创新，即产品研制阶段的工艺创新，其创新源于新产品设计时就存在的生产技术瓶颈，主要为正在研制的产品服务，这一阶段的工艺创新更多的是利用现有技术进行二次开发。

（3）源于批量生产阶段的工艺创新，目的是能够在大批量生产的同时，更好地保证产品质量，提高劳动生产效率，降低成本，实现企业的最大效益。

2. 工艺创新的重要性

（1）许多企业存在只重视产品创新，而忽视工艺创新的问题，这是一种与市场经济发展状况相联系的现象，企业为了使自己的产品早日进入市场取得较大经济利益，必然首先把资源投向产品创新，尤其在资源不足的情况下更是如此。然而，过分注重产品创新而忽视工艺创新会带来一系列的负面影响，首先是产品市场周期缩短，很多新产品上市后还没有站稳脚跟，就因质量、性能、价格等问题被淘汰了，没有取得应有的效益；其次不断地转换新产品也使企业成本增加；最主要的负面影响是产品质量滑坡，能耗、物耗居高不下，使企业效益下滑。由于忽视工艺创新，使某些产品一进入到批量生产，质量就达不到要求，制造成本居高不下，产品竞争能力降低，所以部分产品很快就退出了市场。因此工艺创新在企业发展的过程中显得尤为重要。

（2）工艺创新是不断提高企业经济效益的客观要求，工艺技术水平不仅对企业的产品质量有至关重要的影响，而且影响着企业生产的物耗、能耗和效率。也就是说，企业的工艺技术水平直接决定着各种投入资源在生产过程中的变换效率，决定着企业经济效益的优劣。在企业工艺技术不变的情况下，尽管可以通过强化管理和其他手段，在一定程度上提高企业的经济效益，但这种提升是有限的。因此，要持续不断地提高企业的经济效益，就必须不断地开展工艺创新。

（3）工艺创新有利于提高企业的产品创新能力及市场竞争力，在企业的技术创新过程中，产品创新和工艺创新之间存在着很大的依赖性和交互性。先进的生产设备和生产工艺有助于降低生产成本、提高企业的劳动生产率，同时可以提高企业的产品质量，从而更好地推动产品创新成果的产业化、商品化，使企业实现最大的效益。反之，如果工艺创新能力弱，企业生产设备陈旧，生产工艺落后，会导致企业产品创新因为生产工艺"瓶颈"而不能实现，或是因为效益差而缺乏应有的市场竞争力。例如，在医药生物技术领域，我国的上游基础研究仅比国际水平落后3～5年，在某些领域，如转基因技术、干细胞技术等方面还处于世界先进水平，但是下游工艺水平方面却落后至少15年以上。将上游研究成果转化为生物技术产品的寥寥无几，据报道，二者的比例不超过0.5%；我国许多有80%以上的科技研究成果，没有被转化为生产，95%以上都没有实现产业化。再如，我国能够研发出原子弹、卫星、核潜艇、宇宙飞船等精密产品，但一到批量生产，连奶粉、快餐、自行车都做不好。因此，工艺创新是提高企业的技术水平和产品创新能力的重要途径，是提高企业竞争力的必要手段。

（4）工艺创新可以延长企业创新的领先时间，新产品是一把"双刃剑"，一方面它开辟了新的市场，企业获得高额回报；另一方面也吸引着大批的模仿者。企业一般采用专利的保护方式来抵御这种迅速的进攻，但专利的保护具有时间性，当专利失效后，产品在市场上就不再具有垄断性。同时有些专利技术到技术商品化的过程所需时间很长（比如新药的研制），许多专利在新产品生命周期的初期就已经失效。而工艺创新可提供较为长期的保护，因为工艺创新的过程比较复杂，生产效率较低，模仿者在短期内无法企及，客观上存在一个模仿的时滞性，制造技术的扩散速度要比产品技术慢。

3. 如何促进工艺创新

（1）要进行观念创新，确立、增强工艺创新意识，充分认识到工艺创新对于企业生存、发展的重要性和时间上的紧迫性，重视、加强企业的工艺创新能力，提高企业劳动生产率和降低生产成本，从整体上提高企业的综合市场竞争力。

（2）加大对工艺创新的资金投入，加强内部管理，提高有限的工艺创新的资金利用率，并且建立行之有效的人才激励机制。

（3）保持工艺创新的连续性，与产品创新相比，工艺创新通常不是通过一些重大的跳跃式突破式步骤完成的，而是通过稳定连续的、渐进的创新完成。在工艺创新过程中，有时也有可能采取一些重大的变革步骤，如采用新的生产系统或改进组织的信息处理系统。但总的来说，企业长期成功的工艺创新来源于连续不断的渐进式变革。企业在工艺创新的过程中如果缺乏连续性和长期性变革，将最终导致企业所采用的工艺与企业的具体环境脱节，从而降低企业的总效率。

（4）工艺创新必须从点滴做起，从每一个小的动作，每一个小的工序做起，积少成多，累积成大的工艺创新，持续不断的改善就是工艺创新，只要有改善就是创新，原来不合理的地方，改善过来了就是创新。任何地方都存在着工艺改善创新的空间，如果某个工程师说没有了可改善和创新的空间的话，并不是真的没了改善创新空间，而是人麻木了。

（5）注重工艺创新成果的保护，在工艺创新过程中将所产生的新技术、新方法采用专利的保护方式，而对于解决"瓶颈"问题的特殊方法则可以采用技术秘密的方式加以保护，在日资、台资企业，非常重视工艺创新成果的保护，在没有得到企业最高管理者的批准前，任何外人都是禁止进入生产车间的，更别说竞争对手了，许多日资、台资企业都设有资讯安全部门，或类似部门，专门用来防范创新成果或其它机密信息被窃取。

（6）加强工艺创新与产品创新的结合是现代企业发展的趋势，许多事例都说明单纯的产品创新难以长期维持其竞争效益，必须依靠工艺创新，在产品创新过程中要充分考虑现有的工艺基础，也就是我们说的可制造性设计（design for manufacturing，DFM）。产品创新与工艺创新之间存在明显的交互作用，且产品技术与工艺技术呈交替式地发展。形成这种交替转换模式的基本原因就在于产品技术与工艺技术的演进之间存在依赖性和交互性。所以，在技术创新的实施过程中要正确理解产品创新和工艺创新的相互作用，保证两者的协调发展，这样才能增强企业的竞争能力。

（三）服务创新

近年来，新一轮的科技革命和产业变革孕育兴起，带动数字技术强势崛起，促进产业深度融合，引领服务经济蓬勃发展。在服务业蓬勃发展的背景下，越来越多的企业和服务行业加入了"服务创新"的行列之中，以提高服务生产和服务产品的质量，降低企业的成本率，发展新的服务理念。

服务创新是服务组织通过服务概念、服务传递方式、服务流程或服务运营系统等方面的变化、改善和提高，向目标顾客提供更好的服务产品，增强顾客忠诚度，创造更大的服务价值和效用。广义服务创新的范畴包括服务业服务创新、制造业服务创新和公共服务创新三个层次，即一切与服务相关的创新活动。狭义的服务创新则是服务业的服务创新。服务的本质是连接，而在物质本身的提供已经比较丰富的情况下，对于人人、人物、物物连接的过程、环境、方式、效率及其让服务对象产生的感受的关注度与讲究性就大大提高了。在这样的情况下，服务创新的具体关键表现点在以下几个方面。

（1）服务对象：服务对象特定化与对其需求关切的深度化，这样的连接设计才能做到更具有针对性与匹配性，过去简单的物品提供与普泛化的供应方式将被更有对应性的设计所取代。

（2）服务战略：虽然最佳的服务未必一步到位，但是服务者为实现其服务目标而建立了更多持续性、进取性的发展步骤与资源整合方式，使服务更像是一个不断进化的组织行为，不再是长期不变的小本经营。

拓展阅读 2-2：海底捞创新服务案例分析

（3）服务设计：将对于服务对象的洞察作为商品、服务渠道、服务行为的统合性拟制的基础，构成一个价值统一、整体协调的服务流，使商品与技术成为服务流中的组成部分，而不是相对独立的自主价值载体。

（4）服务流程：将服务连接从开始到完成形成一个完整的闭环设计，并将各环节的指标要求、考核标准有形化、规范化与即时化，甚至有必要借助于手册化与信息化的方法加以固定与追踪。服务流程将成为服务管理的核心，并根据服务对象的需求而变化，不断优化服务流程。

（5）服务管理：将服务流程的控制、执行、训练、监控、优化作为核心工作内容构成了服务管理的关键，在扩大的流程里，服务企业的客户管理、员工管理、支持体系管理均成为大服务流程的组成部分。在需要的情况下，也可以将管理流程开发作为与服务流程平行或者相关联的内控流程，提出更为清晰的要求。

（6）服务资源：确保服务品质的提升、服务覆盖面的实现、服务人才的配置与服务进化效率的及时性，需要在资本、技术、人才训练与获得等方面有积极有效的作为，因此服务企业在企业发展的时候需要有相应的资源配置策略。

（7）服务循环：创新服务通过改进服务流程、拉长服务连接、精细服务环节、提升服务感受、改进服务收获，最后要求有相应的服务报偿。服务创新也因此区分出层级收益水平的差异，这种平衡的层级收益水平保障了服务循环的可持续性。

案例

布莱尔是美国的一家保险公司，该公司在推销保险的时候采取了较为特别的推销方式，即寄给客户的资料当中，不仅包括各种保险说明书，一张简单的调查表，还有一张优待券。优待券上写着："请将调查表的空白处填好，同时撕下优待券寄给我们，我们会随后奉上包括罗马、希腊、中国等国家的仿制古硬币两枚，随机赠送。这仅为答谢您的协助，并非请您加入我们的保险。"

不到几天的时间，发出去的 2 万封信中就收到了 1.9 万封回信。接着，公司推销人员根据这 1.9 万封回信当中所填写的资料信息，拿着古硬币，一家一家回访。进门的时候，销售员就说："这是我特意为您带来的古硬币，感谢您对我们公司的支持与协助"。大多数顾客听到销售员这样一说，心中顿生好感，之前的防备心理也瞬间消失。

顾客欢天喜地地将古硬币拿到手中仔细把玩，销售员也趁机和顾客开始了交谈，从生活琐事将话题引向保险业务。由于顾客已经消除了戒备心，并与销售人员建立起了一定的感情，推销工作往往比直接上门推销要顺利许多。

即使有的顾客并没有投保的意愿，也会碍于情面说再考虑考虑，又或者有的顾客干脆就在销售员的引导之下投了保，但不管是哪种情况都比当销售员进门介绍自己是推销保险的时候，顾客直接将其扫地出门来得好。布莱尔保险公司，通过这一创新的推销服务，一下子招揽了超过6000多笔保险生意。

（四）商业模式创新

商业模式指企业根据自己的战略性资源，结合市场状况与合作伙伴的利益要求而设计的一种商业运行组织。它涉及企业的价值主张和成本结构之间的关系，主要包括价值主张（value target）、消费者目标顾客群（target customer segments）、分销渠道（distribution channels）、客户关系（customer relationships）、价值配置（value configuration）、核心能力

（core capabilities）、合作伙伴网络（partner network）、成本结构（cost structure）、收入模式（revenue model）等方面。日益激烈的竞争和成功商业模式的快速复制迫使所有公司必须不断地进行商业模式创新以获得持续的竞争优势。

一个成功的商业模式是成功商业战略的核心部分，而其创新则意味着整个战略的变革。谁能率先把握住这种商业机遇，谁就能在商业竞争中拔得头筹。

1. 商业模式分类

商业模式是一个整体的、系统的概念，在其组成部分之间须存在内在联系。在此基础之上，可以将商业模式分为运营性商业模式和策略性商业模式。

（1）运营性商业模式

运营性商业模式是一个企业持续达到其主要目标的最本质的内在联系。它重点解决企业与环境之间的互动关系，包括与产业价值链的互动关系。通过产业价值链的定位，企业可以明确自身在其中的地位。

运营性商业模式创造企业的核心优势、能力、关系和知识。这种商业模式的内在联系是环环相扣的，任何一个环节的变更或者删除，都将使整个结构发生巨大变化。

（2）策略性商业模式

策略性商业模式则是一个企业在动态的环境中如何通过改变自身来达到持续盈利的目的。它是对运营性商业模式的扩展和利用，涉及企业生产经营的各个方面，如业务模式、渠道模式和组织模式。

业务模式体现企业向客户提供的价值和利益，包括品牌和产品等；渠道模式则体现企业向客户传递业务和价值的方式，包括渠道倍增、渠道集中或压缩等；而组织模式则体现了企业如何建立先进的管理控制模型。

2. 商业模式创新的核心内容

商业模式创新的核心内容应包括价值创新、客户、经济联盟、应变能力和信息网络等5个方面。

（1）价值创新

价值创新是商业模式的灵魂，而企业市场价值的实现，须借助商业模式进行价值创造、价值营销和价值提供，来实现企业价值的最大化。例如，思科公司成功运用"外部资源生产法"，即委托产品制造的整个系统的设计、制造和销售。思科公司利用网络使设计者、供货者连在一起，通过有效的资源整合，构成了一个快速、可靠和便利的企业价值网。

（2）客户

占领客户为商业模式创新的中心。从消费者的角度出发，把竞争的视角深入到为用户创造价值的层面，实现从企业本位向客户本位的转型。戴尔公司从设计、制造再到销售都紧紧围绕消费者。公司通过直销业务可以及时得到顾客的反应，获取顾客对于产品、服务和市场上其他产品的建议，给公司的产品开发提供参考。

（3）经济联盟

以经济联盟为载体，强化供应链管理、打造企业核心竞争力，以及外包非核心业务，彻底扭转传统价值链中可挖掘潜力的日渐减小和从组织内部有效提高生产力的来源的日渐趋难的局面。例如，中国香港利丰集团的商业模式创新主要体现在供应链的强化管理上。公司以客户需求为中心，形成一条"供—产—销"的链条，形成整体解决方案，协调各个环节，实现最优化经营。而目前已经有许多的企业，如耐克公司，都实现了非核心业务的外包。

（4）应变能力

应变能力是企业面对复杂多变的市场的适应能力和应变策略，是决定商业模式成败的关键。企业通过快速而全面的搜集市场信息，做出及时而准确的应变决策，争取主动，抢占先机。通过准时化生产（just-in-time，JIT）紧随市场，以有限的资源获取最大的收益。而个性化定制使企业能够提供满足客户的个性化需求，更好地适应市场的快速变化，有利于企业的长期生存和发展。

（5）应变能力信息化网络

以信息网络为平台，加快企业商务的电子化，构建企业虚拟经济的竞争力。传统企业管理通过与信息技术的有机融合，强化公司物流、人员流动、资金流和信息流动的集成管理，不断提高企业运行效率和提升企业应变能力，给企业带来新的增长空间。

商业模式创新的核心战略只是一个指导原则和基本要求，企业只有具有与动态匹配的商业模式才能实现成功。

案例

东方甄选农产品双语直播

2021年7月，"双减"政策出台，给教培行业带来巨大冲击。受政策影响，新东方股价暴跌近70%，教培机构面临转型。东方甄选是新东方在"双减"政策出台后，寻求转型而推出的直播带货平台。在东方甄选进军直播行业时，直播电商已是红海市场，直播电商进入内容化、知识化发展阶段，面临优质内容和优质主播缺位的瓶颈，以新东方名师作为主播的东方甄选农产品双语直播模式的出现恰逢其时。直播电商自2016年兴起至今，其野蛮发展带来了诸多问题，进入了发展瓶颈期。一方面，全网最低价的叫卖式直播不再被消费者买单，消费者更愿意为内容化、知识化的直播买单；另一方面，主播偷税漏税问题、售假问题频出，头部主播体系进入洗牌阶段。在此背景下，东方甄选在抖音平台的流量扶持下，依托名师资源，以双语和知识直播带货模式迅速走红。

东方甄选的"老师主播"通过双语直播带货，同时结合地理、历史、哲学等学科知识，弹唱英文歌、诗词歌赋、名家典故、爆梗段子等优质内容为顾客提供了知识价值。商业模式创新给新东方员工转型成为"老师主播"提供契机。"双减"政策后，新东方迎来"裁员风暴"，而东方甄选的商业模式的创新为员工提供了新舞台。

第二节　创新的模式与过程

在过去的十几年里，关于创新是由什么推动的问题趋向于两个学派：市场决定论和资源决定论。市场决定论认为，市场提供的环境能够促进或限制企业创新活动的程度。当然，最关键的还是企业识别市场机会的能力。资源决定论认为，市场是动态的、不稳定的，市场驱动导向无法为企业创新战略提供可靠的基础，而企业拥有的资源可以提供一个更加稳定的环境，可使企业根据自身的价值主张开展创新活动。当企业拥有有价值的、稀缺的和不易复制的资源时，企业就能够获得持续性竞争优势，常常以创新型新产品的形式出现。

一、创新的模式

关于创新模式的争论集中在两个学派：社会决定论学派和个人主义学派。社会决定论学派认为，创新是外部社会各因素影响和结合的结果，如人口统计因素的变化、经济的影响和文化变迁，当条件适宜时，创新就会出现。个人主义学派认为，创新是独特的个人天赋，创新者是天生的。

（一）线性模式

第二次世界大战后，美国经济学家开始提倡科学和创新的线性模式（linear model）。创新的产生源于科学技术基础、技术开发和市场需求的相互作用。这种模式（图2-1）是重大的进步，主宰了科学和工业政策40年之久，对这些活动之间相互作用的解释形成了当今创新模式的基础。

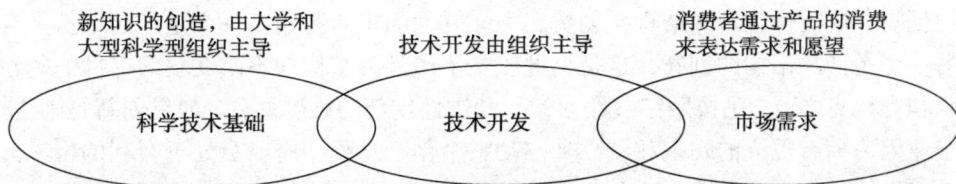

图 2-1 创新的线性模式

传统上，创新过程被视为一系列可分离的阶段或活动的序列。产品创新模式包含两种基本类型（图2-2）：第一种，技术推动模式。这种模式假设科学家有了意想不到的理论创新和发现，研发设计人员把创意变成产品原型（prototype）进行测试，制造工程部门设计出能有效生产这种产品的方法，市场营销部门把产品推销给潜在的客户。在这种关系中，市场是研发成果的被动接受者。技术推动模式在第二次世界大战后的工业政策中占据主导地位。第二种，市场拉动模式。这种客户需求驱动模式非常强调营销部门作为新创意发起者的作用，而这些创意是其与客户进行紧密互动产生的。创意被传达给研发部门进行设计，然后通过制造部门进行生产。在快速消费品行业，市场和客户的力量与影响力是非常大的。熟悉你的客户对于将创新转化为利润而言至关重要。只有知道客户需要什么，才能找到创新的机会，看看是否存在能够运用这些创新机会的技术。要想具有创新性并不困难，难的是确保你的创意在商业上是可行的。

技术推动模式

研发 → 制造 → 营销 → 客户

市场拉动模式

营销 → 研发 → 制造 → 客户

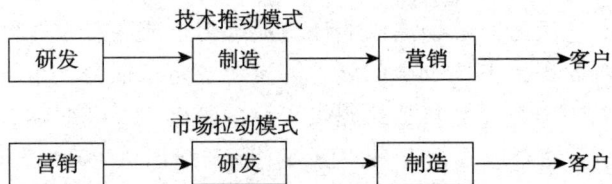

图 2-2　产品创新模式的基本类型

（二）耦合模式

无论创新是由技术、客户需求、制造等因素推动的，还是由包括竞争在内的其他许多因素推动的，都偏离了问题的关键，好的创新模式关注的是创新产生后的工作，而没有关注创新到底是如何产生的。线性模式只能够解释创新的初始刺激来自何处，也就是创意或需求最初是如何产生的。耦合模式指出，研发、制造和营销三个职能部门之间知识的耦合孕育了创新，且创新开始的时间无法预知，如图 2-3 所示。

制造

研究与开发　　营销

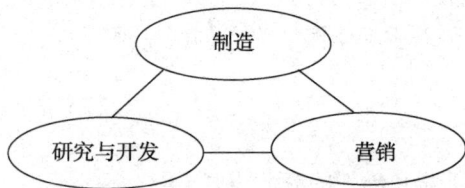

图 2-3　创新的耦合模式

（三）结构创新

亨德森（Henderson）和克拉克（Clark）将技术知识分成有关零部件本身的知识和如何连接零部件的知识（又称结构知识）两个维度。由此，我们可以将创新分为渐进性创新、模块化创新、突破性创新和结构化创新四类。它们的本质区别，一个是产品部件本身的创新；另一个是产品结构的创新，这是一种改变了产品的结构却不改变它的部件的创新。在亨德森和克拉克之前，是按照突破性创新和渐进性创新的维度划分。如果创新是渐进性的，那么企业因为拥有现成的知识和资源来推动整个创新过程，所以会处于有利的位置。如果创新是突破性的，即颠覆式创新（图 2-4）（熊彼特称之为创造性破坏），那么新进入者就会有很大的优势，因为它们无须改变自己的知识背景。此外，现有的企业会认为突破性创新非常难应对，因为企业的运营存在管理上的思维定式。

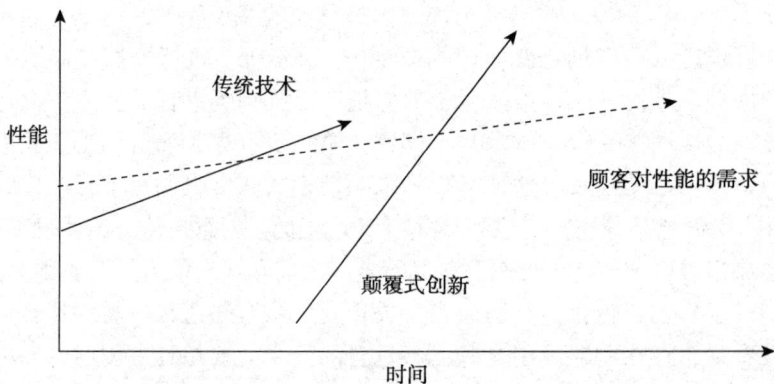

性能

传统技术

顾客对性能的需求

颠覆式创新

时间

图 2-4　颠覆式创新

诺基亚公司就是非常典型的例子。这家公司垄断了传统功能手机市场很多年，在这期间，所有的渐进性创新都不断巩固着它作为市场领导者的地位。当突破性创新——智能手机技术出现时，诺基亚公司在市场新进入者面前则显得疲于应付。新技术需要完全不同的知识、资源和思维模式。这已经在很多行业都发生过，如电话银行和互联网银行给银行业带来了巨大的改变、音乐下载颠覆了激光唱片、蒸汽船颠覆了帆船、电子商务颠覆了零售业等。

（四）互动模式

互动模式把技术推动和市场拉动模式结合在一起，强调创新的出现是市场、科学技术基础和组织能力互动的结果。

互动模式可能从许多节点上产生，创新没有明显的起点，信息流被用来解释创新是如何发生的。它可以被视作一个逻辑有序，但不一定连续，可以被分割成一系列职能各异但彼此相互作用和相互依赖的阶段的过程。图 2-5 描绘的创新过程展现了组织能力与市场和科学技术基础的联系，能够有效管理这个过程的组织将会取得创新的成功。虽然互动模式过于简单，但它更加完整地呈现了创新过程。

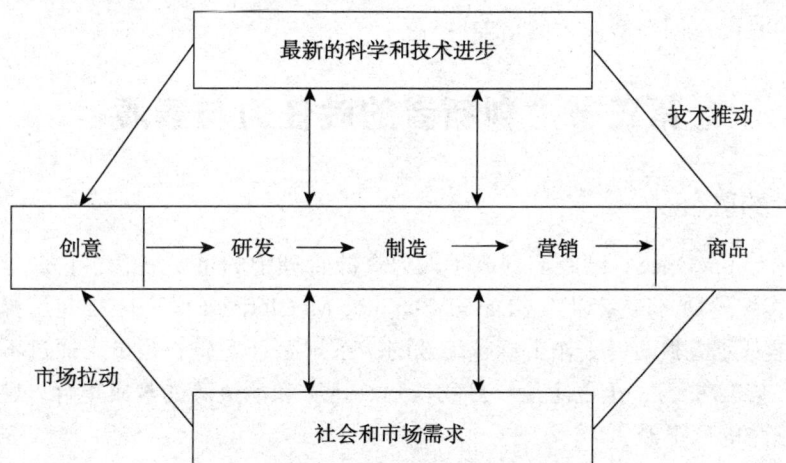

图 2-5　创新的互动模式

互动模式的核心是组织的研发职能、制造职能和市场营销职能。虽然这种模式乍看之下很像线性模式，但沟通的信息流有反馈的渠道。例如，常常会有这样的事情发生，职能制造部门发起的设计改进引入了一种不同的材料，甚至推动研发部门开发出一种新的材料。

二、创新的过程

为了实现未来增长的目标，企业需要直接引导，刺激并管理创新。成功的创新由三个阶段（图 2-6）所组成：发明阶段，即企业提出设想；实施阶段，即企业将设想付诸日常生产行动；市场渗透阶段，即将新产品首次商业化运作的过程。成功的创新要满足以下条件：①要有新的技术来满足新产品的生产，从而占领市场和顾客，最终形成企业自身的专长；

②有良好的财务基础来支撑企业变革。

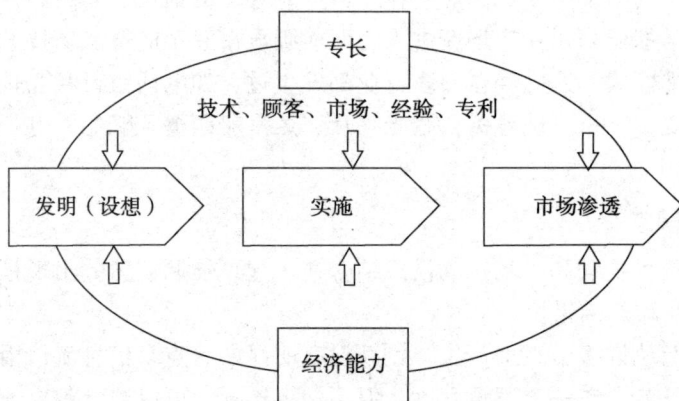

图 2-6 创新的三阶段过程

在以上创新的三阶段过程中，所需要的最基本要素为知识和信息，这是生产力的源泉所在；而在这中间创新型人才发挥了连接两者的重要作用。因此，创新成功的要点在于对于知识信息的收集及创新型人才的培养。

第三节 创新者的胜任力与素质

一、创新者的胜任力

胜任力（competence）已经演变成了人力资源管理中的重要概念，它最早是由美国心理学家大卫·克拉伦斯·麦克利兰（David Clarence McClelland）于 1973 年所提出。在组织管理中，胜任力是指驱动员工作出卓越绩效的一系列综合素质，是员工通过不同方式表现出来的知识、技能/能力、角色定位、自我认知、特质和动机等的素质集合。胜任力的诞生来源于麦克利兰的以下经历。

20 世纪 60 年代，美国国务院以智商、学历、学习成绩等条件来挑选驻外联络官（foreign service information officers，FSIO），可效果并不理想，挑选出来的很多驻外联络官并不能胜任工作。

到了 20 世纪 70 年代初期，美国国务院就把挑选合适驻外联络官的任务委派给了麦克利兰所成立的管理咨询公司。接到这一任务之后，麦克利兰采用了对比分析的方法，找来两组驻外联络官人员，一组表现优异，一组表现平平。然后对他们进行行为事件访谈，总结出两组群体在行为和思维方式上的差别。通过这种研究，麦克利兰发现想要挑选出优秀的 FSIO，主要有三条核心表现。

- 跨文化的人际敏感性
- 对他人的积极期望
- 快速进入当地政治网路

通过以上研究，麦克利兰认为胜任力能区分在特定的工作岗位和组织环境中绩效水平的个人特征，实践经验表明传统智力测验和能力倾向测验与实际工作绩效没有多大关系，于是麦克利兰教授倡导采用胜任力模型设计取代智力测验作为预测未来工作绩效的方法，并认为高绩效者因为运用了某些特定的知识，技能和行为等胜任力，所以取得了出色业绩。如果我们去研究高绩效者，根据高绩效者的表现总结出其特点，就可以找出造成高绩效者和低绩效者之间成绩差异的原因。

二、创新者的胜任力模型

胜任力模型（competence model）是指为了达成组织整体绩效目标并针对特定的工作岗位所要求的与高绩效相关的一系列不同能力素质要素，及其可测量的等级差异的组合。它是对员工核心能力进行不同层次的定义及相应层次的行为描述，确定关键能力和完成特定工作所需求的熟练程度，是人力资源管理与开发实践（如工作分析、招聘、选拔、培训与开发、绩效管理等）的重要基础。麦克利兰认为胜任力模型是一组相关的知识、态度和技能，它们影响个人工作的主要部分、与工作绩效相关、能够用可靠标准测量和通过培训和开发而改善。胜任力的理论模型，我们常常也把它称为冰山模型（图 2-7）。

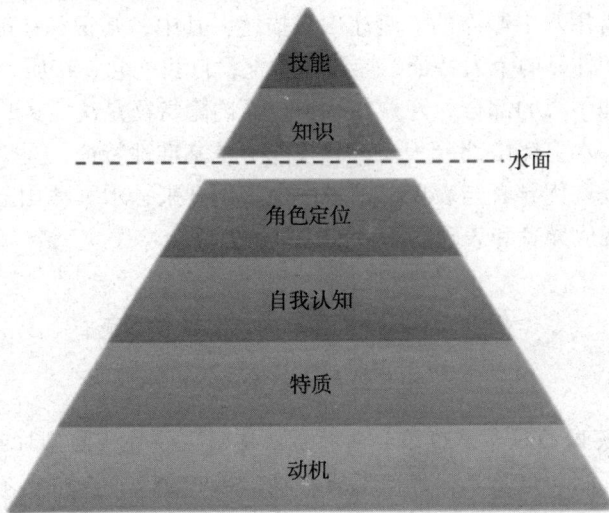

图 2-7　胜任力的冰山模型

从冰山模型中可以看到，个体身上存在 6 种类型的胜任力特征，其具体内容如表 2-1所示。

表 2-1　创新者胜任能力特征

胜任能力	定义	内容
技能	指掌握和运用专门技术的能力（如英语读写能力、计算机操作技能等）。其中，认知技能包括分析思维和概念思维，前者包括加工信息和数据分析、发现因果关系等，后者是指识别复杂数据中的模式的能力	如组织能力、决策能力、学习能力、执行能力等

续表

胜任能力	定义	内容
知识	某一职业领域所需要的信息。知识只能说明一个人能够做些什么，不能预测他是否真的会那么做	如管理知识、财务知识、文学知识等
角色定位	个人对社会规范的认知和理解表现出来的基于态度和价值观的行为方式与风格，或者说是个人给社会呈现出的一种形象	如合作精神、献身精神
自我认知	一个人对自己的认识和看法。它包括一个人通过经验、反省和他人的反馈，逐步加深对自身的了解。自我概念是一个有机的认知结构，由态度、情感、信仰和价值观等组成	如自信心、乐观精神
特质	人们所具有的特征或典型的行为方式，它使个体在面对类似情景或信息时都会有一致的反应。情绪自控性和主动性都是成功管理者的胜任力特征，在压力情景中，这种胜任力显得更加重要。情绪自控能力强的人，在各种情景中及较长的周期内都能保持稳定和镇静	如冷静、沉着、责任心等
动机	决定外显行为的内在的、稳定的想法或意图。动机驱动、指导和选择那些指向特定行动或目标的行为，而远离其他行动或目标	如成就动机、人际交往动机

为什么要用冰山模型来命名呢？

因为上述特质常用水中漂浮的一座冰山来描述。其中，知识和技能是可以看得见的，是相对较为表层的、外显的个人特征，漂浮在水上；自我概念、特质、动机/需要则是个性中较为隐蔽、深层和中心的部分，隐藏在水下，而内隐特征是决定人们行为表现的关键因素。麦克利兰认为，水上冰山部分（知识和技能）是基准性特征，是对胜任者基础素质的要求，但它不能把表现优异者与表现平平者准确区别开来；水下冰山部分可以统称为鉴别性特征，是区分表现优异者和表现平平者的关键因素。

案例

杰出创新者：爱迪生

早在 1821 年，英国的科学家戴维和法拉第就发明了一种叫电弧灯的电灯。这种电灯用炭棒做灯丝。它虽然能发出亮光，但是光线刺眼，耗电量大，寿命也不长，很不实用。因此，爱迪生就暗下决心："电弧灯不实用，我一定要发明一种灯光柔和的电灯，让千家万户都用得上。"

爱迪生的实验开始着手于灯丝的材料：用传统的炭条做灯丝，一通电，灯丝就断了。用钉、铬等金属做灯丝，通电后，亮了片刻就被烧断。用白金丝做灯丝，效果也不理想。就这样，爱迪生试验了 1600 多种材料。一次次试验，一次次失败，很多专家都认为电灯的前途黯淡。英国一些著名专家甚至讥讽爱迪生的研究是"毫无意义的"。一些记者也报道："爱迪生的理想已成泡影。"当爱迪生面对失败、面对所有人的冷嘲热讽时，他没有退却。他明白，失败乃成功之母，每一次失败都意味着又向成功走近了一步。

1879 年 10 月，在一次偶然的机会下，爱迪生的老朋友麦肯基来看望他。爱迪生望着麦肯基说话时一晃一晃的长胡须，突然眼睛一亮，说："胡子，先生，我要用您的胡子"。

麦肯基剪下一绺交给爱迪生。爱迪生满怀信心地挑选了几根粗胡子，进行炭化处理，然后装在灯泡里。可令人遗憾的是，试验结果也不理想。"那就用我的头发试试看，没准还行。"麦肯基说。这句话深深地触动了爱迪生，但他明白，头发与胡须性质一样，于是没有采纳老朋友的意见。爱迪生起身，准备为这位慈祥的老人送行。他下意识地帮老人拉平身上穿的棉线外套。突然，他又喊道："棉线，为什么不试棉线呢"？

麦肯基毫不犹豫地解开外套，撕下一片棉线织成的布，递给爱迪生。爱迪生把棉线放在 U 形密闭坩埚里，用高温处理。接着，爱迪生用镊子夹住炭化棉线，准备将它装在灯泡内。可由于炭化棉线又细又脆，加上爱迪生过于紧张，拿镊子的手微微颤抖，因此棉线被夹断了。最后，费了九牛二虎之力，爱迪生才把一根炭化棉线装进了灯泡。此时，夜幕正在降临，爱迪生的助手把灯泡里的空气抽走，并将灯泡安在灯座上，一切工作准备就绪，大家静静地等待着结果。接通电源，灯泡发出金黄色的光辉，把整个实验室照得通亮。经过 13 个月的艰苦奋斗，试用了 6000 多种材料，试验了 7000 多次，终于有了突破性的进展。

但是，这灯究竟会亮多久呢？1 小时，2 小时，3 小时……时间一分一秒地过去，这盏电灯足足亮了 45 小时，灯丝才被烧断。这是人类第一盏有实用价值的电灯。后来 1879 年 10 月 21 日这一天被人们定为电灯发明日，标志着可使用电灯的诞生。

虽然电灯被发明出来了，但爱迪生并没有满足，他没有陶醉于成功的喜悦之中，而是给自己提出更高的要求："45 小时，还是太短了，必须把它的寿命延长到几百小时，甚至几千小时"。

有一天，天气闷热，爱迪生顺手取来桌面上的竹扇面，一边扇着，一边考虑着问题："也许千篇竹丝炭化后效果更好"。爱迪生简直是见到什么东西都想试一试。试验结果表明，用竹丝做灯丝效果很好，灯丝非常耐用，灯泡可亮 1200 小时。经过进一步试验，爱迪生发现用炭化后的日本竹丝作灯丝效果最好。于是，爱迪生开始大批量生产电灯，他把生产的第一批灯泡安装在"佳内特号"考察船上，以便考察人员有更多的工作时间。此后，电灯开始进行寻常百姓家。

后来，人们便一直使用这种用竹丝作灯丝的灯泡。几十年后，人们又对它进行了改进，即用钨丝作灯丝，并在灯泡内充入惰性气体氮气或氩气。这样，灯泡的寿命又延长了许多。我们现在使用的就是这种灯泡。

第四节　创新者的思政教育

《国务院办公厅关于深化高等学校创新创业教育改革的实施意见》文件指出，全面贯彻党的教育方针，落实立德树人根本任务，坚持创新引领创业，并强调了高等学校创新创业教育改革要以推进素质教育为主题，以提高人才培养质量为核心，通过培养拥有创新意识、创新能力及创业技能的优秀人才，为我国社会经济更好地发展提供支持。

拓展阅读 2-3：2022 年 6 月 8 日，习近平在四川考察时的讲话

然而在市场经济、阶层分化的影响下，多元化社会思潮逐渐呈

现出复杂化、多样化、集中化的特点，极大地影响了创新者的思想理念和行为方式，导致其创新创业的主体方向局限在个人利益而非社会利益上。因此，对创新者进行思政教育具有突出的必要性和重要性。思想政治教育对创新者起着思想引领和道德指引的作用，帮助其在就业创业中自觉抵御多元化社会思潮、西方负面言论所带来的不利影响，坚定社会主义理想信念，最终成为德智体美劳全面发展的社会主义建设者和接班人。

一、创新创业教育与课程思政的关联性分析

"双创战略"的基本内容为"大众创业、万众创新"，在实现创业、创新有机融合的基础上实现更好地发展成效。具体到"课程思政"这一特殊领域，"双创"理念要求实现人才培养模式的科学创新，实现专业课程、思政课程的协调均衡，在健全完善协同效应的基础上提升教学质量，切实有效提升应用型地方高校人才培养水平，构建起更加科学合理的人才培养模式。课程思政与"双创"教育有密切的关联，虽然在具体的教学内容、方式方法、培养目标等环节存在客观差异，但是也具备融合发展的良好契机。上述关系必须得到应用型高校的充分了解，方可为"思创教育"这一全新教学理念的创新发展创造有利条件。

（一）"思创"融合的培养目标关联性

在"立德树人"教育目标践行过程中，大学生思政教育始终作为核心内容，是当前高等院校人才培养工作的核心目标之一。"双创"教育则以创新型、综合型人才为培养目标，同样侧重于人才专业素养、综合能力的培养和提升，这就决定了两种人才培养理念和培养模式的协同发展成为可能，并且具有相同的发展目标，都是大学生科学发展的方向。因此，应用型高校必须科学理解"双创教育、课程思政"的科学内容和融合基础，在创新教学模式的基础上提升培养效果，从而引导大学生形成科学的思想认知与价值观念。

（二）"思创"融合的政策关联性

习近平总书记 2019 年 3 月 18 日在学校思想政治理论课教师座谈会上的讲话中，再次重申了思政理论课在当代高等教育事业中的重要意义。他认为，思政课是落实立德树人根本任务的关键课程，思政课作用不可替代，思政课教师队伍责任重大。因此，应用型地方高校必须科学地解读习近平总书记的思想认知，在创新教育理念的基础上对思政教育课程进行改革创新，同时对其他专业课所包含的思政要素进行分析和挖掘，在丰富思政教育内容的同时也提升专业课资源的综合利用水平。十九大报告则重点强调了创新对当前社会经济转型发展的重要意义。只有充分保证了各建设主体的创新能力才能为社会进步提供强大动力。根据上述战略指示，高等院校特别是应用型地方高校必须重点加强"课程思政"创新工作，实现"双创教育"与"课程思政"有机融合，在充分发挥自身人才培养优势的基础上为社会提供更加充分的综合型、应用型、专业型人才。

二、创新教育融入课程思政的重要性

（一）有助于培养创新者的理想信念

"双创教育"是深化高校教学改革的重点，是要为社会培养创新型人才。高校的思政教

育工作是高校工作中尤为重要且需时刻关注的工作，其已有一套稳定成熟的教学模式。而"双创教育"处于起步发展阶段，对学生创新能力的培养上做出的贡献在不断提升。以"双创教育"融合、协同思政教育对在进行思政教育的过程中培养学生创新精神和实践能力具有重要的社会价值。在日常思政教育活动中，融入创新创业精神的培养，能够促使学生在创业过程当中坚定中国特色社会主义的理想信念，树立用自己的创新创业能力助力社会主义现代化建设的决心。

（二）有助于培养创新者健康的心态

创新者在创业道路上可能会面临许多的困难，而面对这些困难不退缩不放弃就需要有积极健康的心理品质。为了培养创新者积极健康的品质，帮助他们建立克服困难不轻易言弃的信心，帮助他们调节不良情绪、排解内心困扰，高等院校还应该开设心理健康教育的相关内容的课程，使学生拥有良好的心态、进取的精神及永不言败的斗志去面对发展道路上的磨难。

（三）有助于提升创新者的道德情操

在实践中，总是会有部分大学生创新者偏离正确的价值取向，总的来说可能是因为缺乏了思想政治教育。思政教育是让大学生明白最基本的道德规范，而这恰恰也是其创新过程中的道德教育基础。在对大学生创新者的教育过程中，引导其养成良好的品质和规范的创新行为，对营造良好的创新创业秩序有着重要意义。在其创新过程中，通过公益类实践活动融入社会责任感教育及通过违法违规案例教学融入诚信教育，有利于大学生创新者走得更远更稳。

三、创新教育融入课程思政的途径

（一）融入精神信仰与民族文化

思政教育不仅拥有深邃的理论内涵，还拥有多元化的民族精神与文化涵养。例如，在悠久的历史发展中，徽商文化、晋商文化等商贾文化积淀了丰富的团结协作、回乡报国、刚强进取、诚信经营的思想，对推动大学生创新创业拥有鲜明的现实意义和价值。首先，将民族文化与精神信仰渗透到思政教育内容体系中，能够帮助学生把握创业的规律、特征及内涵，为我国创新创业教育的发展提供源源不断的精神源泉。其次，将双创元素渗透到思政教育内容中，丰富思政教育内容。"双创"教育与思政教育在内容上拥有紧密的内在联系，彼此相互包容、相互交织。譬如，在道德修养和法律基础课程中能够通过渗透奉献精神和大局意识，为学生奠定扎实的思想基础，而在形势与政策课程中，教师将创业、创新融入对国情、世情的分析中，可以增强学生的使命感和责任感。最后，在"双创"教育层面，"双创"教师应拥有"课程思政"意识，积极挖掘"双创"教育中的思政元素，使思政元素成为创新创业教育的主体。

（二）拓宽创新者信息获取渠道

在信息化时代，人们关注的信息领域会习惯性地被自己的兴趣所引导，从而将自己的生活桎梏于蚕茧一般的"茧房"中，这种现象叫作"信息茧房"。现在很多大学生信息获取的行为和结果也被形象地描绘为困在茧子里的状态。在信息茧房问题的影响和制约下，大学生在获得信息过程中缺乏多元化的渠道，也无法保障信息结果的多样性，从而导致其产生信息构成单一、认知结构固化等问题。根据课程思政的创新要求，创新创业教育必须克服传统课堂教育模式的束缚和制约，避免局限于校园这个孤立的环境，构建起学校、企业之间的良好交互关系，在保证理论教学质量的同时也让学生尽可能全面、深入的接触现实社会，确保理论与实践的科学结合，在充分保证学生对理论知识认知和学习效果的同时也为其创新发展奠定良好基础。此外，需要充分发挥其他榜样型主体（如企业家、专家学者、科研人员等）的积极作用，进一步提升双创教育的开展水平。具体到教学领域，则需要丰富教学活动，积极开展交流访谈、调研考察等实践性活动，为大学生与其他外部主体的创造提供良好的交互环境，在提高大学生对相关理论知识认知水平的同时克服信息茧房的不利影响，在提升大学生综合素质的同时实现其全面发展。

（三）合理开展挫折教育

教学活动不仅应关注学生心理特征，同时也应兼顾"挫折教育"这个特殊的教学形式，以此培养学生拼搏奋斗精神。根据现代心理学的相关内容，行为主体若过度关注良好预期，而对不利预期缺乏重视，一旦出现失败风险则无法有效地应对相关问题。对双创教育而言，创新创业活动的不确定性引发了失败风险，若行为主体未能正确认知上述风险，则必然无法保证良好的行为状态。这就充分肯定了挫折教育在双创教育中的必要性和重要性。大学生抗挫折能力主要是从实践中磨砺出来的，高校通过积极开展各项创新创业实践活动，发挥挫折教育的优势及其独特功能，让大学生在校园创业过程中，认识到社会人际关系的复杂，了解企业经营管理的风险，让专业知识转化成创业管理实践，不仅锻炼了创新创业的技能，更增强了面对挫折、对抗困难的勇气和能力。

应用型高校还应履行其监督把控的职责，引导大学生形成正确的信息处理理念。面对复杂的移动互联网环境，信息传播呈现出多元化、复杂性、突发性特征，而大学生相对有限的信息筛选和识别能力导致其在信息选择方面存在较大困难。而教师作为学生健康成长的重要保障，需要充分发挥自身信息处理的优势，对学生的信息处理活动提供必要的监督与把控，确保其信息处理活动的科学性。教师不仅需要引导学生正确筛选识别信息内容，同时也需要引导其掌握科学的信息处理方法，培养学生养成良好的学习习惯。

本章小结

本章首先对创新进行讲解，包括其概念、类型等；其次介绍了创新的模式与过程；再次对创新者的胜任力与胜任力模型进行了梳理与解读；最后讲述了对创新者进行思政教育的重要性与途径。

通过本章的学习，希望大家对创新与创新者素质有一个基本的认识，能够对今后的学习树立信心、明确方向。

关键词

创新　产品创新　工艺创新　服务创新　商业模式创新　胜任力

自学自测   扫描此码

问题思考

1. 创新的类型有哪些?
2. 创新者的胜任力特征有哪些?

实训专题

请自由选择一家企业,分析其创新过程和模式。

第三章

创新思维与创新技法

学习目标

1. 理解创新思维的内涵；
2. 了解创新思维的特征及作用；
3. 了解常用创新技法。

引导案例

从技术创新走向产业应用 越来越多数字虚拟人"上岗"了

随着人工智能、虚拟现实等技术的发展，数字虚拟人频频出现在公众视野。作为以数字形式存在于数字空间中并具有拟人或真人外貌、行为和特点的虚拟人物，数字虚拟人是如何研发的？有哪些应用？

1. 走进人们日常生活

"大家好，谷小雨有礼了！"近日，在南宋德寿宫遗址博物馆开馆仪式上，一位身着古装的数字虚拟人担任主持人，吸引了观众的注意。仔细瞧，这位数字人柳叶细眉、衣袂飘飘、气质素雅、灵动可爱，它便是浙江广电集团旗下浙江卫视推出的宋韵文化推广人。

"我们推出谷小雨，既是向传统文化靠近，也是向年轻群体靠拢。"浙江卫视谷小雨工作室负责人接受本报采访时表示，谷小雨是由浙江卫视研发的首个数字国潮产品。这个产品把宋韵元素与新媒介、新技术、新应用等相融合，创新性地打造出谷小雨这个形象。"我们希望用可亲可爱的人物形象、可感可触的数字手段，让广大群众尤其是年轻人喜欢上宋韵文化。"

谷小雨已在多种场合亮相——电视节目中，它吟唱宋词、介绍宋代的蹴鞠文化；世界互联网大会乌镇峰会期间，它与嘉宾通过 H5 在线合拍；在南宋德寿宫遗址博物馆，它成为导览员，面对游客的提问对答如流……最近，谷小雨参与的"南宋人的一天"对外文化交流云展览，还陆续在新西兰、德国、荷兰、巴基斯坦等国家的中国文化中心上线。

与谷小雨类似，越来越多的数字人在文旅、金融、政务等服务领域"上岗"，走进人们日常生活。例如，以敦煌飞天为蓝本打造的国风虚拟数字人天妤，在全网已拥有 500 余名粉丝；在 2022 世界人工智能大会上亮相的中信金控新员工——数字人小信，可以担任客户的专属财富规划师；打开湖北省仙桃市人民政府门户网站，红衣白裙的数字人"桃桃"笑盈盈地对视频新闻、政策解读进行播报……《数字人产业发展趋势报告（2023）》指出，随着交互智能技术的加速发展，数字人正在从技术创新走向产业应用。

2. 有趣的内涵不能少

如此逼真的数字人是如何打造出来的呢？以谷小雨为例，数字人首先要做到"形似人"。按照人物概念设计，谷小雨来自南宋临安，生于谷雨时节，有"雨生百谷，欣欣向荣"的美好寓意。浙江卫视特地与宋韵文化研究传承中心合作，邀请相关宋韵专家组成顾问团，为谷小雨的人物造型、形象设计、内容呈现等提供全程专业级指导把关。当亮相于一档歌唱节目时，谷小雨的舞台造型是一套现代改良的宋制汉服，上身是改良褙子、宋抹叠穿，袖口造型以西湖荷叶为灵感，下身是水墨印花长裙，妆容参考的是南宋仕女珍珠妆。

作为技术支持方，腾讯团队打造出一个超 200 万面数的高精度写实虚拟人，满足大型舞台节目录制及智能多模态交互的多样化需求。腾讯相关负责人刘明亮告诉记者，谷小雨的麻花辫由 30 万根发丝组成，不同材质的衣物有 5 层，为了达到形神兼备的效果，团队基于游戏引擎进行实时交互模拟，使得人物在不同灯光、不同动作下的表现都非常真实。

除了"好看的皮囊"，数字人还要具备"有趣的内涵"。例如，在出任导览员之前，谷小雨进行了 400G 开放数据和 30 亿参数量的超大规模语言模型训练，再加上海量的宋韵文献和多种百科搜索引擎的助力，谷小雨成功掌握了宋韵百科知识。为了使谷小雨能够与游客实时语音对话，技术团队运用语音识别、自然语言理解、语音合成等技术，使这位数字导览员听得懂、答得出、懂得多。

谷小雨还采用了语音驱动口型技术，通过适配各种音色、歌唱、语气词等不同类型的音频输入，学习种类繁多的情感语音数据，生成韵律自然、情感风格丰富和个性化的高表现力语音，再配合灵动准确的面部表情和口型，让数字人的语音达到可媲美真人的效果。

3. 产业增长势头强劲

目前，数字人已在企业服务、影视动画、文化传媒等领域得到广泛应用。艾媒咨询《2022—2023 年中国虚拟人行业深度研究及投资价值分析报告》称，在娱乐需求增加、人工智能等技术不断迭代的背景下，中国虚拟人产业高速发展，元宇宙的热潮加速推动数字虚拟人产业升级。数据显示，2021 年中国虚拟人带动产业市场规模和核心市场规模分别为 1074.9 亿元和 62.2 亿元，预计 2025 年分别达到 6402.7 亿元和 480.6 亿元，呈现强劲的增长势头。

记者了解到，数字虚拟人的制作流程一般包括模型绑定、动作捕捉、动画解算、实时渲染等步骤，其中要运用到大量的现实增强、深度学习、虚拟制片等高科技前沿技术。比较简单的动漫形象数字人，一般 1 个月就能完成；而制作一个更写实的 3D 数字人，从角色设计到完成渲染需要 3 至 6 个月甚至更久。数字人越是"精致""逼真"，越花费时间、人力成本越高。

刘明亮表示，算力提升、引擎升级等技术迭代，正推动数字人制作效能和智能水平持续提升。一方面，数字人的制作成本更低、效率更高；另一方面，数字人的交互性越来越强，提供的服务和陪伴等"人"的属性就越强。

业内人士认为，从关注动画、渲染的身份型数字人到融合语言理解能力、表达能力、学习能力、交互能力的服务型"数智人",从在线服务到在场体验,随着元宇宙相关技术的进一步发展,数字人将进入大规模应用期,加速转化为现实生产力。(人民日报海外版 记者:叶子)

资料来源:http://paper.people.com.cn/rmrbhwb/html/2022-12/30/content_25956961.htm.

引导问题:

1. 案例中的数字虚拟人有哪些技术创新?
2. 思考:创新思维如何培养与应用?

第一节　创新思维概述

创新思维是创新的主要内核,是创新成果产生的先导因素。大学生创新思维能力的培养过程,是在已知基础上探索未知的过程,这个过程要求学生主动发现问题、敢于突破认知边界。其中,发现问题的能力关键在于观察,于细微之处挖掘潜在的研究内容、提炼研究问题。突破认知边界,强调的是一种勇气,勇于探索未知、勇于拓展思维、勇于激发潜能。在创新思维训练中,是对思维广度与思维深度的更高追求,其主要方法包括克服定势思维、培养发散思维、培养灵感思维、培养联想思维等。创新思维的培养,有利于大学生开展创新活动,在此基础上促进成果转化、促进人才发展与社会发展。

一、创新思维的内涵

(一)创新

"创新"这一概念,在学术上的研究起源于熊彼特 1912 年出版的《经济发展理论》(Schumpeter,2017)。他以动态的视角对"创新"进行阐释,认为创新是生产函数的变动,是对现有资源的重新组合,包括五种方式:①新产品或产品新特性;②新生产方式;③新市场;④新供应来源;⑤新组织方式。以此观点出发,创新是指新技术、新发明在生产中的首次应用,是指建立一种新的生产函数或供应函数,在生产体系中引进一种生产要素和生产条件的新组合。由于这种新组合是企业家为获取潜在利润所采取的一种行动,而这种行动或新组合能够较旧组合生产出成本更低或利润更高的产品来,这便产生了创新。在此过程中涉及的相关创新活动,是实现价值增值的过程。如今,"创新"这一概念在各行各业受到重视,在不同领域中的具体内容不同,但其本质不会发生改变,即成果的产生,除了具有过程上的新颖性外,更重要的是具有经济上的价值。因此,有学者认为,创新是发明被转化为有益的产品或系统的过程,如创意的应用和转移、目标达成的评估等。

(二)创造性思维

1896 年,高尔顿对天才人物所做的初步研究,可以说是人类对创造性思维研究的开始尝试,而真正对创造性思维进行研究的则是哈佛大学教授笛尔本,他采用测量的方式来探究创造性思维的本质。"创造性思维"这一概念,虽然现在已被广泛使用,但其定义较为多样,一般可以从三个方面来理解,将创造性思维看成是一个过程、一种状态和一种结果。

从过程看，创造性思维就是大脑皮层区域不断地恢复联系和形成联系的过程，它是以感知、记忆、思考、联想、理解等能力为基础，以综合性、探索性和求新性为特点的心智活动。从状态看，创造性思维指人们在最佳的心理构成和心理合力作用下的种种思维状态，如直觉、灵感及创造想象等。从结果看，创造性思维是指能产生新颖性思维结果的思维。

关于创造性思维的研究，自高尔顿之后，有部分学者陆续发表了不少理论文章，但都没有实验研究。后来，心理学家开始了对创造性进行个性心理的分析，以弗洛伊德和华莱士为代表，他们多采用传记、哲学思辨的方法来研究文艺创作中的创造性，并把这种创造性作为人格或个性的表现。之后，哲学家和心理学家们开始研究创造性的认知结构和思维方法。在研究过程中，心理测验作为研究工具开始系统地编制和应用。由此看来，创造性研究围绕着个性特质研究、社会心理学研究及认知心理学研究开展。从格式塔学派最早研究创造性思维到现在的认知心理学、创造学及人工智能和计算机的相关学科研究已积累了大量的丰富成果。

（三）创新思维

创新思维是人类思维的高级过程，指的是人类在探索未知领域的过程中，能够打破常规，积极向上，寻求、获得新成果的具有社会价值的新颖而独特的思维活动。创新思维不是创意，更不是创造力，创新思维运行的过程就是创意的认知过程，创意输出的过程就是创造力产生的过程。也就是说，创新思维是创意的组成部分，

拓展阅读 3-1：创新思维与创新方法的历史

也是创造力产生的"工具"。因此，创新思维是在抽象思维和形象思维的基础上和相互作用中发展起来的，抽象思维和形象思维是创造性思维的基本形式。

创新思维强调新颖性和独特性，这就意味着要善于突破常规思维的界限，以超常规的方法、视角、维度去思考问题，从而提出与众不同的解决方案，进而产生新颖的、独到的、有意义的思维成果。从这一角度看，创新思维的本质在于将创新意识的感性愿望提升到理性的探索上，实现创新活动由感性认识到理性思考的飞跃。在此过程中，创新思维的运用是让人们探索新方式，克服思维定势，冲破常见的、固有的某些阻碍。无论是在日常生活中，还是在科学研究中，我们有时会有这样的感受，一些看似难以实现的问题，如果站在新的视角去观察、去思考，可以生成我们未曾认知的内容，继而得出新奇的且有价值的答案。

从创新思维和创造性思维的关系来看，二者紧密相关又存在区别。创造性思维反对墨守成规，追求奇特、多变，旨在以富有想象力的方式提出问题和解决问题，或产生新颖独特、有意义、让人惊喜的想法；而创新思维则是以价值增值为目标的，多以思维成果及其推广为标志，强调实用价值、市场需求和应用取向。综合而言创新思维以新获得的信息和已储存的知识为基础，综合运用各种思维形态或思维方式，克服思维定势，经过对各种信息、知识的匹配、组合，从中选出解决问题的最优方案，或者系统地加以综合，或者借助于类比、直觉等创造出新办法、新概念、新形象、新观点，从而使认识或实践取得突破性进展的思维活动。创造性思维方式就是从创新思维活动中总结、提炼、概括出来的具有方向性、程序性的思维模式。

二、创新思维的特征

关于创新思维的特征,不同领域的学者对其进行了探究与阐述。本书中,将创新思维的特征概括为以下 6 点,分别是特殊性、灵活性、探索性、新颖性、突发性、价值性,如图 3-1 所示。

图 3-1　创新思维的特征

（一）创新思维具有特殊性

创新思维,要求人们在一般问题或一般事物中发现特殊问题。例如,对于人们习以为常的事件进行深入思考和分析,获得特殊的问题或见解。特殊性体现在具有创新思维者乐于思考常有见解的不足之处,并敢于突破固有思维模式而达到新的思维空间。

（二）创新思维具有灵活性

创新思维能摆脱思维定式的消极影响,及时变换思维的角度和方位看待同一问题,从而形成多视角、多方位的思维活动,它反对一成不变,坚持具体问题具体分析,灵活运用各种思维方式。

（三）创新思维具有探索性

创新思维的探索性,表现在能够探索未知、打破常规、开辟新思路,从而不断发现事物间的新联系。创新者能突破原有的思维框架和思维定式,能够产生新的物质文明和精神文明,如科技产品的更新换代、新理论的诞生等。

（四）创新思维具有新颖性

创新思维是以求异、新颖、独特为目标的。它与传统思维活动的不同之处表现在:创新思维无论是思考问题的方式、方法,还是思维活动的结果都表现出鲜明的独特性和新颖性。这种新颖性还表现在论证方式、思考角度和方法、运用材料的方法等方面。创新思维的过程与结果是他人未曾发现的,对事物的描述与问题的解决是独到的,即在新的思考路径中实现了新的发现与新的突破。

（五）创新思维具有突发性

创新思维的产生可能是突发的,在某个时间点突然降临,有一种灵光乍现的感觉。其表现形式可能是不具有逻辑性的。这是在长期研究基础上产生的结果,在时间上是顺延的。思想火花的出现带有极大的随机性,它的爆发没有固定的时机。一种新想法,可能是在读书时由于某段精辟的论述而突然萌发的;可能是在乘车、散步时由一句台词或一个动作得到启发而爆发出来的;还可能是在与他人讨论问题时突然受到启发而产生的。

（六）创新思维具有价值性

通过形式多样的创新思维的结合与表达,包括逻辑思维与非逻辑思维、形象思维与抽象思维、发散思维与聚合思维等诸多思维形式，发挥出创新思维的实际作用，由局部到整体，实现成果应用与价值创造，因而具有价值性。

三、创新思维的作用

（一）创新机会识别

创意经济是从个人的创造力、技能和天分中获取发展动力，进而产生经济效益的模式，创意经济的基础是利用创新思维进行机会识别。在运用创新思维时，可以发掘具有一定创造性的想法或概念，通过可行性分析可将其转化为创业机会。在机会识别过程中，满足、激发市场或消费者的需求，进而促进产业创新和结构优化。创新机会识别，不仅要求创新者具有敏锐的观察识别能力，更需要其根据个人丰富的知识积累，进行概念重构、知识更新、实践产出、推广应用。

（二）促进个人发展

对于大学生群体而言，不仅要学习和掌握扎实的科学理论知识，还要有创新思维和创业意识。创新思维的运用，可以将知识应用于实际场景，在分析和解决实际问题中深刻理解科学原理、提升自己的知识运用能力。同时，大学生要勇于攀登人生高峰，在解决问题中培养不惧困难、坚持不懈的品格。创新思维的训练，有利于帮助大学生更新就业思路，转变就业观念，树立创新精神、强化创业意识。在个人学习生活中，利用创新思维解决实际难题，培养实践能力，积累创新经验，为成长成才奠定扎实的基础。因而，创新思维对个人进行职业规划、发展路径规划等方面大有裨益。

（三）知识与技能创新

知识是人们在生产实践中，对客观事物的认识和经验，广义上的知识包括思想、理论、技能、方法、工具等方面。回顾社会发展的过程，可视为是一个知识发现、积累、创造的过程。在知识不断迭代更新中，创新思维是提高个人及组织竞争力的要素之一。竞争力是个人或组织所具备的在特定领域中独特的技能、专长等，而创新思维作为竞争力提升的重要渠道，有利于知识的形成。知识创新是极其复杂的精神性生产活动，知识创新的成果对于个人及组织发展十分有益，能够促进多领域多方面的问题突破，从而实现知识创新的良性循环。

第二节　创新思维训练与应用

创新思维的训练，重在思维方式的转变，并在认知和实践上取得更进一步的提升。思维方式是多样的，每个人的思考过程、思考结果也是不同的，那么创新思维的训练与应用可以看作是在已有招式上习得更为新颖奇特和无法比拟的招式。当然，其中我们需要了解自身思维具有局限性，如解数学题时我们倾向于使用擅长的解题方法、写策划时我们更愿意使用常见策划活动。所以，我们会遇到类似常用解题方法无法解出答案、一般策划活动未达到预期效果等问题。因此，创新思维训练的首要步骤是了解和攻克自身思维上的不足，而后借助各种方法、工具开展思维训练与实际运用。

一、创新思维训练

创新思维训练主要包括以下几种方法（见图 3-2），包括克服定势思维、培养发散思维、培养聚合思维、培养求异思维、培养灵感思维、培养直觉思维、培养联想思维、培养逻辑思维。

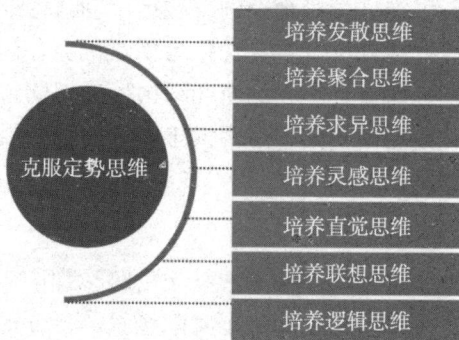

图 3-2　创新思维训练的方法

（一）克服定势思维

定势思维是人们按照已有的思维规律，在反复思考中所形成的比较稳定的、定型化的思维路线、方式、程序、模式，也可称为"刻板印象"。在心理学中，"鸟笼效应"其实就蕴含了定势思维：一个人买了一只空鸟笼放在家里，到他家里的人都会询问为什么鸟笼没有鸟，一段时间后，他会为了用这只笼子再买一只鸟回来养，而不会把笼子丢掉。这一现象，揭示了两个方面的道理：一是人们一般会用定势思维去理解问题；二是"养鸟者"会在偶然获得一件物品后，继续添加更多与之相关的东西。

定势思维可以帮助我们解决生活中的大部分问题，但是定势思维不利于创新，不利于创造。从定势思维的劣势来看，容易使我们产生思想上的惰性，养成一种呆板、机械、千篇一律的解决问题的习惯。那么，当新旧问题形式相似而实质有差异时，定势思维往往会使人步入误区。当然，克服定势思维并不是一蹴而就的，在改变的过程中难免遇到困难，更有效的方式是学习弱化定势思维，在遇到新问题时尝试运用新思维去解决。对于大学生而言，在创新的过程中，克服定势思维的障碍作用，在运用新方法和新工具中得到新的发现。在学习与生活中，尝试克服定势思维，不断积累经验、总结规律、提高实践能力，进而创造创新成果。

（二）培养发散思维

发散思维是大脑在思考时呈现的一种扩散状态的思维模式，它表现为思维视野广阔，并呈现多维发散状。从而从不同的方向对事物进行思考，从他人没有注意到的角度去思考，发现他人不曾发现的规律。德国著名的哲学家黑格尔说过，创造性思维需要有丰富的想象。一位老师在课堂上给同学们出了一道有趣的题目，问砖都有哪些用处，要求同学们尽可能想得多一些，想得远一些。正如大多数人能想到的作用一样，有的同学想到了砖可以造房子、修城墙，而有的同学想到古代人们把砖刻成建筑上的工艺品。这时，一位同学提出了砖的武器作用。其实，这也是发散性思维的运用，发散思维具有经济性、变通性、独特性、多感官性等特点。

（三）培养聚合思维

聚合思维是从已知信息中产生逻辑结论，从现成资料中寻求正确答案的一种有方向、有条理的思维方式，又称求同思维法、集中思维法、辐合思维法或同一思维法。聚合思维法是把广阔的思路聚集成一个焦点的方法，从众多可能性的结果中迅速作出判断，得出结论。从生活中的实例来看，在探究事物时我们虽然进行了多向思维拓展，但是仍会对问题百思不得其解，这时回到问题的最初去重新思考反而可能会寻得答案，这其实就是聚合思维运用的形式之一。

（四）培养求异思维

求异思维是对司空见惯的似乎已成定论的事物或观点反过来进行思考的一种思维方式。要敢于反其道而思之，让思维向对立面的方向发展，从问题的相反面深入地进行探索，树立新思想，建立新的解决方式。在数学教学中，求异思维的运用十分常见，如思考用其他方法解决数学难题。而在科学探索的长河中，人们孜孜不倦地寻找真理，求异思维的运用在其中可能会带来新的发展方向和里程碑般的变革。

（五）培养灵感思维

灵感思维是人们在科学研究、科学创造、产品开发或问题解决过程中突然涌现、瞬息即逝，使问题得到解决的思维过程。它具有偶然性、突发性、创造性等特点。灵感是过去从未有过的新思想、新念头、新主意、新方案，新答案。灵感思维是三维的，它产生于大脑对接收信息的再加工，储存在大脑中沉睡的潜意识被激发，即凭直觉领悟事物的本质。德国化学家凯库勒一日午休时梦到一条小蛇的头部咬住尾巴被惊醒了，然后通过他的努力提出了苯环结构假想，这就是灵感的一种表现。灵感的出现不是短时间的努力就可以实现的，而需要长时间的积累，结合多种思维训练方法提高灵感出现的概率。

（六）培养直觉思维

对一个未经分析的问题，仅依据内因的感知而迅速地对问题答案做出判断、猜想、设想，或者在对疑难百思不得其解之中，突然对问题有了顿悟，甚至对未来事物的结果有"预感""预言"等，这些都是直觉思维。直觉思维与灵感思维有相似之处，它在创造性思维活动阶段起着极为重要的作用。直觉思维是完全可以有意识地加以训练和培养的，如跳出个体思维角度站在整体角度上观察问题，通过知识和经验的运用，以及丰富的想象作出假设和猜想，这个过程省去了原本多番分析推理的中间环节，而采取了"跳跃式"的形式得到答案。

拓展阅读 3-2：陈劲：创新思维的三个层面

（七）培养联想思维

联想思维是在人脑记忆表象系统中，由于某种诱因导致不同表象之间发生联系的一种没有固定思维方向的自由思维活动。主要形式包括幻想、空想、玄想。其中，科学幻想在人们的创造活动中具有重要的作用。有学者提出，联想思维的运用一般需要遵循三项原则：一是有接近才能联想，即联想的事物之间必须有某些方面的接近与联系，能在时间或空间上使人脑与外界刺激联系起来；二是有相似才能联想，即联想事物对大脑产生刺激后，大脑能很快做出反应，回想起与同一刺激或环境相似的经验；三是有对比才能联想，即大脑能想起与这一刺激完全相反的经验。

（八）培养逻辑思维

培养逻辑思维是获得创新思维的重要基础。逻辑思维又称抽象思维，是人在理性认识阶段，运用概念、判断、推理等思维类型反映事物本质与规律的过程。一般地，逻辑思维以基本思维形式出发，遵循思维的规律和规则，强调严密的推理和论证。逻辑思维能力的培养和训练是通识教育的重要组成部分，近年来，高等教育对学生逻辑思维能力的培养与考查不断加强，高校围绕大学生逻辑思维能力提升设置了多项课程。大学生在此过程中，应做到知识学习和动手实践相结合，从逻辑知识的学习、逻辑思维方法的运用、逻辑思维能力测评等多方面提高对逻辑思维的重视。

二、创新思维应用

（一）发现创新机会

在信息获取途径日益广泛、信息更新速度不断加快的今天，从大量信息中进行筛选、分析，为发现创新机会增加了活力。基于创新思维，进行创新机会的挖掘。可以从以下几种方式展开：①从日常生活中进行观察与调研，很多时候，日常生活中的现象，以及一些事物流程中的不足，都蕴含着待分析、待解决的事项。那么，只要留心观察生活，合理运用发散思维、灵感思维等，就很可能发现出生活中的创新机会。②从历史文献等二手资料中发现有价值的信息。所谓二手资料，通常是经过一定程度的筛选，对于问题的描述和分析较为成熟的信息资料。基于二手资料，能够较为快速地认识并掌握某一问题，同时，结合个人思考进行合理的思维发散，也是发现创新机会的方式之一。③从网络媒体等途径分析信息，移动互联时代具有信息量大、覆盖面广、内容新颖等特点。借助互联网中庞大的信息，利用求异思维、联想思维等，从中找出富有价值的信息，并将这些信息转化为创新机会。

（二）组建创新团队

目标一致、分工明确的团队往往能够形成一加一大于二的良好效果，个人的能力常常受到限制，那么就需要融合多人的创新思维进行创新活动。怎么样的团队是一个好的创新团队呢？需具备以下特点：①团队能把互补的技能和经验组织到一起，超过了个人叠加的总和。②团队对待变化中的事物和需求更加灵活而敏感。③有着共同努力的方向，即发挥创新思维的最大价值。包括可行的目标、一致的价值追求、互补的技能、良好的沟通机制等。在创新团队组建初期，团队的目的是辨识团队中个人特质和相关能力，并在初步了解的过程中逐渐建立起团队成员的信任关系、组织关系。随着团队的发展，成熟的团队应该做到在效能上不断提高、在成员间的合作上变得默契、流畅。同时，团队成员能够有意识地发现并共同解决问题，个人创新产出与团队创新的产出都不断增加。

（三）参加创新创业竞赛

创新创业竞赛是激发大学生创业热情，营造校园创新创业氛围，并引导大学生树立创新创业理想，为有创新意识和创新能力的学生提供实践训练的平台。参与创新创业竞赛，对大学生运用创新理论、积累实操经验大有裨益，并且，竞赛中遇到的问题与实际创业问题有相似之处，解决过程中遇到的问题并进行有效的总结，是大学生能力提高的关键。目前，国内的大学生创新创业类大赛有"挑战杯"全国大学生系列科技学术竞赛、"互联网+"大学生创新创业大赛、全国大学生电子商务"创新、创意及创业"挑战赛等。参与此类竞赛，以组队形式阐述新的想法、创新机会等，不仅有助于个人能力和团队意识的培养，也是将创新思维落地，甚至是为社会贡献价值的机会。

三、大学生创新思维培养的多方力量

（一）个人

大学生创新思维的培养，首要因素是个人主动性。如上述章节所述，创新思维的训练在于不断练习与实践，克服思维局限从而追求更高程度的思维质量。然而，站在组织的角度考虑，创新的实现仅仅依靠个体来完成是极为困难的，因此，创新思维培养需要个人具备协作能力。一项完整的创新活动往往需要多人甚至多个群体的共同努力才能实现，把分散在个人身上的、流动的及不明确的知识组织化、群体化、明晰化和结构化。就大学生学习一门课程来举例，如何围绕课程进行思维的拓展，可将其训练过程分为创意激发、产品创作、展示推广 3 个阶段。教学者为参与者创设具体情境，引出供其探究的异构性复杂问题；学习者或者说创新者对问题和目标进行分解，转变结构和情境，努力寻找多种解决方案，尝试一题多解、逆向思维和协商建构；通过质疑、探索、想象、拓展等方式进行思维发散，激活想法。在众多想法中，最终采纳或整合哪些来实施产品创作则需要经历决策过程，进一步将想法形成概念原型。这一阶段的思维培养点在于个体创意与群体创意、思维发散和决策聚合过程的相互转化。因此，个人思维训练与群体思维训练结合，可以迸发更多创新活力。

（二）政府

政府具备宏观调控职能，对社会创新与大学生创新思维培养起着关键的引导作用。在科研活动方面，政府进行适当干预，如对高风险、前瞻性的基础研究，不确定性高的应用技术研究，以及高投入的共性技术开发等方面发挥作用。在创新过程管理方面，政府应加强对政策执行过程的监管，如保障创新者的知识产权等。在创新主体管理方面，促进参与创新的各个主体之间更高层次的协调与合作。这需要建立跨部门，跨产业的协调、支持和监督机制，促进科技体系、创新链的整体发展。在创新环境创造方面，促进自下而上的创新发展，需要政府调整科技资源配置模式，努力打破大学、研究机构与企业之间的鸿沟，促使产学研的共同技术开发与技术转移等。

（三）学校

构建有利于创新的教育体系，学校在其中发挥重要作用。培养具有创新思维的学生，不仅需要激发青年学生的科学热情，还要更重视学生独立思考和动手的能力，注重理论与实践的结合。在因材施教方面，结合现有教育体系，让学生找到最适合自己的专业，能够发挥自己的才能，而不是一味地追求热门专业。在学生就业方面，高校积极探索人才培养与市场创新需求吻合，因此需要打破固化的专业设置，避免高校的同质化。高校可通过与当地企业进行合作，让企业参与学生创新思维、创新能力培养，以产业创新发展需求优化专业结构。如此，解除人才的自由流动的困境，促使更多优秀的创新人才向企业流动。

（四）企业

企业是创新驱动发展的重要主体，各种类型的企业采取对应发展策略来助力学生创新发展。无论是大型国企、民营企业，还是创新型中小企业，都能成为大学生创新施展之地。在相关创新政策的支持下，企业创新意识不断增强。在企业经营方面，企业家发挥创新积极性，共同构建鼓励竞争、鼓励冒险、包容市场的试错的创新文化与氛围。同时，重视企业社会价值，为公共服务贡献力量，为就业者提供创新机会。在企业人才引进方面，设置多维度人才引进制度，结合企业现实需求与未来发展形势，除了关注经验丰富的人才，也积极吸纳具备创新活力的大学生共同推动企业优化转型。

第三节　创 新 技 法

在创造发明、科学研究等各类实践活动中，创新技法起着推动创新过程达成的关键作用，是过程中所使用的各种方法的总称。目前，常用的创新技法有组合法、思维导图法、头脑风暴法、发明问题解决理论（TRIZ）等。随着各类创新技法的推广与应用，激发了各领域人才的创新动力、创新能力，并在实践中总结、提炼更多新的创新技法，使得创新技法这棵大树产生新的分支。对于大学生而言，掌握基础创新技法是基本要求，发挥创新技法在解决问题中的实际作用，并不断积累创新技法知识以提高创新成功的概率。

一、创新技法的概念

不同国家，对于创新技法的叫法不同。在我国，创新技法通常也被称为"创新方法"；在美国，创新技法被称为"创造工程"；在日本，创新技法被称为"创造工法"；在苏联，创新技法则被称为"发明技法"。虽然名称不同，但创新技法的总体含义是一致的。创新技法是对创新思维的内在规律加以总结归纳，形成有助于方案产生或问题解决的策略。换言之，创新技法是从创造技法中套用过来的，是根据创造性思维发展规律和大量成功的创造与创新的实例总结出来的一些原理、技巧和方法，是有效、成熟的创造性思维的规律化总结与结构化表达。

在不同领域，创新技法的侧重点大都不同，如教育学领域关注的创新教育技法，心理学领域关注的创新思维方法，工业领域关注的技术创新方法等。目前，国内外学者已从思维、过程、应用等多个维度对创新技法进行分类，虽然分类结果各不相同，但创新技法的使用与促进创新成功的本质是不变的。在具体的问题解决和方案生成中，对创新技法的系统化应用及发挥辅助工具的支持作用是非常关键的。有效使用创新技法，可以直接产生创造、创新成果，如人们对光能的使用既节省了资源又产生了相应的经济效益，对垃圾进行分类处理既实现了循环利用又能保护环境等。有效使用创新技法，也可以启发人们的创新思维，帮助解决复杂问题、新问题，并在思考过程中提高人们的创造力、创新能力及创新成果的转化率，从而实现创新技法的拓展与优化。

二、国内外创新技法研究

（一）国外创新技法研究

美国学者奥尔顿曾于 1870 年用案例法对数以千计杰出人物的家族谱系进行了分析，得出了人的创造能力源于遗传的观点。虽然其观点不能得到普遍认同，但是他运用典型案例进行分析的方法一直被后人沿用至今。随后，美国专利审查人员普林德尔注意到一些发明家具有独特的"创意的技巧"，并于 1906 年完成论文《发明的艺术》，文章不仅用实例说明了创意和技巧，而且建议对工程师进行此方面的训练。1931 年，美国学者克劳福德发表了《创造思维的技术》，首创了"特性列举法"。之后这种方法被不断完善并作为一种创新方法在大学讲授。后来，创造学的奠基人——美国创新方法和创新过程之父亚历克斯·奥斯本在著作《思考的方法》中，提出了智力激励法，正式揭开了人们研究创新方法的序幕。智力激励法又称头脑风暴法，最初用于广告的创新构思方面，后被全世界范围应用，是最广泛、最基本的创新方法，在此基础上，智力激励法不断发展形成各种细分方法。在欧洲，人们对于创新方法的研究始于 20 世纪 40 年代。随着科学技术的快速发展，人们从过去无意识的创新中走出来，转而去系统地总结创新活动的规律。例如，瑞士天文学家兹威基在火箭研制过程中，利用排列组合原理提出了形态分析法，英国著名的心理学家托尼巴赞发明了思维导图法等。在日本，对创新方法的研究更注重思维的实际操作，如卡片整理法、中山正和法等。其中，卡片整理法是将大量事实如实地捕捉下来，并通过对这些事实进行有机的组合和归纳，发现问题的全貌，建立假说。中山正和法，是强调先依据直觉判断目标问题可否解决，针对可解决的问题，设立基于直觉的解决方案的假说，然后开展调查分析，从而解决问题。

（二）国内创新技法研究

全国第一届创造学学术讨论会和全国第一期创造学研究班的开幕，可以说是创造学正式引进中国的重要标志，也是我国创新方法发展的里程碑。1983 年，我国创造学者许国泰经过 8 年摸索与尝试，首创了信息交合法，1990 年，宋文奎在由中国发明协会召开的"开发创造力，促进发明活动"研讨会上发表了两种新的创新方法，即扩、缩笔记目录分类法和可变多维形态属性列举法。1991 年，许立言、张福奎在对奥斯本检核表法进行

拓展阅读 3-3：创新打印技术，突破墨水难题

深入研究的基础上，结合上海和田路小学创造教学的实际，与和田路小学一起提出了"和田 12 法"。这些创新方法的提出，标志着我国正在逐渐形成具有自己特色的创新方法。随着创新方法研究的进一步深入，国内创新方法研究的焦点转到创新方法分类研究上，目前国内在创新方法的分类研究中已经取得了不少成果，如从创新思维、创新方法应用过程等方面进行分类。同时，我国关于创新技法的研究在不同领域得以发展，如机械工业、医疗服务、环保产业等，并逐步在多领域的研究中提炼出适合我国国情的创新方法。

（三）创新技法举例

1. 组合法

组合法是将两种或两种以上的事物或理论的部分或全部进行有机的组合、变革、重组，从而诞生新的产品、新思路或形成独一无二的新技术。以我们生活中的例子来看，组合法的应用十分广泛，如可移动桌子是滑轮与普通桌子的组合，数控机床是机械技术和电子技术组合等。

奥地利经济学家约瑟夫·熊彼特曾指出：一多半的发明是新组合。也就是说，通过既有的东西创造出新东西，这是一种具有实效性的创新技法。日本著名的创新创业专家大前研一曾讲过他自己一个早年的例子，他观察到啤酒瓶子都是茶色的，于是他思考 TPO（时间、地点、场合）想出了物品和容器的矩阵模型，并在某杂志上表明应该有矩阵模型。不久，四家啤酒公司中的三家都来找他并希望他详细地阐述他的创意，而后以此为契机，诞生了眼花缭乱的铝罐啤酒。可以发现，这个例子中的矩阵模型其实就是组合法的一种形式。组合法对创新者的要求是善于观察、思考，融合产生新的创意。

2. 思维导图法

思维导图是对复杂事物或新事物进行梳理，并以图的形式呈现的一种思维表现结果。在瞬息万变的时代，我们获取到的信息是大量的、零散的，这对于深入思考造成了一定程度上的困难，同时，学习效率也受到了影响。而思维导图，能让思考过程结构化、条理化、系统化，并使人们在掌握信息的基础上，进行发散思考，进而识别创新机会。

思维导图在运用的时候，应注意以下 4 个方面：颜色、图像、线条和文字。首先是颜色，在视觉上，颜色的变化能被我们轻易觉察，并帮助我们快速区分信息，包括信息的分块、信息的重要程度等，因此颜色的合理使用是提高学习效率的有效方式。其次是图像，图像的优点体现在，与大量描述性文字相比，其使用空间小，表现形式更为形象，因而能加深人们对于复杂概念的理解和记忆。然后是线条，包括线条的粗细、线条的形式等，同样可以给人带来视觉上的冲击，在思维导图中，由主干和支干组成的线条网络搭建的知识框架使得思维和知识更加结构化。最后是文字，一般而言，思维导图中的文字应是精简的，而不是段落式的文本。在运用文字时，需要注意以下问题：文字是关键词，文字的方向应该是从左往右，文字的大小和字体也需提前统一等。

3. 头脑风暴法

头脑风暴是一种自由联想和讨论形式，其目的在于产生新观念或激发创新设想。它通过会议的形式，让所有参加者在不受任何约束的气氛中，相互之间进行信息交流，每个人都可以提出各种异想天开的想法，让各种思想火花自由碰撞，就像掀起一场头脑风暴，引起思维共振，产生组合效应和创造性思维。对个人而言，为产生新的创意或决策思路，也可以独自进行头脑风暴。独自进行头脑风暴自由且简单，能畅所欲言，从而产生尽可能多的观点，但对于结果的评估并不容易，这是因为个人对自己的想法偏向于接受，而不是反驳。

在集体中运用头脑风暴应注意的问题有：①遵守头脑风暴的相关原则，即不对他人论述进行评价，鼓励产生更多想法，思维应是不设限制的等；②营造自由畅谈的气氛。头脑风暴的环境应是适合人们发表见解的空间，每个人都可以不受任何约束地讲出思考结果；③控制好头脑风暴的时间。一般来说，会议时长不超过 1 小时。因为时间过短，人员难以畅所欲言；而时间太长，则容易产生疲劳感，影响最终效果；④可借助新技术、新工具辅助头脑风暴的实施。例如，利用计算机的随机性，产生随机数或字词，以激发人们进行联想，从而获取到意外的收获等。

4. TRIZ

TRIZ 是"发明问题解决理论"俄文单词的首字母缩写。最早提出该理论的是一位俄国学者阿奇舒勒，他从不同的角度利用不同的分析方法对专利进行分析，总结出了多种规律。根据阿奇舒勒的观点我们不难发现，人们在解决发明问题的过程中，所遵循的科学原理和技术系统进化法则是一种客观存在，大量发明所面临的基本问题是相同的，所以其中的技术矛盾和物理矛盾从本质上说也是相同的。同样的技术创新原理和相应的解决问题的方案，会在后来的一次次发明中被反复应用，只是被使用的技术领域不同而已。因此，将那些已有的知识进行整理和重组，形成一套系统化的理论，就可以用来指导后来者的发明和创造。

TRIZ 的核心思想在于：①在解决发明问题的实践中，人们遇到的各种矛盾及相应的解决方案总是重复出现；②用来彻底而不是折中解决技术矛盾的创新原理与方法，其数量并不多，一般科技人员都可以学习、掌握；③解决本领域技术问题的最有效的原理与方法，往往来自其他领域的科学知识。由于 TRIZ 来源于对高水平发明专利的分析，因此人们通常认为，TRIZ 更适用于解决技术领域里的发明问题。从微观上讲，发明问题解决理论的含义是解决实际问题，特别是发明问题；从宏观上讲，发明问题解决理论的最终目的是由解决发明问题而最终实现技术或管理上的创新。其实，TRIZ 运用广泛，现在已经逐渐向自然科学、社会科学、管理科学、生物科学等多个领域渗透，并被用于解决这些领域中的实际问题，以实现技术创新。

三、商业模式中的创新方法

（一）分析法

分析法是人们最为熟悉的方法，具有比较严谨的逻辑，学校的课程、技能的培训等基本上都会采用分析法，如管理类专业的市场营销学，其中的 4P 理论、4C 理论等，或是战略管理课程中的波特五力分析模型、SWOT 分析模型等，都是分析法的体现。例如，市场营销中的 STP 理论，首先要进行市场细分，根据一定的规则（如职业、收入、地域等）将消费者分为不同的类别。然后选择一个具体的细分市场，确定为目标对象。在此基础上，详细分析这个群体所共有的一些特征，如需求、偏好等，根据这些特征研发新产品或在原有产品的基础上增加相关的功能；当新产品研发成功后，根据这个特定群体的特征进行个性化的宣传与促销等。因此，从分析性的角度看，消费者具有潜在的需求，产品开发人员的工作就是根据这些需求，用一种最佳的方法创造出满足这种需求的产品，最终达到创新目的。由此可见，分析法包括了各类理论、模型等，具体的分析方法需要视具体情境进行选择使用。

将分析性方法应用于商业模式创新，首先需要分析商业模式的构成要素，然后思考如何才能创新这些要素，使其更有利于增加企业与顾客的价值。而对于要素的界定，不同学者及不同企业的界定不同。例如，有学者认为采用市场调研的方法识别相关要素，即与竞争对手的商业模式构成要素进行对比分析后识别出改进目标来实现商业模式的创新；有学者认为商业模式可以由价值主张、运作模式、财务模式和顾客关系四个要素构成；也有企业管理者认为商业模式构成要素的划分重在商业模式的流程，即通过完整地梳理运行流程，发现流程中存在的问题，从流程要素入手进行商业模式创新。总体而言，分析法是逻辑性的、综合性的。

（二）解释法

解释法是以自下而上的视角解决问题，它与分析法相比更加适用于变化的环境中，即那些的边界不能清晰界定、结果不明确的问题。解释法具有偶然性、随机性，不具有逻辑性，它强调事物发展过程中的"灵光一现"，而且无法给出一套完整的步骤或操作流程。当然，解释法使用的前提并不是被动地等待灵感，而是坚持不懈地学习与探寻。在《战略手艺化》中也描述了这样的故事，一位陶艺人一开始只做装饰用的陶制动物等小玩意，但这种"小玩意战略"到了后来的某一个时刻突然戛然而止，开始创作纹理清晰、不上釉的浮雕式作品和陶碗，并最终形成了新的创作模式。经过很长一段时间的浮雕式作品创作之后，在一次制作过程中，一个念头突然闪过：为什么不做一个圆柱形花瓶呢？一个想法导致另一个想法，最终形成了一个新的模式。也就是说，行动推动思考，先模式而后创新。

从商业模式创新角度分析，模式创新来自创意，而拥有创意的人在一开始往往只有一种模糊的感觉，是非完善的、阐述不清的。因此，通过比喻、类比等手段，使其他人员首先理解已有的创意想法，然后通过充分的群体间的交流互动，把创意想法用语言、图像、表格等形式表示出来，这是完成从隐性知识到显性知识的转移，进而才有可能提出具有全新创意的商业模式。同样地，在客户营销中，消费者的需求在被表达出来之前更多的时候是不可知的，而产品供给者与消费者之间的互动是将需求转译、显性化的过程，细化到产品功能、产品特征、具体技术指标等方面，明确需求的过程就涉及解释法的使用。针对这种情景，分析法的运用不足以解决问题，因此解释法在创新过程的作用同样重要。

四、创新技法的作用

（一）培养大学生创新精神

为构建开放性的高校大学生创新创业服务平台，政府与高校协同实施创新创业类的培训，通过多样化的培训模式，为学生们带来创新技法相关知识的更新。目前，健全的培训体系、丰富的创新创业资源，加快了创新技法的传播速度，在很大程度上促进了高校大学生开展创新创业训练，并为初创团队今后的发展提供了支持。

学习创新技法，增加理论储备，是产生创新成果的基础条件。对于大学生而言，除了在思想道德素质、价值观念上取得进步，还应感受到创新文化的潜移默化的作用，从而具有良好的创新创业精神。创新技法的培训，一方面是有利于大学生的创新热情在创新教育下不断被激发；另一方面是有利于增加其风险意识、成本意识、团队意识等。创新创业类教育丰富了学生们的校园生活，也让他们在时间管理、自我管理上更具主动性。因此，在创新技法的学习和运用中，大学生能够发挥个人的特长和兴趣，获得新知识、增长新才干、培养创新精神。

（二）多领域创新技法融合

创新技法的广泛应用，于个人而言，是素质教育与创新创业教育的有效融合，是基础能力和创新能力的协同发展；于地方而言，是组织创新与区域创新的有效融合，是多行业、多领域的协同发展。不同领域的创新技法各具特点，若是充分发挥各类方法的优势，必将为解决系统性问题提供有效方案。

一般而言，创新创业过程具有周期较长、风险较大、环节琐碎等弊端，因此，良好的创业教育的匹配和渗透是创新创业过程所依赖的。创新创业教育的开展，从微观层面来看，有利于增长学生创新技能，培养大学生的主体意识、合作精神、创新精神等；从宏观层面来看，大学生的创新品质提升将有效地促进技术创新和科技创新，推动相关产业升级和产业转型发展。因此，创行技法的传播与创新成果的产出，有助于实现校企的深度合作、创新创业教育与区域创新创业的深度融合。

第四节　创新思维与思政教育

一、创新思维与思政教育

创新思维的培养离不开高校思政教育模式的改革，思政教育的创新同样需要注入创新思维的活力。总体而言，创新思维与思政教育，二者相互关联、相互促进，共同提升人才创新品格。面对新的变化、新的要求，守正创新是国家发展的重要精神内核，也是指引大学生实践探索的动力和方向。

（一）思政教育促进创新思维培养

创新教育理念背景下，对思政教育教学模式进行优化，是学生更好地学习并吸纳创新知识的有效途径。学校教师在开展思政教育中，可结合多种教学模式，如利用多媒体技术生动形象地展现创新过程和创新成果，在课堂教学的同时设置实践实习活动以加深学生对创新创业的认识，并鼓励学生参加大学生创新创业类竞赛以丰富其对理论的认知等。总而言之，思政教育要坚持以人为本的原则，以精彩生动的思想政治教育感染学生思想，不断激发学生多维度思考的积极性。创新思维的培养是持续性的活动，而思政教育在其中发挥着引领性作用，是在师生交互中循序渐进地培养学生创新思维与创新精神。

（二）创新思维有利于思政教育创新

社会发展对专业人才的要求不断提高，个人创新的产出是有限的，因而需要个人与组织共同进行创新才能达到更好的效果。学生创新思维培养备受重视，高校及高校教师创新思维也同样重要，高校的思政教育创新便是表现形式之一。如何进行思政教育创新呢？如教学手段的灵活性、教学评价的多维度性、教学风格的开拓性，以及教学水平的提升性等。高校倡导教师要积极投身于创新实践活动中，在完成校内教学任务的前提下参加社会的各类创新活动，不断积累创新经验和方法从而更好地带领学生开展创新活动。同样地，在教师评价体系中，应建立包含创新维度的教师评价指标，提升创新教育实效。

（三）守正创新是新时代的鲜明要求

党的二十大报告提出了继续推进理论创新的科学方法，即"六个必须坚持"。"六个必须坚持"，是习近平新时代中国特色社会主义思想的立场观点方法的重要体现。而其中的坚持守正创新，是我们党百年来推进马克思主义中国化时代化得出的规律性认识，是中国特色社会主义新时代的鲜明气象，是习近平新时代中国特色社会主义思想的显著标识。只有坚持守正创新、与时俱进，才能不断赢得优势、赢得主动、赢得未来。

习近平总书记指出："我国社会主义只有几十年实践、还处在初级阶段，事业越发展新情况、新问题就越多，也就越需要我们在实践上大胆探索、在理论上不断突破。"世界在变化、时代在前进，在坚持和发展中国特色社会主义的伟大进程中还有许多重大课题需要我们深入探索和解答。只有坚持守正创新，以科学的态度对待科学、以真理的精神追求真理，才能紧跟时代步伐，顺应时代发展，推动中国特色社会主义伟大事业不断胜利前进。

二、创新创业教育与思政教育的融合

（一）了解大学生创新创业素质需求

相关创新创业政策有助于高校理解大学生创新创业素质需求，总体而言，我国大学生创新创业正处于初始阶段，因而需要加强对大学生创业政策的宣传。高校在普及政策的同时，根据学生的成长规律和个性差异，合理组织思想政治理论课的教学内容和创新创业教育的教学内容。结合当代大学生的特质，运用新媒体技术引导学生进行创新思维训练，并注意结合现实问题，激发学生展开思考与讨论。在坚持正确导向的前提下，鼓励学生进行多维度思考，合理运用创新技法进行思维拓展。

（二）明确创新人才培养目标

我国对创新人才的需求大，一方面，创新人才的实践成果改变了人们的生活与生产方式，具有经济效益；另一方面，创新人才对创新工具和方法的掌握，可以帮助社会进一步培养相关人才，具有社会价值。在社会创新创业浪潮之下，创新创业教育正处于变革时期，我国当前的高校类型有研究型、综合型和应用型。高校应基于思政教育理论，根据各自特点与定位制定人才培养目标，激发学生学习与实践的热情。在挖掘学生兴趣、爱好等的基础上，选择合适的创新创业教育内容与教学方法，以培养富有个性、具有创新思维、实践能力的创新人才。

拓展阅读3-4：树立系统、辩证、创新思维 统筹谋划思政教育一体化建设

（三）完善创新创业教育课程体系

课程体系是人才培养体系的核心内容，加强思政教育课程体系与创业教育课程体系的融合，并在优化课程设置的过程中优化学生知识结构。于高校而言，坚持优质的课程和相关教学方式，并在此基础上，吸收更多有效的课程和教学手段，是保持高校课程体系完备、灵活的关键。在设置创新创业教育课程教学内容时，要具有多学科性，使学生学习多方面内容，积累多领域知识，如创新思维与企业管理的关系、创新技法在社会科学中的应用等。另外，在进行教学时，不应拘泥于学校这一单一场所，创新创业的实际问题往往是在真实的生产和生活场景中发生的，因而教学地点可以是校内，也可以是企业。这就要求学校、企业、社会共同完善创新人才培养机制。对于大一新生而言，可开设创新创业基础课程，集中培养学生们的创新创业意识；而在大二的学习阶段，学生的创新思维初具雏形，可开设创新创业训练课程，将创业教育融入学生们的专业教育中；在就业目标基本明确的大三、大四时期，可组织学生到校外进行各项课外拓展项目，以提高其创新实践能力。

本章小结

本章首先对创新思维进行讲解，包括其内涵、特征和作用等；其次介绍了创新思维及创新思维训练方法；再次阐述了国内外关于创新技法的研究现状，并介绍了几种常见创新技法；最后讲述了创新思维与思政教育的关系。

通过本章的学习，希望大家了解创新思维，学习创新技法，并在今后的研究和生活中尝试使用创新技法解决创新过程中的问题。

关键词

创新思维　　创新技法　　思政教育

即测即练

自学自测　　扫描此码

问题思考

1. 大学生如何培养创新思维？
2. 创新技法的使用在不同领域各有不同，如何更好地发挥创新技法的价值？

实训专题

你知道哪些创新技法应用实例？请对其进行评价并试着讲讲你的创意。

参考文献

[1]　李兴森，张玲玲. 可拓创新思维及训练[M]. 北京：机械工业出版社，2016.
[2]　廖益，赵三银. 大学生创新创业入门教程[M]. 北京：北京理工大学出版社，2019.
[3]　胡飞雪. 创新思维训练与方法[M]. 北京：机械工业出版社，2019.
[4]　詹泽慧，梅虎，麦子号，等. 创造性思维与创新思维：内涵辨析、联动与展望[J]. 现代远程教育研究，2019(2)：40-49，66.
[5]　柳卸林，高雨辰，丁雪辰. 寻找创新驱动发展的新理论思维:基于新熊彼特增长理论的思考[J]. 管理世界，2017(12)：8-19.
[6]　丁浩，王炳成，曾丽君. 商业模式创新的构成与创新方法的匹配研究[J]. 经济管理，2013，35(7)：183-191.
[7]　张丽华，白学军. 创造性思维研究概述[J]. 教育科学，2006(5)：86-89.
[8]　段倩倩，侯光明. 国内外创新方法研究综述[J]. 科技进步与对策，2012，29(13)：158-160.

初创团队建设与创新

学习目标

1. 理解创业团队建设的步骤；
2. 了解创业团队管理的重点；
3. 了解创业团队的股权分配；
4. 大学生创业团队与思政建设。

引导案例

第一团队　携程四君子的故事

接受国外教育并且在国外工作多年的沈南鹏、梁建章，与接触国外文化的民营企业家季琦、国营企业管理者范敏，构成了一个奇妙的组合。他们创立的携程和如家虽然经历了多次高层人事变更，却从来没有发生过震荡，他们为中国企业树立了一个高效团队的榜样，获得共赢的结局。这既是一段精彩的创业故事，也是一场绝妙的共赢游戏。

1. 携程创业四君子

在 1999 年春节后的一天，季琦、梁建章等人参加上海交通大学校友聚会，这些年轻人就互联网、互联网经济、美国的网络公司、纳斯达克和 IPO 等话题热烈地讨论了一夜。最后的结论是：这 4 个人一起在中国做一个向大众提供旅游服务的电子商务网站。

1999 年 5 月，在上海南丹路天文大厦，携程公司正式成立。公司有 150 平方米的办公区和十来个人。季琦、梁建章、沈南鹏、范敏 4 个人按照各自的专长具体分工：梁建章任首席执行官，沈南鹏任首席财务官，季琦任总裁，范敏任执行副总裁。这 4 个上海交通大学校友一开始就以契约精神，明确各自的股份，根据各自经历大体定下了人事架构。这看起来是个"绝配"组合：做民企出身的季琦有激情、锐意开拓；来自华尔街的沈南鹏擅长融资；搞 IT 咨询的梁建章偏理性，善于把握系统，眼光长远；国企出身的范敏则善于经营，方方面面的关系都平衡得好。

创业之初，季琦一直承担着重任，直到第二轮 450 万美元融资到位前，另外 3 位都还没真正"下海"，他的确是早期创业主角的最佳人选。半年后，携程找到了"订酒店、订机票"的赢利模式。通过订飞机票、订房和订购旅游线路这三个主导产品实现的，其中订房收入占了大头，约占总收入的 80% 以上。从 2000 年起，季琦开始有计划地吸纳全国订房业中的优秀队伍，业务量呈现出成倍放大的趋势。

2003 年 12 月 9 日，携程在纳斯达克上市。从 1999 年 2 月提出创业想法，到 2003 年

12 月上市，携程四君子仅仅用了 4 年 10 个月的时间。他们曾经放弃的国企、外企职位、房子、车子、高薪，此刻得到了丰厚的回报。这 4 个人都成了亿万富翁。

2. 季琦的两次"转身"

2001 年，携程网的一位网友在网上发了个帖子，抱怨在携程上预订宾馆的价格偏贵。这引起了季琦的注意，于是他对携程网上订房数据情况做了分析，发现新亚之星的客房卖得特别好。经过调查，季琦发现，锦江之星、新亚之星等经济型连锁酒店普遍存在着很高的客房入住率，生意十分兴隆，供不应求。这一信息经携程高管们集体讨论后，最终决策是：携程和首旅共同投资经济型酒店——如家酒店。

此后，季琦住过无数酒店，对酒店的挑选准则只有一个：学习。他曾经带着本子、尺子、胶卷相机把上海和宁波两地的每家锦江之星都住上一遍，把每家的房价、装修、房间数量记录在案。通过直营店、特许经营、管理合同、市场联盟 4 种方式，季琦使"如家"成为中国酒店业的一个奇迹。如家酒店创办仅两年的时间就已经拥有 41 家连锁酒店，季琦在两周年庆典致辞说："要在 3 年内发展到 100 家连锁酒店。"在融资方面，如家酒店连锁公司和携程旅行网的管理团队共同出资受让了携程所持有的全部股份。这样，如家成功吸引 IDGVC（注：IDG 技术创业投资基金）的首轮投资 150 万美元，IDGVC 在随后不久又追加了 200 万美元。

2005 年 1 月，如家正式换帅，季琦再次从人们视线中消失。但仅过了一个月，季琦便组建了力山投资公司，担任力山投资公司的首席执行官，投资方向也转为商业房地产，首期投资约 2000 万美元。同时，季琦创建"汉庭"这个品牌，定位于专为商务人士量身打造的中档连锁酒店。同年 8 月，汉庭连锁酒店第一家门店开业。2007 年 7 月，汉庭以股权融资 8500 万美元创下中国服务行业首轮融资的新纪录。到 2008 年初，汉庭在全国签约门店数达到 180 家，完成了全国主要城市的布局，并重点在长三角、环渤海湾、珠三角和中西部发达城市形成了密布的酒店网络，成为国内成长最快的连锁酒店品牌之一。

2008 年 2 月，汉庭酒店集团正式成立，成为国内第一家多品牌的经济型连锁酒店集团。

2010 年 3 月 26 日，汉庭酒店在纳斯达克证券交易所上市，融资金额达 1.1 亿美元，开盘首日交易量达到 582.87 万股，收市交易价 13.92 美元，高出发行价 1.72 美元，涨幅 13.63%。首日表现堪称完美。汉庭上市被国内媒体争相报道，这是继季琦创立携程、如家两家企业之后的第三次上市成功，足以证明它们的创始人季琦是当之无愧的创业英雄。

在连续创业之路上，季琦已经是一个传奇。其他 3 个兄弟，也不遑多让。沈南鹏于 2005 年功成身退，创建了红杉资本中国基金。有了做携程和如家的经历，他与合伙人张帆，不到两个月就募资 2 亿美元。此后，沈南鹏在风险投资的路上，一路颠覆一路开创，成为中国风投之王。梁建章于 2007 年到美国斯坦福大学去读经济学博士，2011 年，以经济学家的身份回到中国，极力推动中国人口政策改革，成为知名的人口学家。目前，梁建章是携程董事长，同时也是北京大学光华管理学院教授。范敏一直坚守在携程的位子上，2019 年，他以 28 亿元位列《2019 年胡润百富榜》第 1385 位。

相关资料：

季琦，1966 年 10 月出生于江苏省如东县。1981 年考入上海交通大学工程系，本科毕业后又继续就读该校机械工程系的研究生，主攻机器人方向。毕业后，因为对留在上海的渴望，最终让季琦放弃了在宝洁工作的机会，随便找了一家能落户的上海企业——上海计算机服务公司。季琦和助理两个人，贡献了公司 80% 以上的销售额和利润。1994 年，他放弃了单位分的房子，带着 1 万美元，以陪读的身份去美国学习。1995 年回国，1997 年 9 月决定自己创业。

梁建章，上海人，出生于 1969 年，少年时代绰号"大头神童"。他的智商无须测试，自有明证：13 岁接触计算机，师从上海师范大学校长朱鸿鹄教授学习编程，半年后开发了一个可以辅助写出格律诗的程序，获得第一届全国中学生计算机程序设计大赛金奖。1985年，16 岁的梁建章以初中生的身份直升复旦大学计算机本科少年班。一年后，他考取美国佐治亚州理工大学并且用 4 年时间，读完了本科加硕士。1991 年，正在攻读博士的梁建章，觉得在学校已经没法学到最先进的东西，便放弃了读博，进入甲骨文公司工作。

沈南鹏，1967 年出生于浙江海宁。青少年时期几乎是在数学题堆里长大的，他得过全国中学生数学竞赛一等奖。沈南鹏与梁建章同样获得过程序设计奖。1989 年从上海交大应用数学系毕业后，他考取了美国哥伦比亚大学数学系，一年后，转入耶鲁大学工商管理专业。到 1999 年时，他已在华尔街游走多年，从花旗银行到雷曼兄弟，当时已是德意志摩根建富董事。

范敏，1965 年生人。在上海交通大学校园里整整生活了 7 年，本硕连读后进入上海新亚集团。他为自己重新设置了起点：从办公室助理的位子上下来，到海仑宾馆当见习管理生；此后一步步稳升。到 1999 年时，他已有旅游系统 10 年的从业经验，位居国企总经理，有单位分房，有专配司机。

资料来源：http:www.sohu.com/a/433412273_479806.有删改.

引导问题：

1. 案例中携程四君子各自的优势在哪？
2. 思考：创业中团队的重要性？

团队建设在推动初创公司发展中的重要性怎么强调都不为过。团队建设始于雇用正确的人，雇用那些适合你的创业文化，拥有必需技能和素质，对自己的工作充满热情，有一定成长和发展能力，并致力于帮助你实现创业目标的人。一旦你有了合适的团队，你还需要专注于发展他们。投资于你的团队成员是团队建设的关键，这包括为他们提供培训机会，组织团队建设活动，以及为实现目标提供激励措施等。这些举措表明你重视你的员工，无论是作为个人还是作为团队的一部分，都致力于帮助他们发挥潜力。另外，创造一个鼓励开放交流的公司文化对于团队建设也是至关重要的。鼓励团队成员公开地、不加评判地分享他们的想法，定期举行会议和一对一的谈话，确保所有员工都能轻松地表达自己，不必担心批评或拒绝。除了培养开放的沟通外，认可和奖励员工的辛勤工作也很重要。奖励员工的成就不仅表明他们的努力是有价值的，而且还能鼓励他们继续追求卓越，这可以包括奖金或特殊奖励，如额外的假期或活动门票等。

第一节　创业团队建设

一、如何建立一支高效的团队

建立一支高效的团队的要点如图 4-1 所示。

图 4-1　如何建立一支高效的团队

（一）尽早开始

尽早开始组建团队是很重要的。这样会使你有充裕的时间找到合适的人，并给他们足够的培训。这使得每个团队成员在产品正式面世或者发布之前就成为各自角色的专家。要想创业就要先做好创业评估，以下是创业机会的评估标准。

拓展阅读 4-1 创建高效团队的八条金规

1. 市场定位

在评估创业机会的时候，可由市场定位是否明确、顾客需求分析是否清晰、顾客接触通道是否流畅、产品是否持续衍生等评判标准，来判断创业机会可能创造的市场价值。创业带给顾客的价值越高，创业成功的机会也会越大。

2. 市场结构

针对创业机会的市场结构进行 5 项分析，包括进入壁垒、供货商、顾客、经销商的谈判力量、替代性竞争产品的威胁，以及市场内部竞争的激烈程度（即波特五力分析模型）。由市场结构分析可以得知新企业未来在市场中的地位，以及可能遭遇竞争对手反击的程度。

3. 市场规模

市场规模大小与成长速度，也是影响新企业成败的重要因素。一般而言，占据市场规模大者，进入障碍相对较低，市场竞争激烈程度也会略为下降。

4. 市场参透率

对于一个具有巨大市场潜力的创业机会，市场渗透力（市场机会实现的过程）评估将会是一项非常重要的影响因素。聪明的创业家知道选择在最佳时机进入市场，也就是市场需求正要大幅成长之际，你已经做好准备，等着接单。

5. 市场占有率

从创业机会预期可取得的市场占有率目标，可以显示这家新创公司未来的市场竞争力。

（二）为团队设定明确的目标和架构

作为团队的领导者，制定每个人都能理解并为之努力的明确目标非常重要。确保每个人都知道企业对他们的期望，并为实现这些目标制定时间表和计划。目标是方向、是灯塔，指引企业团队持续不断地发展，从胜利走向胜利。一个企业能走多远，关键看它有什么样的发展目标和远景。一般来说，初创企业目标的制定要考虑以下几个方面。

（1）要根据企业及团队的自身实际情况、所处环境及未来趋势；

（2）禁忌目标太空洞、不切合实际，又要避免过于狭隘；

（3）要听取核心团队的建议，与核心团队共鸣；

（4）要有凝聚力和很强的指引性。

目标一旦确定，切勿随意更改，目标的实现是一个长期的过程，对创业型企业来说，可能会有相当难度，但必须意识到，目标的实现，也是一个寂寞、辛劳甚或痛苦的过程。企业目标，若一年十易，其必垮也。

另外，一个有利于创业型公司的架构设计，可以让整个创业团队直指目标、能快速地发展，团队之间的协作也会更加的轻松。初创公司一般可用的人力较少，比较提倡扁平化的精简事业部架构，这样的架构是创业型公司最优先的选择，在下文还会介绍其他类型的组织架构。之后根据已经设计好的组织架构，确定每个职能部门的岗位分工，做好各个岗位的定岗定编工作，出具基本的岗位说明书，描述各岗位需求的人才特征。根据团队各个职能的重要程度，将各职能岗位分成核心、骨干、普通三种。根据组织架构及职能岗位分层的不同，设定一套分配合理、有竞争性、有吸引力的利益分配方案，让各职能岗位既容易招人，员工又有主观的积极性。切记，不同的利益分配方式及数额对员工要予以保密。

（三）雇用合适的人

在设定了明确的目标之后，是时候寻找合适的人加入你的团队了，寻找那些拥有工作所需技能、知识和经验的人。首先，可以为潜在员工准备一份问题清单，并关注他们的回答，这将帮助你确定他们是否适合这份工作。其次，找到技能互补的人很重要，如本章引导案例中的"携程四君子"一般，他们各自既拥有技能，又在技能上互补。现实中，每个人都可以带来一些独特的东西，而我们要确保团队能一起拥有成功所需的所有技能。例如，如果你要创办一家科技公司，你需要一个擅长编码的人，一个擅长设计的人，以及一个擅长营销的人。

我们要清楚地看到，真正重要的核心人才，很多都是可遇而不可求的，大家在创业起步前，一定要做好核心团队资源的储备，形成团队的人才的核心竞争力。利用当前的各种招聘渠道、定向挖人，或者熟人介绍等方法进行人才的招募。通过简历、面谈、背调等方式了解目标对象，经过招聘筛选的过程，找到适岗的人才，再予以试用。

"我们往往花 5% 的时间在招人，然后在日后用 75% 的时间修正我们在招人时犯下的错误。"——哈佛商学院高等教育研究员，全球高级人才管理与领导力发展领域的顶尖专家，享誉全球的招聘大师费洛迪，著有《合伙人》。

任正非说自己创建华为的时候已经洞察了个人英雄主义的狭隘和局限性，因此"我深刻地体会到，组织的力量、众人的力量，才是力大无穷的……一个人不管如何努力，永远也赶不上时代的步伐，更何况知识爆炸的时代。只有组织起数十人、数百人、数千人一同奋斗，你站在这上面，才摸得到时代的脚。我转而去创建华为时，不再是自己去做专家，而是做组织者……如果不能民主地善待团体，充分发挥各路英雄的作用，我将一事无成"。

如何识人辨才？

当你作为一个创始人在面试一个候选人的时候，你通常是通过什么样的因素来决定是否给这个人发 offer？有一个简单的方法，可以用 3 方面的要素来决定这个问题：①候选人过往的经验和能力是否和我们今天想招募的岗位相匹配。②候选人未来的成长的能力，即他们是否具备成长性。③候选人身上所体现出来的文化和价值观是否和你的团队相匹配，以及他们对于你未来的创业是否有同样的憧憬和信心。寻找有相同价值观的人很重要，这是因为有相同价值观的人更有可能支持公司的愿景并致力于实现它。例如，如果你要创办一家专注于可持续发展的公司，你会希望找到同样关心环境的团队成员。以上这 3 个因素将决定未来这个人是否能够在你的团队中留下来，或者他们能留多久，如图 4-2 所示。

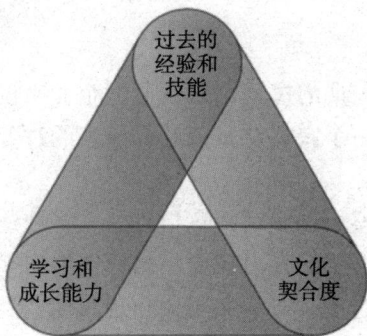

图 4-2　筛选人三维度/识人三要素

但这 3 个不同因素的判断，以及三者的比重，会随着时间或者行业的不同而改变。比如说，早期在 1990 年后或者 2000 年初的时候，这三者的比例大概是经验 70%、学习 20%、价值观 10%，其中经验的要求是最高的（70%），而学习能力在 20%，价值观因素的比重相对较低，这是因为 20 世纪六七十年代的人，他们本身对于价值观的认同和对工作的认同，是相对比较高的。但是在今天，我们在招募人才的时候（特别是一些创业初期公司），这三个比例应该有新的权衡和排列。比如，对于过往经验的比重值可能会有所下降，经验在这个人身上所展现出来的特质只有 30% 的比重，这个人身上所展现出来的学习能力占的比重会逐渐地增加到 40%（见图 4-3），还有更重要的就是这个人身上所展现出来的价值观。因为这是一个不断快速变化的时代，需要你所招募的人才能够不断地去适应这个快速发展的环境，他们能够在基于过往的经历之上不断地去学习新的东西，去应对新的挑战，所以学习能力对他们来说非常的重要。同时，你希望你选取的候选人能跟你一起携手前进，就意味着他们和你有共同的价值观。在新的时代、新的行业当中，包括我们熟知的互联网科技这种行业变化非常快的公司当中，我们在招募团队成员时，会越来越注重学习能力和价值观，因为只有当候选人确保了这三方面的因素，才能确保他们能够长久或者说尽可能长久地留下来。

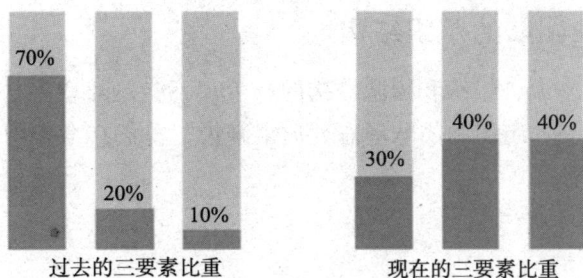

图 4-3　筛选人三维度/识人三要素的比重变化

（四）激励你的团队，凝聚团队人心

一旦你组建了你的团队，激励他们继续努力工作，专注于手头的任务是很重要的。鼓励团队成员要合作和创造性地解决问题，为他们成功的项目给予奖励，并为他们的工作提供反馈。团队成员之间要建立一个紧密的依存关系，包括工作关系和私人感情关系两种，兼顾以上两种情感才能让工作和生活更融合，大家为公为私一条心，荣辱与共。同时要创造一个轻松自由、积极进取的工作氛围，让大家在这个团队里都能有归属感，能为自己是团队的一份子而感到自豪。创建积极高效的团队文化非常重要。这意味着创造一个让每个人都感到舒适的交流和合作环境。这也意味着设定明确的期望并为团队如何协同工作制定基本规则。

（五）促进沟通

沟通是任何团队成功的关键，所以要确保每个人都能有效沟通，每个人的声音都能被听到。定期召开会议，每个人都可以讨论想法，分享进展，并对彼此的工作提供反馈。这将鼓励团队合作，帮助每个人都在同一路径上前进。为了在团队中能发挥出每个人的价值，创业者一定要与整个团队保持着紧密的沟通。即使是基层员工，也要从小事上去观察、去品味他们是否适才适岗。紧密的沟通可以让你能深入地识人、开发团队人才、找到解决问题的关键、做好各个工作的细节。

（六）鼓励个人发展

鼓励团队成员追求自己的个人发展将有助于他们在工作中变得更富有成效和创造力。通过提供培训机会或允许他们参加与其工作领域相关的会议或研讨会来支持他们努力地提升自己。这将帮助他们跟上行业的最新趋势，随着时间的推移，帮助他们成为更专业的人士。所以，要注重人才的培养，各种业务培训、产品培训、技能培训、新人培训等要经常开展，让新人能尽快地开始基础工作，让业务水平不好的员工能快速提升，让团队成员通过培训都能胜任自己的工作岗位需求。

创建一个高效的团队对于任何成功的创业公司来说都是必不可少的。通过花时间找到合适的人，创造一个他们可以茁壮成长的环境，你可以培养他们的创造力，提高生产力，这比以往任何时候都能更快地实现你的目标。

二、如何选择创业团队的组织结构

对任何一个公司来说，组织和团队结构的产生都不能是随意为之的，而应顺应企业的发展，形成一种最有利的组织和团队形态。通常来说，我们在考虑团队的组织结构时，会遵循这样几个原则。

（1）我们所处的行业；

（2）我们的战略；

（3）我们如何组织资源去完成产品、销售及客户服务的流程；

（4）我们希望培养什么样的团队文化。

团队的组织结构有许多，如图 4-4 所示，有我们最传统、最典型的科层制组织结构（又称官僚制，自上而下的金字塔型），有许多互联网企业中常见的去中心化的网状组织结构，也有圈层组织结构。每一个企业或某团队选择不同的组织结构是因为它会考虑到所处的行业，所从事的业务及团队成员的状态。

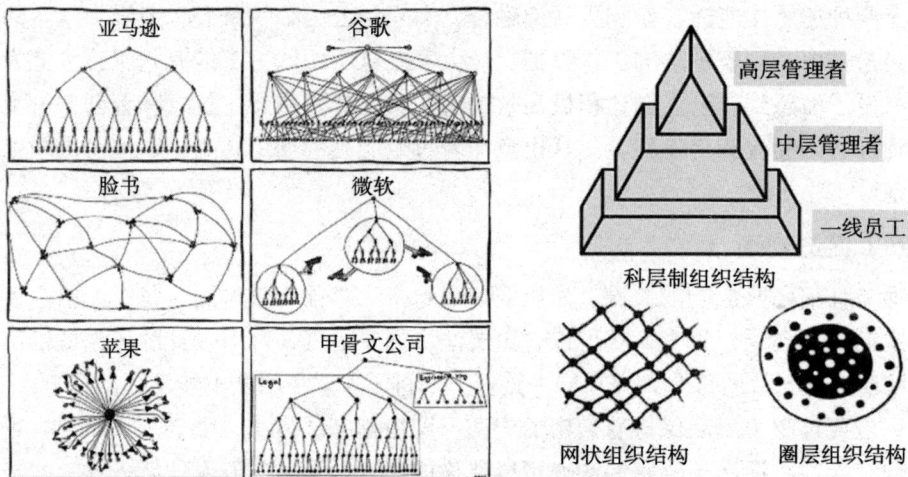

图 4-4　各种组织结构概览（图片来源 *Microsoft Overhauls, the Apple Way*）

另一个关于组织结构的讨论，是军队组织和球队组织的考虑。究竟是成为一个军队型组织，还是成为一个球队型组织？以上两种都是高绩效团队组织形态的表现，它们也都需要充分的团结协作才能达成最后的胜利。但是在这两种形态当中，又存在着一些小的差异。第一，军队型的组织形态更强调的是"服从命令"，是在整个过程中达成一致性。而对于球队形态而言，可以根据在球场上的不同情况做出选择。第二，军队的组织强调集体力量，而在球队的组织中强调个体力量。比如，在足球赛场上，耀眼的球星可以在瞬间挽救一支球队。第三，军队强调的是高效的执行，而球队更多的是要找到更适合的解决破门的方法和路径。所以，我们会看到不同类型的团队结构，如福特，它是军队型的组织结构，流水线上的员工高效地完成每一个订单。而很多的互联网公司是球队结构，当市场发生了快速变化时，用户的需求也在不断地改变，这就要求一线成员能够快速地去响应市场的变化。

正如任正非所说，要让能够听得见炮火的成员来做决策。

每一种组织和团队的结构都有其特点和优劣势。对于不同的团队会有不同的组织架构的选择，如从任务来看，如果你的团队要求高执行，在很短的时间完成，那你需要一种军队式的团队组织。从层级来看，高层级团队需要球队式的组织，每个高管层要发挥自己的价值，在不同的情境下判断环境并做出决策，基层团队更强调执行力，要求高标准的执行。从行业来看，对于未来充满未知的、创新的领域，我们倾向于球队式的组织。有时候在一个组织中，甚至都会同时具有军队型团队和球队型团队，我们需要根据情境来灵活运用。

三、如何进行创业团队的文化建设

（一）团队文化的重要性

公司文化是一家公司的价值观、行为准则以及员工之间的相互关系的集中体现。它是一家公司的灵魂，影响着员工的工作态度、行为以及对公司的认同感。强大的公司文化可以成为公司区别于其他公司的一个特征，并帮助它吸引和留住最优秀的人才，推动创新并取得成功。创业团队的文化建设是非常重要的，因为它可以帮助团队成员聚焦在共同的价值观、目标和愿景上，提高团队凝聚力和协作效率。

案例

宜家的团队文化建设

在宜家的官网首页上有一行大字"平等、多元和包容"，这是宜家的企业文化。宜家坚持企业的多元性是成功的关键，多元、包容的工作场所不论是对员工、顾客还是对企业都大有裨益。宜家接受着各种维度的多元性，也努力营造多元而包容的工作环境，在这种氛围下，员工感觉自己的独特性受到重视，多元化才干得到认可，他们可以做自己。关爱员工及多元与包容扎根于我们的价值观和我们的愿景中。宜家认为应该营造理想的工作环境："让所有员工都感觉到无论他们身份如何，来自何方，都能够得到欢迎、尊重、支持和欣赏。"

除此之外，宜家致力于实现真正的性别平等：宜家认为无论性别为何，每个人都有权获得公平对待并获得平等的机会，而且性别平等将让大家都受益。这意味着确保男女机会均等，并在所有国家和地区、层级和职位（包括董事会和委员会）上实现男女比例均等。为实现男女比例均等的承诺，宜家致力于让更多女性担任男性主导的岗位，反之亦然。宜家是同工同酬国际联盟（EPIC）的成员，也曾做出保证，在英格卡集团上下确保男女薪酬平等的承诺。因此，无论担任什么角色或职位，每个人都享有同工同酬的待遇。

从宜家的案例中，我们看到了一种创业团队文化建设的新思路——包容性文化建设。包容性的创业文化是一种认可并重视所有成员的独特观点和经验的文化。在这种文化中，每个人都有归属感，并能以有意义的方式为组织做出贡献。在当今的商业环境下，越来越多的创业公司正在寻求建立一种包容性的文化，包容性的创业文化可以为员工和整个公司带来许多好处。

包容性创业文化的好处包括以下 4 点。

1. 创造力和创新能力增强

当你有一个由不同背景和观点的人组成的多元化团队时，你更有可能提出有创意和创新的解决问题的方案，这是因为来自不同背景的人会带来不同的技能和观点。

2. 改进的决策

包容性文化的另一个好处是它可以改善决策。这是因为当你的团队成员有着不同的背景和观点时，你更有可能在做决定之前考虑问题的方方面面。这可以使你做出更好、更全面的决策。

3. 提高员工满意度和保留率

那些觉得自己是包容性文化的一部分的员工更有可能对自己的工作感到满意，也不太可能离开公司。这是因为他们觉得自己受到了重视和欣赏，自己独特的观点也受到了公司的重视。

4. 吸引顶尖人才

包容性的创业文化对顶尖人才也很有吸引力。这是因为顶尖人才希望为重视多样性和包容性的公司工作，他们知道，在一个他们感觉属于自己的环境中，才能够茁壮成长，并把工作做到最好。

建立一个包容性的创业文化可以给员工和整个公司带来很多好处。如果你想吸引顶尖人才，改善决策，提高创造力和创新能力，那么创造一种包容的公司文化应该是首要任务。

（二）建设包容性的团队文化

那么，如何才能创造一种包容性的创业文化呢？这里有几件关键的事情要记住。

1. 从一开始就把多样性和包容性放在首位

多元化和包容性应该从一开始就融入团队的 DNA 中。这应该是团队成员创业初期都要意识到并为之努力的事情，而不是事后才考虑的事情。

2. 促进开放和欢迎的环境

办公室应该是一个让人感到舒适和受尊重的地方。不仅是在工作环境中的交谈、对待他人的方式中，还要延伸到着装要求、营销材料中使用的语言和公司政策等方面。创始人也要经常通过与团队成员进行轻松的对话和讨论，来明确公司的核心价值观，如诚信、创新、客户导向等。同时，也要关注员工的工作和生活体验，通过提供舒适的工作环境、有意义的工作内容和员工福利等方式，提高员工的工作满意度。

3. 鼓励人人参与

确保团队成员都觉得自己在公司里有发言权。鼓励员工公开交流和开放沟通，鼓励员工分享想法和建议，提高团队协作效率，并确保决策是民主的。

4. 雇用的人要有目的性

创造包容性文化的最好方法之一就是雇用各种各样的人。这意味着不仅要超越种族、性别，还要跨越年龄、宗教、性取向、残疾和社会经济背景等多种因素。

5. 提供培训和发展机会

通过提供培训和发展机会来投资团队成员，不仅通过内部培训、团队建设活动和日常互动等方式，不断传播公司文化，使其成为团队成员的共同认知，而且帮助他们在专业和个人方面成长。这不仅会让员工们成为更敬业、更高效的员工，还有助于在组织内建立更强的团队意识。

6. 积极反馈：通过员工调查、员工建议箱等方式

当谈到工作场所的多样性和包容性时，初创公司往往因其创新文化和吸引顶尖人才的能力而受到称赞，这是公司天然的文化优势。然而，在管理文化多样性和促进文化包容性方面，初创公司面临着挑战。比如，创业公司面临的一个关键挑战是，他们通常缺乏大型公司现有的资源。再具体一些，初创公司的品牌认知度往往不及大型企业，这就使得公司很难吸引到多样化的人才。

尽管有这些挑战，初创公司还是可以做一些事情来促进工作场所的多样性和包容性。最重要的事情之一是创造一种欢迎所有人的公司文化。最后要明确，促进多样性和包容性是一个持续的过程，这不是一朝一夕就能实现的，它需要团队中每个员工的持续努力和承诺。通过花时间创造一个包容的环境，确保你的创业公司是一个每个员工都感到被重视和尊重的地方。

第二节　创业团队管理

一、创业团队管理

提起"初创公司"这个词，我们往往会想到天才的创意如何备受瞩目，想到现代化的办公室，想到安装了 4K 电视和乒乓球桌的游戏室。但是并非所有的初创公司都能取得成功，很多企业都会倒闭。Laurel & Wolf 是一个连接用户和室内设计师的线上平台，它致力于为消费者打造个性化定制，并且价格亲民。通过这个平台，用户可以将自己喜欢的风格直接从网上截图发给设计师，设计师按照这些图片，再通过软件进行对用户的家进行设计。Laurel & Wolf 于 2015 年获得了 440 万美金的 A 轮融资。但很可惜，在 2019 年 3 月，公司网站关闭。从 2018 年夏季开始，各大网站上充斥着该公司的差评，大多数评论者抱怨说，他们订购的家具和其他物品要么到货时已损坏，要么迟迟未交付。然而，顾客和产品的不满意并不是 Laurel & Wolf 垮台的唯一原因。该公司还有内部员工对公司的运营方式表示出强烈不满。尽管该公司仍试图保持其积极的社会形象，在公司的 Instagram 账户上展示员工参加的舞蹈课和保龄球之旅，联合创始人劳尔·法恩（Laure Fine）也在采访中表现得总体乐观，但大多数员工都讲述了他们对她的恐惧。员工表示劳尔·法恩在公司很多场合都会公开、直率地斥责任何不同意她想法的人。最重要的是，尽管是一家以设计为基础的公司，

但支付给设计师的报酬通常很少，而且在没有任何解释的情况下减少了。[①]

Laurel & Wolf 初创公司的失败很大程度上来源于创业团队的运营和管理，这也是以往初创团队很容易忽视的一点。从上面的案例我们可以发现，创业团队的管理涉及许多方面，包括员工沟通管理、领导力管理、团队活动建设以及赏罚制度管理等，如表 4-1 所示。

表 4-1　创业团队管理的内容

员工沟通管理	保持清晰，有效的沟通是团队管理的关键。确保团队成员知道他们的角色和职责，并且有足够的信息来执行任务
领导力管理	作为团队的领导者，应该具有明确的目标和愿景，并且能够激励和指导团队成员
团队活动建设	通过团队活动，培养团队成员间的信任和合作关系
赏罚制度管理	通过合理的惩罚和激励政策，鼓励团队成员取得更好的成绩

二、员工沟通管理

在日常的工作中，你的公司有没有给员工做一对一的辅导？频次怎么样？实际上很多企业为员工进行一对一辅导的管理者比例相当低，可能都不到 10%。一对一的员工辅导对于提升员工的能力是一个非常有效的方式。具体的操作可以是灵活多变的，但需要有一定的技巧和方式。在此介绍一种 GROW 模型。这种模型产生于体育节目，特别是在网球的领域。在网球教练训练球员时，为了让球员击球更加准确，通常都会发出一种指令——"盯住球"，但在这种指令下球员击球的命中率并没有提高。当经过大量测试以后，教练们改变了方式，他们不再发出简单指令，而是用一系列开放式的问题让球员去自己去思考如何提升技巧和方式。比如，他们会说"思考一下，球过网的时候它的高度是多少？还有当球朝你飞过来的时候，它旋转的方向是怎么样？"当球员在思考这些问题的时候，他们必须更加全神贯注地去盯着球，在这个过程中球员们的主观意识和能动性都得到了提升。通过提出这样开放式的问题，球员"盯住球""命中球"的能力反而得到了提升。因此，这种应用于球员辅导的技巧对于公司员工能力的提升也是非常有价值的。在员工管理的过程中，通过这种类似方式，可以让员工进行自我思考，让他们更加清晰地认识到自己的目标是什么，让他们更具有责任心。所以接下去我们具体看一下这一种辅导方式——GROW 模型。

GROW 模型定义：GROW 模型是教练式辅导的一种方法，是业界普遍使用的成熟的辅导方法，也是一个应用于员工绩效管理里面的模型。GROW 模型是通过富有技巧性的提问和结构清晰的流程帮助被辅导者释放潜能、增加认识、承担责任、使其绩效最大化。GROW 模型取自 4 个单词的首字母。G（goal）：代表确认员工业绩目标；R（reality）：代表现状，要搞清楚现状、客观事实是什么，寻找动因；O（options）：代表寻找解决方案；W（will）：代表制订行动计划，如图 4-5 所示。

（一）目标（goal）：探索目标的关键点

（1）帮助被辅导者明确他自己想要达成的目标，而不是辅导者的目标；

（2）长期目标与短期目标相结合，很多情况下浮于表面的问题不是真正的问题；

---

① 2019 年 10 个科技初创公司的失败案例[EB/OL]. https://36Kr.com/p/674651746186503.

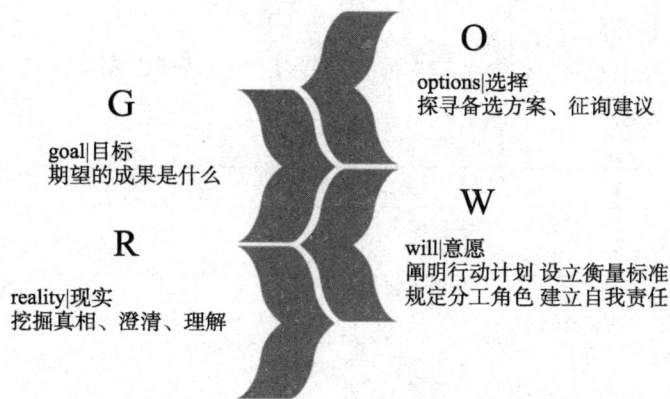

G
goal|目标
期望的成果是什么

O
options|选择
探寻备选方案、征询建议

R
reality|现实
挖掘真相、澄清、理解

W
will|意愿
阐明行动计划 设立衡量标准
规定分工角色 建立自我责任

图 4-5　GROW 模型

（3）尽可能使被辅导者的目标 SMART 化［具体（specific），可度量（measurable），可实现（attainable），相关性（relevant），有时限（time-bound）］；

（4）正向描述目标。

通过提问让被辅导者想透问题，而非给出"答案"。

（二）现状（reality）：挖掘真相、澄清、理解

（1）在此阶段，辅导者和被辅导者一起了解现实情况，尽量更多地了解现状，并识别所有妨碍因素；

（2）辅导者本人决不做假设，被辅导者最了解发生了什么；

（3）促使被辅导者思考，帮助被辅导者看到全部事实；

（4）鼓励被辅导者描述现状，提供具体事例而不是做出判断。

（三）选择（opions）：探寻备选方案、征询建议

（1）在此阶段，辅导者要帮助被辅导者发现可选择的行动方案；

（2）鼓励辅导者提出尽可能多的可选方案；

（3）鼓励被辅导者分析各方案的利弊；

（4）适当地提出你的建议，但只是供被辅导者选择的方案之一。

启发被辅导者自己去思考解决问题的方法，一定要控制自己的告知欲望，不要进行负面假设。

（四）意愿（will）：阐明行动计划、设立衡量标准、规定分工角色、建立自我责任

（1）确保被辅导者对方案作出选择，只有被辅导者自愿承诺去执行自己的行动计划，该行动才最有可能成功；

（2）获得被辅导者采取行动的承诺，辅导者在这个过程中只是起协调作用，而不是将自己的意志强加于人；

（3）规划具体行动的时间安排；

（4）探讨并承诺你可以提供的支持。

确保是他们自己做出的选择、确保他们对行动计划的承诺。

GROW 模型的实际应用

假设，现在突然要招聘 10 个高端人才，限期 1 个月完成，那么，按照 GROW 模型，需要做如下思考。

G	我们的目标是在 1 个月内，招到 10 个高端人才，对吗？
R	我们有多少招聘渠道？相关资源又有多少？ 我们跟竞争公司相比，有哪些优势？
O	为了进一步缩短招聘周期，我们还可以做些什么？ 如何更高效利用现有资源？
W	我们还需要开拓多少渠道？如何利用这些渠道？ 根据之前的面试情况，每天需要筛选多少简历，面试多少人，才能完成目标？

通过以上这种细致的提问，再针对性地罗列问题点和解决方案，就能够找到最好的方案，接下来要做的，就是按照计划落地执行了。

通过 GROW 辅导方式，上司和员工的想法和目标达成了一致，员工在后期的执行过程中就会非常顺利，而且更重要的是在这个过程当中，员工不只是培养了做事能力，还培养了思考能力。持有清晰、有效的沟通是团队管理的关键。确保员工知道他们的角色和职责，并且有足够的信心来执行任务。

三、领导力管理

领导力发展对于任何企业而言都是一个比较费力且需要长期验证的过程，所以很多公司对于领导力发展都是放在组织具备一定规模后，成立一个单独的部门或者职能去进行组织变革。早期的组织其实也有必要形成一个适合自己组织的 DNA 色彩的领导力模型，它可以作为后面干部梯队招聘和选拔培养的基础。创业公司其实更需要提前把管理团队底子打造得殷实一点，强有力的管理梯队才能在快速抢占市场上发力。

案例

埃隆·马斯克的领导力

埃隆·马斯克，是一个极其"傲慢"却又伟大的科技企业家。他出生于南非的一个富裕家庭，从小想法就与众不同，从某种意义上可以说他是一个天才。马斯克 10 岁学习软件编程，12 岁开发出第一款游戏，21 岁进入宾夕法尼亚大学，30 岁时已经在研究火箭了。

简单回顾一下马斯克的传奇创新创业史。

1995 年至 2000 年：马斯克与合伙人先后创办了 3 家公司，分别是在线内容出版软件"Zip2"、电子支付"X.com"、国际贸易支付工具"PayPal"。

2002 年：马斯克投资 1 亿美元，创办美国太空探索技术公司（SpaceX），出任首席执行官兼首席技术官。

2004 年：马斯克向特斯拉汽车公司投资 630 万美元，出任该公司董事长。

2006 年：马斯克投资 1000 万美元，与合伙人联合创办了光伏发电企业 SolarCity 公司。

2012 年：马斯克旗下 SpaceX 公司的"龙"太空舱，成功与国际空间站对接并返回地球，开启了太空运载的私人运营时代。

2018 年：SpaceX 公司的"重型猎鹰"运载火箭，在美国肯尼迪航天中心首次成功发射，并成功完成两枚一级助推火箭的完整回收。

马斯克分别于 2010 年、2013 年、2018 年、2021 年入选时代百大人物，并在 2021 年成为时代年度风云人物。2022 年 2 月，马斯克入选 2021 年度美国国家工程院院士。

拓展阅读 4-2：埃隆马斯克的 TED 演讲视频 2022

那么，马斯克为何能领先其他商业精英？是什么样独特的爱好和个性，让他能走到今天呢？企业家们在创立企业时，初心可能各不相同，有人是出于责任，还有人是像马斯克一样的非凡梦想家。他将革命性的想法付诸行动，并且带领大家去信服他对未来的宏大构想和愿景。马斯克具有非凡的雄心和目标，他的作品很个性同时也很神圣。虽然，我们都不能像马斯克一样发射月球探测器，但是他在领导力上的很多特质，都值得企业家和领导者们思考。以下是我们可以向马斯克学习的 **5 个领导力特质**。

资料来源：https://t.qianzhan.com/daka/detail/221111-f5deef6e.html.

（一）专注且沉迷

许多人都有一种"差不多就好"的心态，或者认为做完身上的工作已经足够。正是这样的想法，让很多公司徘徊在行业的中游。马斯克却截然相反，他不仅对自己所做的事充满了激情，甚至可以用"沉迷于此"来形容。工作就是他的"氧气"，除了睡觉，他几乎每分每秒都在构思和执行自己的想法。他执着于那些即使是最小的细节，并对自己、团队和产品，都有着极高的要求和期望。有些人会认为马斯克不懂妥协，甚至不近人情，因为他会把自己认为不满意的工作成果推倒重来，并从不讳于批评自己身边表现不好的同事。马斯克做事追求完美、极致。这种执着和完美主义的倾向，让我们很容易将马斯克类型的企业家，与那些只愿意待在舒适圈及容易自我满足的人群区分开来。

（二）热爱自己的品牌

从 TED 演讲到他对未来可持续发展的远见卓识，都展现出马斯克对自己公司品牌发自内心的热爱。马斯克对自己的品牌有一种狂热，或者说是一种信仰。这种信念，激发了更多人对特斯拉和其他品牌的信任，甚至是崇拜。作为一位领导者，你如何通过自己对品牌的态度，来引导别人认知，并"同你一样"热爱自己的品牌？如果你希望别人喜欢你的品牌，那你自己就必须喜欢它。如果你想要把品牌植入客户的血液之中，那你自己必须对你的品牌绝对忠诚和笃信。

（三）挑战"不可能完成的事"，变革你所在的领域

马斯克想要不断完成"不可能之事"的雄心，远远超过周围其他人。做不可能的事，首先要有一个看起来有点疯狂的远大目标。很多公司都有自己的愿景和蓝图，但鲜有真正有远见的。缺乏远见的领导者，无法真正激励团队、持续增加业绩或创造真正的价值。模

糊、狭隘或根本不存在的愿景，会导致领导者和企业最终走向失败。

（四）屏蔽质疑，无视那些泼你冷水的人

马斯克从不在意那些质疑之声，尽管有相当多的人对他所做的事持怀疑态度，但他一直在坚持为自己的信念而战，并挑战反对者。正因如此，他吸引了一大波信任并支持他每一步行动的粉丝。以马斯克对特斯拉 Model S 在大火中爆炸的反应为例。马斯克亲自撰写文章，发表在特斯拉的博客上，并详细地解释了技术事故的细节，并进一步探讨了汽车的安全措施。

（五）第一且唯一

马斯克坚信"做产品"就要成为行业的一个"稀有品种"，特斯拉正是一家不愿平庸的公司。它利用线上营销，如交互式的产品体验和视频推荐，向潜在客户进行推广。在这个大部分企业都"主动销售"的行业里，这种营销方式使特斯拉脱颖而出。根据市场调研公司 Pied Piper 最近进行的一项研究表明：在所有领先的汽车品牌中，特斯拉的汽车销售员最"差"，因为他们从不以将车卖给客户作为他们的最终目的。将你的公司，打造成一家与众不同具有强烈品牌主张的公司，让消费者一眼就能将你和市场上其它品牌区分开来，你就已经成功地树立了品牌形象。

四、团队活动建设

（一）形成阶段

当成员刚刚开始在一起工作时，总体上有积极的愿望，急于开始工作，但对自己的职责及其他成员的角色都不是很了解，他们会有很多的疑问，并不断摸索以确定何种行为能够被接受。

在面临新的团队时，一直存在着一个巨大的管理误区：团队成立时管理者需要成员带着去团建，给成员打鸡血、做激励。事实上，这是错的。新组建团队中的成员，因为是从旧环境进入一个新环境，他们本身就存在着很大的期待，所以我们会发现，其实很多团队往往是在团队初期呈现亢奋的状态，而到了一定阶段反而慢慢趋于平淡。这就是成员内心中期待的作用，那么如何保持和进一步放大这个特性呢？有两个方向：①让团队立刻"行动"起来，并在短期内得到结果而产生好的反馈；②建立团队共同明确的目标，并获得团队所有人的认可。

切记，团队没有目标的"行动"，将很快会消磨团队成员的激情，因为如果没有目标，同时在一个月内没有得到一定的结果，那么这个团队很有可能产生动荡的情况。

（二）如何真正的"自我介绍"

相信各位现实中大多数的团队建设流程基本是：先投票找一个地点，然后安排大家一起玩玩游戏，如果是有新人再做做"自我介绍"，然后吃饭、唱歌、回家。可如果回头来，要是问你，团队建设的目的是什么？你该如何回答？团队建设能够提升凝聚力的原因是什么，到底哪个环节是真正有效地提升团队凝聚力的过程？这里就要引入到一个工具：乔哈里视窗，如图4-6所示。

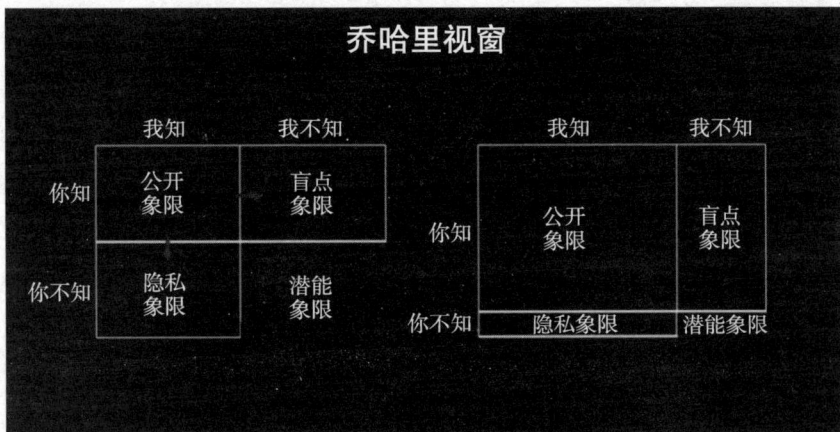

图 4-6　乔哈里视窗理论

在所有的团队中，依据信息了解的维度，将"自己知道与否"与"他人知道与否"两个维度划分为四个象限：

公开象限：是自己知道、别人也知道的信息。例如：你的名字、长相、经历等。

盲点象限：是自己不知道、别人却可能知道的盲点。例如：你可能日常习惯的语气问题、不好的习惯等，是你自己不知道，但别人能够明显感知到的事情。

隐私象限：是自己知道、别人却可能不知道的秘密。例如：你内心的愿望、期待以及一些不愿意别人知道的小癖好等，就是藏在你内心中最底层的角落里的信息。

潜能象限：是你和别人都不知道的信息。例如：你是一个技术员，但其实你存在很强的产品营销能力。

知道了乔哈里视窗后，和我们说的自我介绍及团队建设有什么关系呢？你有没有发现，每次团队建设中大家重点安排的游戏、唱歌等活动，本质上只是帮助大家发现了活跃的人，而大部分人并没有达到一个氛围的高潮。反而真正能够拉近距离的是活动后几个人私下谈天的过程。因为在这样的环境下，人们反而更容易开放出一些自己的"隐私象限"，同时聊出别人的"盲点象限"。

其实在无形中大家都放大了"公开象限"，人际交往中"公开象限"越大越能倒推出人之间的亲密度。所以其实一些团队建设的活动应该重点放在如何放大团队成员间的"公开象限"上。过去的自我介绍一般就是"姓名、来自哪里、爱好"，事实上，除去姓名、来自哪里、爱好之外，包括性别、长相、身高、年龄、穿着等这些肉眼可见的外在信息，都不是很好的用于自我介绍的内容，因为对放大"公开象限"的效率极低。那么按照乔哈里视窗的理论，我们可以改进一下自我介绍。

重新自我介绍，适用于已经相处了一定时间的团队，这个时间可以是 1 个月以上，团队成员间有基础的认知和一般的工作默契，但整体氛围不够浓厚时。可以在氛围比较良好时，组织一次团队"重新自我介绍"，自我介绍主要分为三个部分：开场、介绍、反馈。

（1）领导者开场，介绍具体怎么玩，并大家约定好氛围模式。例如：如果大家觉得尴尬了，就一起说出来。

（2）每个人介绍关于自己的一些问题，例如：①过去印象最深的一次经历；②过去希望达到的目标，现在和之前的目标在内心的差距；③对目前状态的感受；④内心未来的目标、规划、梦想。

（3）每个人再阐述对其他人的印象，并说出对方可能不知道的自己存在的习惯和潜力（这个步骤也可以通过匿名纸条的方式进行）。

总体来说，重新自我介绍，这个方法是用于重新提振团队士气，通过放大团队间的"公开象限"而让大家对身边的人和自己有全新的认知，从而建立共同目标激活团队。这个方法适合已经有一定相处时间的团队，是因为在这个情况下成员间能够放下一定的防备，而全新的团队有可能因为防备而出现"表演式"介绍，这样就没有意义了。

（三）步步为"赢"的团队回顾会

回顾会，是提倡团队在每个迭代结束后进行一次在固定时间内的会议。近年来使用OKR（绩效管理的一种方法）的推广中，也提倡团队在每周五下午进行一次啤酒派对，而这二者本质上非常相近，都是在阶段结束后提倡大家进行一次阶段性回顾、反馈、改进。

这就反映出现代团队管理中，对"持续改进"的关注度，毕竟我们的团队不是一次性产品，只要团队需要持续的存在，就需要持续地进行改进，而"持续改进"很重要的一个方法，就是"回顾"。每经历一个阶段后大家坐下来看看过去发生的事，使团队员工从经历中去寻找：哪些好的，哪些不够好的，哪些是我们可以改进的地方。

所以无论是职能团队、业务团队、还是项目团队，在团队管理中，都提倡定期开展团队回顾会，确保团队能够持续地关注三件事：①上个阶段中，哪些流程、行为、事件是我们做得好的，所鼓励的；②上个阶段中，哪些流程、行为、事件是我们做得不足，需要改进的；③下个阶段中，我们要保持什么，改进什么内容。

（四）无处不在的团队活动建设

其实除了特定的活动外，在日常的团队建设中，除去日常业务交流外，在项目管理中强调渗透式沟通，即在日常无意识地进行信息的共享。除了办公室场景外，很多时候换一个场地确实是团队建设的另一个有效方式，举个例子，同样的谈话，咖啡厅肯定比会议室有效，沙滩、草地上肯定又比咖啡厅有效，这说明环境决定了团队的沟通氛围是否足够，所以哪怕日常一起吃个饭都可以是一场很好的团队建设。

总而言之，对于产品领导者来说，如果所带来的团队是产品部性质，由纯粹产品职能组成的部门，整体在团队建设上会相对轻松，按照前文说的保持做好目标管理和信息通畅以及定期的回顾即可；而对于产品总监之类的，所带领的团队属于产品业务线性质，团队包含各个职能的团队，那么聚焦目标、打破职能壁垒则是重点。

五、奖励和激励

企业领导者都希望自己的员工有很强的执行力，交代下去的任务能够保质、保量地完成。但是，这种执行力不是期待出来的，而是需要进行有意地培养，制定明确的赏罚制度可以提高员工的执行力。但是要注意的是，在公司的发展中，员工最关注的还是自身的利益，即待遇和奖惩机制，因此企业一定要制定完善的奖惩机制，充分调动员工的创新积极性。

如果企业内的所有员工都抱着做多做少都一样，或者做与不做也没多大区别的工作态度，那么企业就会倒退，更别提长久发展了。让员工产生这种工作态度的原因是领导者没有做到赏罚分明，员工才会觉得自己很委屈，自己的努力都是白费，从而产生消极的工作态度。当领导者无视员工的辛勤付出时，他们会觉得自己的工作没有意义，从而放弃努力。当领导者对他们所犯的错误也照常容忍时，他们又会产生侥幸心理，也就不会严格要求自己不再犯错。这就是赏罚不分明所带来的恶劣影响，这种影响对企业的发展是极为不利的。每个人在遇到赏罚不分明的时候，都会感到难过，进而影响自己的后续行为和工作态度。因此，无论是奖赏还是惩罚，领导者都要明确，不能模棱两可。

案例

"华为"的赏罚制度

在 2018 年，任正非签发了一个文件——《对经营管理不善领导责任人的问责通报》。这个通报很简短，却在网上广为传播。通报的主要内容是对责任领导进行问责，任正非自罚 100 万元，各位轮值首席执行官也一起陪跑。以上只是任正非承担间接管理责任受到的处罚，而直接责任人受到的处罚肯定比此要更严厉得多。"业务造假"一事主要可能涉及的是海外一些代表处理虚增订货经营数据造假，据悉，华为"已经将那时候数据造假的主要高级别领导降职降薪、冻结晋升"。有赏有罚其实再正常不过了，但在众多大公司存在官僚化现象，钩心斗角、人浮于事的当下，仍然能清晰做到这点的华为成了一股清流。网上关于华为流传最多的故事基本有两个要素：一个是干活狠，另一个是钱多。说"狼性"显得特别狠辣，说"床垫文化"好像是温柔乡，其实是一样的：所有人吃住都在里面，不管是领导还是员工，做累了就睡一会儿，醒来再接着干，被称为"床垫文化"。直到今天，任正非的办公室还有一个简陋的小床，这都是创业时延续下来的传统。并且，华为在欧洲打拼的员工也会打起地铺，外国竞争对手无不惊奇称赞。但华为的薪水是显著高于同行的。曾有管理学者分析，华为的绩效管理核心就是给事发钱，而不是给人发钱，有人能完成这个任务，所有的奖励就都是你的，这一切可以跟你的背景、教育、资历无任何关系。

这次的事情让大家了解到，华为不仅是一家敢于奖励的公司，也是一家敢于惩罚的公司，尤其是领导以身作则，自我批评。华为的惩罚措施不亚于它的奖励，在华为内部的电子公告牌上，与员工相关的奖惩信息占了很大的篇幅，一边是表扬、晋升、破格晋级，另一边是惩罚、通报与处理。惩罚其实还不算稀奇，华为认真的是，除了惩罚当事员工外，华为还要依据管理责任线，惩罚员工的直接主管、间接主管以至间接主管的主管。光管理者因连带责任受到的惩罚，就包含有警告、通报批评、检讨、弹劾、撤职、记入纪律处分数据库、降职、降级、冻结个人待遇提升、罚款等多种，以上各种奖惩措施还可以组合使用。任正非是华为的"精神教父",在工作时刚毅偏执、不留情面,在生活上平易近人、没有架子,非常低调,不接受任何媒体采访,不出席和参加任何官方和社会的活动。一个真正无私的领导者,一套真实运转、人人遵守着的制度,华为留给中国人的价值,可能远不止几百亿的利润。

由此可见,在任何一支团队中,只有制定明确的赏罚制度,才能有效管理团队中每个人的行为。对于创业公司来说,明确赏罚制度不仅是约束员工行为的方式,更是一种工作制度引领出的一种工作态度。由于创业公司的独特性,它在最初制定出什么样的赏罚制度,会对日后更完善的管理制度产生重要的影响。因此,在制定第一个赏罚制度之前务必要慎重,这样可以使创业公司的发展更加规范。只有明确了赏罚制度,员工才能严格执行,以此逐渐形成的工作氛围就是该公司今后企业文化的雏形。否则,就没有员工为了得到奖赏而努力工作,也不会有员工为了不受惩罚而努力规范自己的日常行为,这样的工作环境不利于企业健康的发展。

第三节　创业团队股权分配

作为早期的创业公司,你的武器库中最有价值的工具之一就是股权。它代表了你公司的所有权,并让你可以向投资者提供一些东西,以换取他们的财务支持。就像切蛋糕一样,分享的人越多,那块蛋糕就越小。从种子基金到 A 轮、B 轮和 C 轮,每切一次蛋糕,你就分走得越多。

为了让每个人都满意并保留公司的所有权,你需要从第一天开始仔细计划,并确保有约束力的法律协议能涵盖所有内容。制订一份商业计划,其中包括你打算在可预见的未来筹集资金的所有股权投资回合。计算出每个阶段你愿意给投资者的股权数量,确保给自己和其他初创公司的创始人留下足够的股权。考虑其他方式来使用你公司的股权,如向有才华的人提供股权,以确保他们成为早期员工,或者利用股权的税收优惠,使公司对利益相关者更具吸引力。

以下是我们分配创业公司股权的初学者指南,包括谁得到什么,什么时候得到,价值多少,以及如何保护你的利益不受任何相关风险的影响。

一、谁能获得创业股权?

在创业初期,如果你是唯一的创始人,那你就拥有公司 100% 的股权,但我们知道现实往往是随着投入时间和金钱的人越来越多,你就需要把股权分给支持你的人。这方面的一些例子包括:①初始建立创业团队时,由于个人能力和资金的限制,最初就不止一位联合创始人;②来自朋友和家人的经济支持;③早期第三方投资(天使投资、风投基金等);④之后 A 轮、B 轮和 C 轮融资通常会涉及向投资者转让股权。对创始人或者初始团队来说,在你经营企业的过程中,要时刻记住你持有多少股权,以及在未来你可以放弃多少股权。

在其他情况下,你也可以将股权交给员工,这就是我们上一节当中提及的员工股权激励手段。当雇用的员工们工作是为了得到股权补偿，而不是工资时，他们为你、为公司付出的热情也就越高。这就如同，当歌手和演员的收益来自专辑或电影背后的盈利分成，而不是固定的报酬时，在这种情况下，他们会更加努力创作或者表演，因为这与他们的薪酬相关。另一个例子是技术驱动或创意驱动的公司，这些公司往往高度依赖人才，这类公司为了招纳更有竞争力的员工，为员工预留的股票期权池一般超过15%。（注：股票期权是公司给予员工在一定期限内以一种事先约定的价格购买公司普通股的权利，是一种不同于职工股的崭新激励机制）但员工持股比例也不宜过高，一般不超过25%，很显然，这是因为当员工持股比例增加时，创始人持有股份就会变少。

有一些常见的说法是创始人持有公司30%以上的股权较为合适。这是因为A股上市规则规定，如果公司有一个人直接或者间接持有30%以上股权，可以认定公司有实际控制人。另一个很显然的事实是，若创始团队能够控制公司50%以上股权，此时关于公司经营的所有事项创始团队都可以直接进行决策。比如，公司优先发展什么、计划做什么，如果创始人带领核心员工持有50%以上的股权，就能对这些经营事项进行决策。

二、如何在创始人之间分配创业公司的股权？

拥有两个或两个以上联合创始人的企业会面临着如何在创始人之间公平、平等地分配初创公司股权的困境。若你是单枪匹马，那早期阶段你可能拥有公司100%的股权。如果你的企业有合伙人，那么在你把股份分给投资者之前，先把这笔钱分给其他创始人是有好处的，在一个完美的世界里，你们可能能够成为平等的伙伴，然而，给予每个创始人公平的股权是至关重要的，即使这些股权并不完全平等。

打个比方，如果你用自己的2美元和朋友的1美元买了一个3美元的蛋糕。如果你的朋友想要一半蛋糕，你可能会觉得你的投资没有得到公平的回报。同样地，在商业中，尤其是在创办新公司时，重要的不仅仅是每个创始合伙人投入的资金，还有其他的考虑。例如，每位创始人都为公司带来了过去的经验和专业知识，合伙人投入公司的实物资产或机器，双方在初创公司上投入的时间等，考虑到所有这些不同的因素，作为创始人，大家都期望得到公允的股权分配。如果此时，你仅仅按照大家的出资比例进行分配，很显然也是不公平的。

案例

"腾讯"的股权分配

腾讯2004年在香港上市的招股书中披露，马化腾、张志东、曾李青、许晨晔、陈一丹五位联合创始人的持股约为：4.7∶2.1∶1.2∶1∶1。"五虎将"们一共凑了50万元，其中：

马化腾：首席执行官，出资23.75万元，占47.5%；

张志东：首席技术官，出资10万元，占20%；

曾李青：首席运营官，出资6.25万元，占12.5%；

许晨晔：首席信息官，出资5万元，占10%；

陈一丹：首席行政官，出资 5 万元，占 10%。

马化腾在接受多家媒体的联合采访时承认，他最开始也考虑过和张志东、曾李青三个人均分股份的方法，但最后还是采取了创业团队根据分工和能力分配不同的股份，产品、技术、运营是腾讯的三个支柱，所以负责相应模块的合伙人拿到的股份就高。后来有人想加钱、占更大的股份，马化腾说："不行，根据我对你能力的判断，你不适合拿更多的股份"。因为在马化腾看来，未来的潜力要和股份相匹配，不匹配就要出问题。如果拿大股的人不干活，干活的人股份少，矛盾就会出现。

马化腾说，"企业如果没有一个主心骨，股份大家平分，到时候也肯定会出问题，同样完蛋"。所以创业早期的资金主要由马化腾来出，占大股。但是马化腾还认为"要他们的总和比我多一点点，不要形成一种垄断、独裁的局面。"希望自己能够一股独大，但不要一股太大。

从腾讯创立之初的股权分配就可以看出，腾讯并没有按照创始人投入的资本来计算，更多考虑的是未来能够为公司做出的贡献（虽然具体的衡量标准我们无从知晓）。

资料来源：https:xueqiu.com/85082060451147462386. 有改动。

三、如何在投资者之间分配创业公司的股权？

就创始人之间的股权分配达成意见一致至关重要的一个重要原因是，这样在向第三方投资者授予股权时，你就有了坚实的基础。在每一轮融资中，从种子融资到 A 轮、B 轮和 C 轮股权融资，你都需要确定你愿意出售多少股权。然后，投资者将资金投入你的企业，以换取股权。同样，每个投资者获得的股权数量代表他们投入了多少。

知名投资者可能会根据他们的经验、独特的知识或过往记录，试图协商一个更低的价格或更高的股权。是否接受较低的报价取决于多数股东，然而要记住，如果你的其他投资者发现他们为自己的股份支付了更高的价格，他们会作何感想。

永远记住你自己的股份，以及每次你把一些股权给一个新的外部投资者时，你的股份会被侵蚀多少。例如，你可能希望确保公司的创始人始终保留至少占总股本 51% 的股份。这样做，你可以确保外部投资者没有拥有足够多的股权来控制决策。

第四节　大学生创业团队与思政建设

一、把激昂青春梦融入伟大中国梦

"祖国的青年一代有理想、有追求、有担当，实现中华民族伟大复兴就有源源不断的青春力量……"这是中共中央总书记、国家主席、中央军委主席习近平给第三届中国"互联网+"大学生创新创业大赛"青年红色筑梦之旅"大学生的回信，在广大青年学子中引起热烈反响。

当代大学生要按照习近平总书记的指示和嘱托，为祖国、为人民奉献青春。要在今后的人生历程中，学习和发扬革命前辈的精神品格，学习延安精神，坚定理想信念，锤炼意志品质，把激昂的青春梦融入伟大的中国梦，在亿万人民为实现中国梦而进行的伟大奋斗中实现人生价值，用青春书写无愧于时代、无愧于历史的华彩篇章。

二、大学生初创团队方向

拓展阅读 4-3：习近平总书记给大学生创新创业团队的回信

大学生初创团队有很多，以下是一些常见的类型。

（1）科技创新团队：致力于开发新技术、产品或解决方案，如人工智能、大数据分析、物联网、区块链等领域。

（2）创意设计团队：专注于设计和创意领域，包括平面设计、工业设计、服装设计、动画制作等。

（3）互联网创业团队：涉及电子商务、社交媒体、在线教育、在线服务等互联网相关的创业项目。

（4）社会创新团队：关注社会问题和公益事业，致力于解决社会问题、改善社会福利，如环保、健康、教育、社区服务等领域。

（5）文化艺术团队：包括音乐、舞蹈、戏剧、电影制作、摄影等文化艺术领域的创业团队。

（6）医疗健康团队：关注医疗技术创新、健康管理和医疗服务改善，致力于提供更好的医疗健康解决方案。

这只是一些常见的类型，实际上大学生初创团队的领域和方向非常广泛，可以涵盖几乎任何行业和领域。习近平总书记提出"要着眼新实践、研究新情况、解决新问题"，在中国的创业必须立足中国国情，根据形势和任务的发展变化，厘清企业发展思路，明确发展方向，找准发展的重点，用创新的新理念引领发展的新实践。

本章小结

本章首先对创业团队建设进行讲解，讲解了组建高效创业团队的六大步骤、创业团队的组织架构、创业团队的文化建设。然后讲解了创业团队的管理流程，具体从员工沟通管理、领导力管理、团队活动建设、赏罚制度管理等四个层面展开。之后，第三节中讲解了创业团队的股权分配。最后，讲述了大学的创业团队中的思政建设。

通过本章的学习，希望大家对创业团队的建设和管理有一个基本的认识，提高创业素养和能力，培养合作精神、创新思维和领导能力，以应对创业过程中的各种挑战和变化。同时，本章学习也有助于团队成员的个人成长和职业发展，提升其在创业领域的竞争力和价值。

关键词

初创团队　　团队建设　　团队组织架构　　团队文化　　团队管理　　股权分配

即测即练

自学自测　　扫描此码

问题思考

1. 如何为创业公司建立一支高效团队？
2. 查阅资料，了解其他创业团队的团队文化。
3. 查阅资料，了解其他创业团队的股权分配策略。

实训专题

　　在中国，朋友之间合伙创业的公司并不少。除了"携程四君子"以外，我们耳熟能详的合伙创业公司还有"新东方三驾马车""腾讯五虎将""阿里巴巴十八罗汉""万通六君子"等。请大家自行查找资料，了解他们的团队创业故事。

参考文献

[1] 朱瑛石. 创业四人组：第一团队[J]. 中国新时代，2008(3).
[2] GROW: The practical coaching model driven by a powerful coaching philosophy, https://www.performanceconsultants.com/grow-model.
[3] Molly Ball, Jeffrey Kluger, Alejandro De La Garza. Elon Musk Is TIME's 2021 Person of the Year[J]. Time, 2021-12-13.
[4] 乔哈里咨询窗，MBA 智库百科，https://wiki.mbalib.com/wiki/乔哈里咨询窗.
[5] 卓雄华，俞桂莲. 股动人心，华为奋斗者股权激励[M]. 北京：中信出版社，2022.
[6] 王永志. 习近平总书记干事创业思想的科学内涵与核心要义[J]. 领导之友，2017，255(21).

产品创新开发与营销

第五章

学习目标

1. 理解产品创新开发与营销的内涵；
2. 了解产品创新开发与营销现状；
3. 了解产品创新开发与营销发展历程与形势；
4. 理解产品创新开发与营销与企业发展的关系。

引导案例

美的集团：中国智能制造的创新突围

2021年，美的对外正式宣布，公司将全面收购全球闻名的机器人企业——库卡。

美的对库卡的收购在2016年便已开始，彼时收购后的持股比例占到了94.55%。此番美的继续收购剩余的5.45%股权，将实现对库卡的全资控股。这是这家世界500强家电科技集团对前沿科技板块再次深入的布局。

1968年，美的从"北滘街办塑料生产组"起步。伴随着改革开放的脚步，美的开始进入海外市场。自我国加入世贸组织以来，美的转型的步伐不断加快。

"在'双循环'新发展格局下，中国家电产业的整体升级促使我们走向海外，我们在海外布局成长也推动了国内家电科技品牌和技术的发展，这是相互促进的。"美的集团董事长方洪波表示。2016年，美的首次进入《财富》世界500强。直至今年，美的以41407.1百万美元营收，排名第288位，成为我国家电科技领域的执牛耳者。

这背后，是美的不断自我突破的创新求变。

1. 质量管理之变

"智造"创新赋能标准升级

"你看这中间发出红光的小摄像头，它就是我们的5G＋AI视觉检测；有了5G无线网的支持，这个叉车可以自动扫码……"走进美的微清事业部工厂，目之所至都是新的制造创新应用，美的集团微波和清洁事业部信息化工程师李智谦对此如数家珍。

而在该工厂的注塑车间，智慧物流无人运输小车平稳运行，轻松避障，没有操作员在旁推拉，地上也没有实体的铁轨。以前，整个厂区需要布设很多轨道，供物流小车行动，很占地方，移动性也差，现在通过5G创新应用，这些场景都彻底改造了。

这是美的集团第二座"灯塔工厂"。此前，美的南沙工厂亦获评"灯塔工厂"。如今，在这些工厂中，无人物流小车"长了眼"，生产设备"会说话"，检验设施"火眼金睛"。通过分秒跃动的中枢数据大屏，就可以精确实时把控制造健康状态。

这仅仅是美的智能改变的一个缩影，因为紧抓质量管理，美的日前获评"中国质量奖"。这背后，是伴随着中国入世20年来，该企业对质量的管理也在迭代发展。

"以空调为例，在2010年以前，我们只要求它符合国家各种规范安全标准、基本需求即可。但这样是不够的，我们不断革新质量管理方法，形成智能质量管理模式。对于质量的要求和标准，要超越国家标准，引领标准变革。"方洪波是如此解读质量管理思维变革的。

2. 研发投入之变

借力大湾区人才突破创新

超越国家标准、引领标准变革、领先竞争对手，美的集团微波和清洁事业部先行研究高级工程师王贤友对此有深刻的体会："我们把原先重量80多克的磁控管做成了40多克，体积和重量都变小，但输出功率不变，仍能保证1000 W的输出功率。"王贤友很自豪地说，"我们持续研究了很多年，这次研发出的磁控管属于第三代了"。

持续的研发投入，换来了海外同行的敬意。在以前，美的在同类产品上经常向日本同行学习。而现在，包括日本在内的同行，则经常研究美的最新研制的产品，学习其技术先进性。

为了研究健康家电技术，美的健康技术研究所团队背靠粤港澳大湾区高等院校，招入了医学、营养学、食品工程、生物医学工程、空气净化技术、水技术等跨学科研究人才。这群"博士天团"，一头扎入控糖、减脂、控温等精细化先进小家电技术研发中。

除了在各类产品上不断加强研发团队建设，在集团层面，美的也在酝酿"大招"。就在近日，美的宣布成立软件工程院，该机构将重点聚焦于数字化技术研究。

"粤港澳大湾区人才集聚，而且有非常好的人才政策，数字化转型人才在该区域'储备'丰富，我们希望能在这样的背景下，在集团层面中组建一支队伍，在研究上催生成果。"美的集团副总裁张小懿期待。

3. 战略选择之变

科技推动品牌扬帆出海

质量管理的精益升级，研发投入的人才投资，折射的是"入世"20年来家电产业从劳动密集发展向技术密集发展的变迁轨迹。"现在靠劳动密集拉开差距是不可能的，我们的发展要靠科技领先。"方洪波深有体会。

战略关键词在发生变化，美的在这种变迁中，不断地扩大自己的版图：机器人业务、楼宇、工业软件。与此同时，从原先的代工模式到现在的自主品牌输出，在这个过程中，"美的"二字也越来越被跨领域跨地域知晓。也正因为如此，在2016年首次进入《财富》世界500强后，美的的排位连年攀升，成为《财富》世界500强中，中国家电科技的杰出代表。

数据显示，"入世"以来，美的已在全球布局研发中心和制造基地，其中，研发中心海外的数量超过中国，海外员工接近4万人。在不同的国家地区中，美的品牌给当地带来了产业机会，也为当地解决了就业问题。

财报显示，2021 年上半年，美的海外收入 739.6 亿元，同比增长 19.6%，占收入比重 42.55%。方洪波对"入世"的展望：在"'双循环'下，美的一直坚持国内市场与海外市场并重，我们希望在未来 3 到 5 年海外的收入占比要超过 50%，在美国、巴西、日本、东盟、德国五大战略市场中进入当地前三"。

资料来源：https://news.southcn.com/node_54a44f01a2/0d65648b3c.shtml

引导问题：

1. 案例中的中国智能制造有哪些技术创新？
2. 创新突围如何培养与应用？

第一节　发明与产品创新

党的十八大以来，习近平总书记多次强调，要坚定文化自信，推动中华优秀传统文化创造性转化、创新性发展，继承革命文化，发展社会主义先进文化，不断铸就中华文化新辉煌，建设社会主义文化强国。

全面建设社会主义现代化国家，比以往任何时候都更加需要思想的引领、创新的滋养。党的二十大报告立足强国建设、民族复兴战略高度，提出"加快实施创新驱动发展战略。加快实现高水平科技自立自强""营造有利于科技型中小微企业成长的良好环境，推动创新链产业链资金链人才链深度融合"，还提到不少创新领域取得的重大成果。

产品发明与产品创新是企业生存的灵魂，新产品的开发是创新的最主要表现形式。持续的盈利和市场占有率的提高往往是企业新产品开发的直接驱动因素，新产品开发可以给企业带来丰厚的利润，但也意味着极大的风险。因为新产品的开发需要大量人力、物力和时间的投入，如果不能对新产品的开发和营销进行有效的控制，很有可能导致产品开发的失败或者上市失败，但无论哪种失败，对企业来说都是百分之百的风险和损失。

一、企业的发明与产品创新的方式

企业的发展与产品创新不同于营销及商业模式能带来的短暂收益，追求的是长久的营收。一个企业能否持续不断地进行产品创新，洞察市场需求，不断根据用户反馈迭代产品，不断满足用户日益变化的需求，成了企业家的主要课题。企业在具体实践中，主要有自主创新、联合创新两种方式。自主创新是企业主要通过自己的力量来研制新技术、开发新产品。联合创新是指企业间或企业、科研机构、高等学院之间将资金、技术力量等资源联合起来，共同攻克技术难关，共同分享研发成果。当今，技术竞争不断加剧，在企业技术创新活动中，所面对的技术问题的复杂性、综合性和集群性越来越强。联合创新通过外部资源内部化，实现资源共享和优势互补，有助于缩短创新时间，增强企业竞争力。

（一）企业重视发明的意义

发明对于人类来说非常重要，因为它们可以帮助企业解决问题、改善生活质量、创造新的机会和促进社会的发展。例如，发明可以帮助企业更有效地生产和运输物品，减少劳动力和资源消耗，提高生产效率。此外，发明还可以帮助社会解决健康、环境和能源等方面的问题，改善生活质量和面对全球性挑战。

发明也是一种创造力的体现，它可以促进文化和科技的交流与发展，推动社会的进步。发明在现代社会中扮演着非常重要的角色，对于个人和社会都具有巨大的意义。除了帮助解决问题和改善生活质量外，发明还可以为人类带来巨大的经济效益。通过把发明转化为产品或服务，可以创造就业机会、提升企业竞争力、促进经济发展。此外，发明还可以成为知识产权的来源，通过专利、商标、著作权等手段保护发明人的创造成果，为发明人和企业创造财富。

发明不仅对个人和企业有好处，还可以造福社会。通过发明，可以为社会带来新的技术和产品，满足人们的需求，提升生活质量。此外，发明还可以为社会带来新的思想和新的文化，推动社会的进步和发展。

总的来说，发明在人类发展历史中扮演着至关重要的角色，对于个人、企业和社会都具有巨大的意义。发明是人类智慧和创造力的体现，是促进人类文明进步的重要力量。因此，我们应该鼓励发明，支持发明人和创新企业，为人类带来更美好的未来。

（二）企业产品创新的意义

当今世界呈现出经济全球化、区域经济一体化的局面，全世界的脉搏通过经济的脉络紧密地联系在一起，牵一发而动全身。全球化趋势对企业来说既是一个机遇，也是一个挑战，如何把握世界经济发展的潮流，用世界的眼光审视企业自身发展的有利因素和不利条件，通过改革创新，推动企业自身发展，在优胜劣汰的市场竞争大潮中立于不败之地，这是一个重大的课题，也是一个重大的挑战。

创新对一个国家、一个民族来说，是发展进步的灵魂和不竭动力，对于一个企业而言就是寻找生机和出路的必要条件。从某种意义上来说，一个企业不懂得改革创新，不懂得开拓进取，它的生机就停止了，这个企业就要濒临灭亡。创新的根本意义就是勇于突破企业的自身局限，革除不合时宜的旧体制、旧办法，在现有的条件下，创造更多适应市场需要的新体制、新举措，走在时代潮流的前面，在激烈的市场竞争中赢得胜利。

企业创新，必须要理解企业在哪些方面需要进行创新，企业的创新主要体现在以下几个方面。

第一，理念创新。理念创新是企业各项创新的前提。这需要企业具有宽阔的眼界和胸襟，能够以海纳百川的姿态，积极的学习进取，要面向全球，着眼同行，在企业管理理念、经营理念、生产理念等方面都要开发新思路、新突破、新举措，使企业的理念能够跟得上甚至超越市场发展的脚步。

第二，管理创新。管理创新是企业各项创新的基础。管理创新集中表现为知识在管理中更广泛的运用及管理进一步地科学化、系统化。通过管理创新，企业可以重新整合人才、资本、科技等要素，使各种生产要素和生产条件得到优化，企业自身实力和市场竞争力进一步增强，从而为企业持续创新奠定了基础。使企业的人力资源得到充分利用是管理创新的重要环节，人才是企业发展的活力所在，要通过合理的人资管理，吸引一大批有能力、有思想、有干劲的人才，推动企业各项工作的有效推进。

第三，产品创新。产品创新是企业各项创新的关键。企业的经营与客户的需求归根结底是通过企业的产品和服务体现的，产品和服务在消费者心中就是企业的名片和代表。要满足消费者日益增长的物质需求、保持企业的持续发展就必须通过产品创新，增强产品的人性化特点和实效性，不断地生产出物美价廉、品质优良的产品，赢得大众的青睐。

第四，技术创新。技术创新是企业各项创新的核心。科学技术是第一生产力，现代企业的竞争已越来越依赖科学技术，强化技术创新已成为现代企业发展的一股新潮流。企业技术创新分为原始创新模式、赶超创新模式、局部创新模式、市场创新模式、标准领先创新模式等，不论哪一种创新模式归根结底需要企业开展适当的合作创新、引进一些关键技术，最终目的还是要提高企业的自主创新能力。采用合作创新和引进技术的战略，目的是减少企业资金和人力的消耗，获取较为先进的技术，尽早赢得市场机遇，这样做既可以节约大量的时间、物力、人力和财力，又可以提高企业的技术含量和技术创新能力。但是，从长远发展来看，企业应当把自主研发和自主创新作为发展的主战略，努力提高企业技术创新水平，确保企业在激烈的市场竞争中提高核心竞争力。

第五，营销创新。在市场经济条件、知识经济时代下，随着市场营销环境的变化，企业市场营销活动面临着诸多的挑战，许多问题需要通过营销创新来解决，企业如何主动适应新的市场环境要求，使新的营销要素或要素组合融入企业营销体系上来，使之具备新的功能和新的创造力，以营销创新谋求企业发展，是摆在企业面前的一个十分现实而又重要的课题。企业要在营销方面走出新路子，必须坚持以顾客为中心，立足于"顾客满意"，通过对企业产品、服务、品牌不断进行定期定量的测评与改进，以服务品质最优化，使顾客满意度最大化，进而达到顾客忠诚和培养顾客资源目的，这样不仅强化了企业抵御市场风险的能力，还是经营管理创新的重要手段，同时也是企业持续稳定增效的重要保证。

拓展阅读 5-1：稳链强链优化布局（经济新方位·巩固经济回升向好趋势）

二、发明与产品创新的现状与存在问题

（一）企业的自主研发存在各种阻碍

因为社会对企业数量的关注度大于质量，而企业对科研内涵研究的重视较小，再加上研发占用时间多，实际操作困难，无法预测能否满足市场等因素，企业的自主研发遇到了各种阻碍，甚至部分已经投入实践的项目无法继续。出于降低风险的考虑，相当一部分企业都是让高校先研发创新，再把研究成果投入自己的相关部门中进行二次开发，最终投入生产实践。这种操作无法体现企业本身应有的科技研发职能，显然是不科学的。

（二）产品的科技含量低

工艺创新产品占据了全部企业产品类型的极大比例，这种情况在企业寻求经济快速发展的过程中，逐渐从封闭模式转为开放转变的趋势。但是现在市场上出现了大量实力不足的私营企业，他们为提升经济实力，将目光多集中于如何开发被工艺创新主导的新产品和市场上，抵消了许多产品的科研创新效益。

（三）联合研发情况常见

在大中型企业中，能够实现独立自主研发的企业还在起步阶段，而这些所谓的自主研发企业还是在市政强制干涉下才建立起研发部门，目的是应付相关检查评价，已有的科研所实质上形同虚设。只有少数规模较大、实力雄厚的企业采取生产、学习、科研一体化发展的模式，联合具备创新实力的高校或科研园共同创新。

（四）缺乏真正的高新技术普及性

从流于表面的程度上看，虽然高新技术产业发展速度极快，但实质上只是发展了产业"高新技术"的空壳，并没有真正开发出高水平的、先进的科学技术。当涉及技术层面时，多数产业的科技都是从他方引进的，甚至直接复制、抄袭他人的科研成果。

三、对企业科技创新的建议

（一）加大资本投入

科研的资金投入是促进高新技术企业健康发展的重要保障。如果科技创新的经费、材料和人力资源投入不够，企业就没有足够的储备进行科技创新，创新将成为"没有根的树"和"没有源头的水"。资金是企业技术创新的基本保证。即使新产品尚未开发，产品和技术的升级也需要资金投入。因此，有必要加大资金投入。另外，资本链的后期保障是产品提升后期技术、性能和质量的前置性条件。只有不断增加科研资本，加大经费投入，企业才会有持续改进的活力。

（二）坚持自主研发和技术更新

多数企业还是主要依靠自身的科研力量进行创新。这些企业的相关部门，如研究中心、科研所等体制建设已经足够完善，机构内的从业者也具有一定的科学研究能力和实践操作能力。

这使得企业在整体生产中的较为普通的技术项目开发在一定程度上有了坚实的保障，但是科研体制和科研人员的专业素养还有较大的提升空间。

（三）加强现有先进技术学习并创新

全球工业发展较早的国家很早就对高新技术的发展引起了重视，因此发展规模大，取得的成就全球领先。

在当前全球科技加速发展，跨国合作日益频繁的形势下，国内企业和国际企业的合作机遇是前所未有的。因此，企业要紧跟国际发展趋势，立足企业的实际需求，结合现状积极引进国外先进技术并有效地改进、创新，使国外技术为自身科研发展所用，实现国外技术的本地化和本土化，提升企业的科技创新能力。

拓展阅读5-2：推动高校支撑服务企业高质量发展

（四）地方、企业、高校加强合作平台

在当前的发展过程中，大多数企业采取与高校合作的方式开展技术创新。企业、科研

院所和高等学校合作的发展模式日益符合主流企业的需求。企业提供项目和资金，高校和科研院所给予技术科技上的支持。大量的高等院校和科研院所为企业寻找合作伙伴，为企业的技术决策和检查判定铺路，最终使科技转化为生产力。

四、对企业发明与科技创新的展望

企业进行科技创新的过程中，各种因素的影响使得企业发展进程缓慢，而通过研究企业科技创新的现状，找出相关的有效措施是提高企业科技创新能力的主要方式，因此对其进行研究意义重大。

面对风云变幻的市场环境，很多企业陷入生存困境。比如，多数企业在发展中专注产品多元化发展，没有形成集成化产品。我们需要用创新的思维来摆脱企业的困境，创新是一个企业发展的灵魂，但是创新不能只是空中楼阁，更重要的是要有实实在在的方法，企业创新发展具体从以下十个方面转变。

（一）利润最大化向企业可持续发展转变

把利润最大化作为管理的唯一主题，它也是企业夭折的重要根源之一。在产品、技术、知识等创新速度日益加快的今天，成长的可持续性已经成为现代企业所面临的比管理效率更重要的课题。

（二）传统的要素竞争转向企业运营能力的竞争

提升企业的运营能力，就要使企业成为一个全新的"敏捷性"经营实体。在生产方面，它能依照顾客的订单需求，任意批量制造产品和提高服务；在营销方面，它能以顾客价值为中心、丰富顾客价值、生产个性化产品和服务组合；在组织方面，它能整合企业内部和外部与生产经营过程相关的资源，创造和发挥资源杠杆的竞争优势；在管理方面，它能将管理思想转换到领导、激励、支持和信任上来。

（三）由一般合作模式转向其他形式

企业合作由一般合作模式转向供应链协作、网络组织、虚拟企业、国际战略联盟等形式。现代企业不能只提供各种产品和服务，还必须懂得如何把自身的核心能力与技术专长恰当地同其他各种有利的竞争资源结合起来，弥补自身的不足和局限性。

（四）员工的知识和技能成为重要资源

知识被认为是和人力、资金等并列的资源，并将逐渐成为企业最重要的资源。企业需要更多地通过组织学习、知识管理和加强协作能力来应对知识经济的挑战，将现有的组织、知识、人员和流程与知识管理和协作紧密结合起来。

（五）单一绩效考核转向全面绩效管理

传统的绩效考核是通过对员工工作结果的评估来确定奖惩，但过程缺乏控制，没有绩效改善的组织手段作为保证，在推行绩效考核时会遇到员工的反对等。因而，把绩效管理与公司战略联系起来，变静态考核为动态管理，是近年来绩效管理的显著特点。

（六）信息技术改变企业的运作方式

信息技术的发展和应用，使业务活动和业务信息得以分离，原本无法调和的集中与分散的矛盾也得以解决。企业通过信息技术整合，能够实现内部资源的集中、统一和有效配置。借助信息技术手段，企业能够跨越内部资源界限，实现对整个供应链资源的有效组织和管理。

（七）顾客导向观念受到重视并被超越

近十几年来，以微软、英特尔为首的部分高科技企业放弃了以"顾客导向"的经营战略，采用以产品为中心的经营战略，并取得了巨大成功，由此产生了超越"顾客导向"的竞争新思维。这是因为随着知识经济时代的到来，企业面对的不仅仅是现有的份额，更重要的是未来的市场和挑战。

（八）自身利益转变为履行社会责任

由片面追求企业自身利益转变为注重履行社会责任，实现经济、环境、社会协调发展。良好的企业社会责任策略和实践可以获取商业利益，社会责任表现良好的企业不仅可以获得社会利益，还可以改善风险管理，提高企业的声誉。在目前的商业环境下，已经不是"是否应该"实施社会责任政策的问题，而是如何有效实施社会责任，大多数商业发展计划都要进行道德评估和环境影响分析。

拓展阅读 5-3：浅谈创新与企业生存发展的关系

（九）企业管理创新成主流趋势

我国企业在深化改革和管理创新方面，不断倡导创新精神，激发创新意识、引导创新方向、鼓励创新行为、提升创新能力，企业管理创新已成为主流方向。

（十）企业管理创新进入新阶段

现在深化改革到了制度创新阶段，企业管理现代化也必然要进入到管理创新的新阶段，也就是说到了建立管理科学的阶段了。管理创新与制度创新并举，管理创新与技术创新协调，形成了生产关系逐渐适应生产力发展的趋势。

第二节　产品创意与设计

产品创新是创造现在及以往没有的新事物、新思想、新理论、新技术、新制度，除了产品创新外还有技术创新、产品创新、工艺创新、工业设计创新。

一、产品创意

产品总是具有某种功能，人们购买产品实质上就是购买它的功能。产品功能的创意上是有很大的文章可作的，而事实上，企业家们也一直作着这方面的文章，不过有的企业家作的卓有成效，而有的无甚业绩罢了。产品功能的创意是一个大课题，是企业相当需要又相当缺乏的要素。

改革开放初期，在中国城市市民的消费水准远低于发达国家的大背景下，在中国广大的农村还相对贫穷落后的情况下，在农村的消费市场还有待于新的更多的好商品去拓展的前提下，中国的企业就开始重视产品功能对这些市场的特殊意义，这一特殊意义将在未来一直会光芒四射的。

产品功能（本章中主要指的是产品的使用功能）的种种创意与创意方案，正是为了满足眼前大批中国企业产品开发的需要。

（一）增加一点新的功能

在现有产品上增加一点新的功能，哪怕是小小的新功能，也能让产品面貌焕然一新。这是一种投资最小、见效最快的创意方法。

（二）设法减去一些功能

产品可以加上一点功能，当然也可以减去一点功能。产品的功能越多越好，往往只是技术人员的想法，消费者并不一定买账，而且由于生产成本的提高，售价也跟着提高，使产品在市场上的竞争力就差多了。

拓展阅读 5-4：创意产品设计作品（19 个创意产品设计）

（三）改变原有的功能

许多产品的功能有其时间性，当黄金时代过去后，它就不再受人们的重视了。但在这个时候，只要适当地改变一下产品的原有功能，往往会有起死回生的奇效。

（四）多种功能进行组合

尽管前面对产品功能过多颇有微词，但这并不意味着多功能的产品就不好，在大多数情况下，多一些功能的产品的竞争力还是更强一些。不过以下谈的主要不是功能多的单件产品（如具有 29 种功能的瑞士军用小折刀），而是多种不同的功能进行奇妙组合后的新产品。这是需要创意的，常规思维在这里是一筹莫展的。

（五）独家或特异的功能

有些产品新功能的开发是常人都可以想到的，不足为奇，但有些新功能却是一般人意想不到的，这就要靠创意功夫了。只要产品拥有独家或特异的功能，这个产品迅速起于市场发一笔横财甚至迅速成为一种名牌也是可能的，广告费也会大大节省，因为这种产品的新闻含量一般是很高的。

（六）高质量是高功能的基础

质量与功能关系的问题。从质量表面上看来，它与功能无关，但它却是功能的基础，是隐藏在功能背后的东西。从根本上来说，低质量的产品也是低功能的产品，高质量的产品也是高功能的产品，没有高质量支撑的使用功能无异于沙滩上的建筑物。

只有新功能、多功能、独家或特异功能加上高质量的产品大量出现在中国城乡千百万家的商场商店中时，中国产业经济、商业经济的新境界才算真正到来了。

二、产品设计

包豪斯设计大师蒙荷里·纳基（Moholy Nagy）曾指出："设计是以某一目的为基础，将社会的、人类的、经济的、技术的、艺术的、心理的多种因素综合起来，使其能纳入工业生产的轨道，对制品的这种构思和计划技术即设计。"

设计是以现有材料和手段为基础，进行以方便人们生活为目的的创造性活动。设计与艺术不同。它不可能孤芳自赏，也不可能留到后世待价而沽，它必须当时就被接受就被消费，在设计的时间里就要达到被接受的消费目的，见图 5-1。

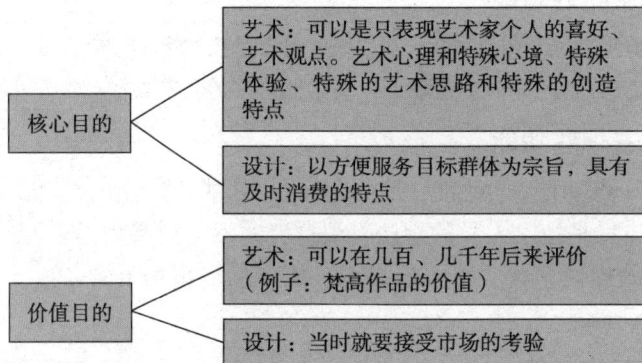

图 5-1　艺术与设计在不同目的下的区别

设计的程序包括：调查（对公司和市场）；创意（问题的解决方案）；论证（论证创意的可行性）；实施（制定出详细的生产计划书）；准备（投产前期准备）；生产（协助厂商组织生产，优化生产工艺）。

1. 调查（对公司和市场）

设计人员首先要了解公司，进行前期调查，资料收集和研究工作对内部调查的内容包括公司的理念、公司长期战略、公司本次开发的目标、公司以前的产品（外形和技术等）的情况；对外部调查的内容包括所在行业的状况，客户状况等。通过调查找到所需解决的问题，并开始着手竞争性分析，拟定策略，研究探讨所要使用的技术，开发平台和媒介，最终使得项目计划得以发展。

2. 创意（训题的解决方案）

创意阶段目标和任务

此阶段工作的核心是创意，设计公司将前一阶段调查所得的信息资料进行分析总结，提出具有创新性的解决方案，见图 5-2。

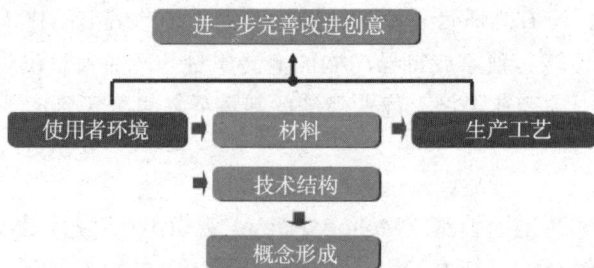

图 5-2　创意阶段和概念的形成图

概念生成后的结构考虑问题

还得考虑结构方面的事情，往往一个设计概念的出现经不起结构的检验。或者说在当前的技术上，这个结构在工程上面没有办法实现。这时候我们可以更换材质或者更换造型以达到它在工程上面的实现。

3. 论证（论证创意的可行性）

在论证的具体方面，设计公司对其创意的可行性加以论证，并通过优化，协调该产品在外观、颜色、细节、特性及功能等方面的复杂关系，从而使该创意更具可操作性。

4. 实施（制定出详细的生产计划书）

在实施阶段，需制订出详细的生产计划书，提交最终的设计样本，确定生产中所需的规格和技术根据计划书测算材料和制造成本，最终确定制定生产方案，进行用户使用检测，见图 5-3。

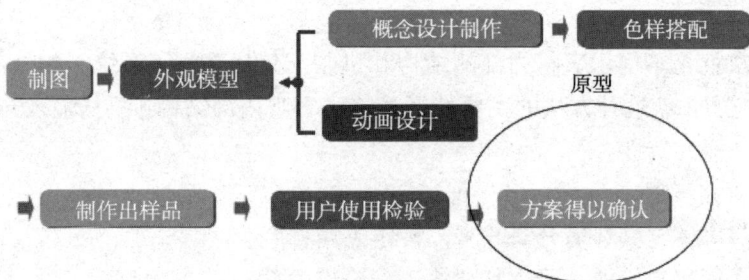

图 5-3　制图与法案流程图

5. 准备（投产前期准备）

进行正式投产前的准备工作，包括模具制作，设备安装，生产计划的制定，印制标签及包装物。协调人员及设备管理，设备安装，制定装配说明，订立质量标准,检验并确定最终的方案。

结果：进入生产轨道。

6. 生产（协助厂商组织生产，优化生产工艺）

在生产环节，需组织生产和推广。设计公司协助厂商组织生产，优化生产工艺，批量生产后，解决生产中出现的问题，进而改进工艺设备，完成营销宣传。

三、产品设计方法

（一）设计方法的发展

现代设计方法的特点：多元化、动态化、优化及计算机化

1941 年，美国的奥斯本发明了"头脑风暴法"，奥斯本被看作是设计方法的奠基人，被誉为"创造学和创造工程之父"。20 世纪 60 年代建立起比较科学的研究系统和理论体系。1965 年，日本筑波大学川喜田二郎教授发明了"KJ 法"。1962 年，在英国伦敦召开的首次世界设计会议标志着设计方法研究的全面展开。

（二）主流设计法（黑白箱法）

主流设计法流派（mainstream）强调设计中主、客观的结合，一方面基于直觉和经验，另一方面基于严密的数学和逻辑的处理，并为了提倡高效率地解决问题，必须把与设计问题相适应的理性思考和创造性思维结合起来进行设计。

1. 主流设计法的阶段：

（1）分析阶段。将全部设计要求以图表形式表示出来，再把与设计相关的问题进行理性思考，整理成完整的材料。

（2）综合阶段。指对性能方法各项目的可能性求解的追求，以及最终以少的妥协使设计目的完成。

（3）评价阶段。评价阶段是检验由综合阶段得到的结果是否能解决设计问题的阶段。

2. 主流设计法的种类

（1）黑箱法

所谓黑箱法就是不揭示事物内部的结构和机制，只从事物（系统）的外部去认识事物的一种科学研究方法。这种方法的主要特征是略去客观内部结构，只从输入与输出关系上，来考察客体的功能和特性。

黑箱法的研究步骤：

第一步：将客体与其环境分离开来以确定黑箱；

第二步：考察黑箱特性，研究其的输入、输出关系；

第三步：根据对黑箱的考察，对输入、输出关系的分析，说明黑箱的功能。

（2）白箱法

白箱法是一种创意思维的训练方法，是与黑箱法相对立的，就是打开箱子直接观察内部结构来说明箱子的特性功能。白箱法是在输出和输入之间的研究方法，是如同一个透明的玻璃盖子一样明确处理涉及问题的思维方法。

白箱法具有如下特征。

①设计的目的，变数及设计的价值基准等都应在设计前明确的进行决定。

②在进入综合阶段前已完成分析阶段的内容。

③评价阶段要用逻辑性语言进行表述。

④在设计最初阶段应决定设计战略，并以此战略为基点，而进入设计的自动控制环节。

黑白箱区别：

这个"箱"是针对一个设计系统而言的，是把设计对象想象成一个"箱"体，然后围绕此"箱"进行构思和创造。创造前的"箱"体是暂时无法知晓的，所以称为"黑箱"。

黑箱法，就是根据从输入到输出过程中，对设计问题进行分析、推断、组合直至问题求解的方法。那么，打开"黑箱"，展示出内部，"黑箱"就成为"白箱"。

（3）变换视点法

变换视点是人们以一种新的方式来看待一个问题或话题，有助于人们表达自己的愿景，从而获得更全面的认知。尤其在基础教育领域，变换视点有助于激发学习者的探索精神，推动学生的创新能力，助力其思考形成更加全面的认知。因此，变换视点在教育中发挥着越来越重要的作用。

变换视点法的特点：

注重设计师的主观创造能力。在设计过程中，提出具有创造性的构思初步方案，制定解决问题的方法。

变换视点法的分类：

思考的表示变换、语言的表示变换、数的表示变换、绘画的表示变换。

（4）收敛法

收敛法是运用收敛思维的设计方法，于异中求同，在大量创造设计设想的基础上，通过分析、综合、比较、判断而选择出最有价值的设想。

（三）头脑风暴法

头脑风暴法的目的：互相感染、竞相发言，形成热潮，提出更多的新观念。不受约束的讨论使个人的自由欲望得到满足，活跃人的思维，促使新观念脱颖而出。

头脑风暴法的定义：头脑风暴法（brainstorming，BS），引申为一种自由奔放的、无拘无束的、打破常规的、突破条条框框的思考方法。

头脑风暴法的创始人奥斯本对该方法提出了以下四项原则。

（1）自由畅想原则。欢迎各抒己见，自由鸣放，创造一种自由、活跃的气氛，激发参加者提出各种荒诞的想法，使与会者思想放松，这是智力激励法的关键。

（2）延迟评判原则。对各种意见、方案的评判必须放到最后阶段，此前不能对别人的意见提出批评和评价。认真对待任何一种设想，而不管其是否适当和可行。

（3）数量保障质量原则。追求数量，意见越多，产生好意见的可能性越大，这是获得高质量创造性设想的条件。

（4）综合完善原则。探索取长补短和改进办法。除提出自己的意见外，鼓励参加者对他人已经提出的设想进行补充、改进和综合，强调相互启发、相互补充和相互完善，这是智力激励法能否成功的关键。

头脑风暴法的步骤：

通过参与的体力活动、斗力游戏或感情方面的引导与暗示等活动，使头脑进入创新思维的状态。其步骤是开始热身，明确问题，畅谈设想，确定方案。

头脑风暴法的注意事项：

简明扼要和注重启发性多角度、多侧面的分析，然后从多个方面提出问题。提问时也可以采用提问转换的方式，始终围绕一个会议主题，以避免分散注意力。设想表述要简明扼要，增加设想，评价筛选，形成最佳方案。

（四）设问法

设问法定义：提出问题是解决问题的一半，提出问题又常常是发现问题的深化和解决问题的开始。设问的核心是通过提问使不明确的问题明朗化，从而缩小探寻和思考的范围，接近解决的问题，具体包括以下几种方法。

1. 5W2H 法

5W2H 法是从七个方面去设问，这七个方面的英文第一个字母正好是 5 个 W 和 2 个 H，所以称为 5W2H 法。七个方面是：

何人	Who	主体本质
什么	What	客体本质
何时	When	存在的时间形式和空间形式
何地	Where	存在的原因
为什么	Why（How to）	怎样做
如何	How（How much）	达到什么程度

5W2H 法的一般操作程序：

Why：为什么会发生这种现象，为什么需要革新

What：什么是革新的对象

When：什么时候完成

Where：从什么地方着手

How to：怎样实施

How much：达到怎样的水平，成本多少

2. 检核表法

检核表法（check list method）又称为稽核表法、对照列表法、分项检查法等。检核表法是指美国创造学家奥斯本率先提出的一种创造技法。它几乎适用于任何类型和场合的创造活动，因此被称为"创造技法之母"。这种技法的特点，就是根据需要解决的问题，或需要创造发明的对象，列出有关的问题，然后一个个来核对讨论，以引发出新的创造性设想来。奥斯本的检核表法是从以下 9 个方面来进行检核的：①现有的发明有无其他的用途？②现有的发明能否引入其他的创造性设想？③现有的发明可否改变形状、制作方法、颜色、音响、味道？④现有的发明能否扩大使用范围，延长它的寿命？⑤现有的发明可否缩小体积、减轻重量或者分割化小？⑥现有的发明有无替代用品？⑦现有的发明能否更换一下型号，或更换一下顺序？⑧现有的发明是否可以颠倒过来使用？⑨现有的几种发明是否可以组合在一起？自从美国奥斯本的检核表法推出以后，其他国家的创造学家们随之提出了许多种具有各自特色的检核表法。该法在考虑设计问题时，首先制成检核表，然后对每一项目逐项进行检查，以避免要点的遗漏。检核表法的分类包括：项目稽核表法、普通稽核表法。

使用检核表法需注意：表中罗列一系列较为具体的问题和注意事项，给人指出一般解决问题的方向；表中罗列一系列具有共性和普遍意义的问题，给人指出创造性解决问题的方向。

（五）列举法

列举法是一种针对某一具体事物的特定内容进行分析并将其本质内容全面地一一罗列出来，以激发创新设想找到发明创新主题的创新技法，从本质上说列举法就是一种分析法。

属性列举法：即特性列举法，也称为分布改变法，适用于老产品的升级换代。其特点是将一种产品的特点列举出来，再针对每项特性提出改良或改变的构想。属性列举法的要点：①若问题分得越小，越容易得出设想；②各种产品或部件均有其属性。

根据可以对其产品的描述进行分类：基本属性、名词属性、形容词属性、动词属性。

例：属性列举法举例（电风扇）

电风扇基本属性：电动机、扇叶、立柱、网罩；基本功能：向外送风

名词属性：整体：台式电风扇、落地式电风扇、吊扇

部件：电机、扇叶、网罩、立柱、底座、控制器

材料：钢、铝合金、铸铁、塑料

形容词属性：外形：圆形网罩、圆形截面立柱、圆形或方形底座

颜色：浅蓝、米黄、象牙白

动词属性：功能：扇风、摇头、升降

使用改进方法：

名词属性：设想 A：扇叶再增加一组

设想 B：扇叶的材料改变

设想 C：控制按钮改进

设想 D：栅页扇

设想 E：做成"衣帽架"式的落地扇

形容词属性：设想 A：装饰扇，外形设计新颖，网罩克服清一色的圆形

设想 B：电风扇的外表涂色多样化

动词属性：设想 A：除尘扇

设想 B：空调扇

设想 C：消毒扇

设想 D：理疗风扇

设想 E：加湿/除湿风扇

设想 F：安全扇

缺点列举法：通过找出现有产品的不足，通过改良达到创新目的的一种方法。

理论基础：改进旧事物主要就是改进旧事物的缺点，列举旧事物的缺点，即可发现存在的问题，找到解决的目标。

缺点列举法的实施步骤：

（1）缺点列举会议法：主管部门针对某项事物，选择需要改进的主题，要求与会者围绕此主题尽量列举各种缺点。

（2）用户调查：通过销售、售后服务、意见卡等渠道广泛征集。

（3）对照比较：从产品、性能、质量等影响较大的方面出发，提出的新设想、新建议或新方法更有实用价值。

（4）提出改进方案。

例：缺点列举法（粉笔）

粉笔的缺点：①沾污手指；②不易擦净；③产生粉尘；④质脆易折；⑤废弃产生浪费；

⑥板书后视觉反差性欠佳；⑦板书时有噪声；⑧颜色单调。

希望点：①不要污染手指；②自动擦净；③不要产生粉尘；④笔杆坚固，长期使用；⑤视觉反差性好；⑥没有噪声；⑦具有色彩；⑧能缩小。

（六）联想法

联想法就是由甲事物想到乙事物的心理过程。具体地说，就是借助想象，把形似的、相连的、相对的、相关的或某一点上有相通之处的事物，选取其沟通点加以联结。利用联想思维进行创造的方法，即为联想法。

类似联想：大脑受到刺激后会自然地想起与这一刺激相类似的动作、经验或事物。

接近联想：大脑想起在时间或空间上与外来刺激相类似的动作、经验或事物。

对比联想：大脑想起与外来刺激完全相反的动作、经验或事物，亦可说是逆反法则在联想中的作用。

（七）整理法

整理法是信息收集后把它们分类，按条目和要素分别写在一张张卡片上，这一过程也称作"信息分割"。经过信息分割后，把这些卡片打乱，再以某种规则重新整理。这种重新整理的过程，称为"结构化"。在结构化完成后，以新标准为基础而确定想法或解决问题的方案便完成了。

整理法运用的过程也是一个信息收集和整理的过程。

（八）KJ 法

KJ 法又称 A 型图解法、亲和图法（affinity diagram），由川喜田二郎（Kawakita Jiro）教授提出，该方法是一种以卡片为基础进行整理、比较、分类和概括要点而进行创造的方法。具体步骤为把搜集的大量素材（信息、数据等）逐一地、言简意赅地记在卡片上，然后把这些卡片以某种基准（关系、特征、性质等）进行调整、编组、结构化，使之产生新观念。

KJ 法实施步骤，如图 5-4 所示。

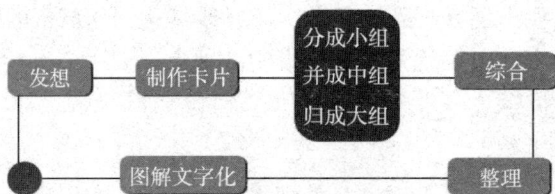

图 5-4　KJ 法实施步骤图

（九）NM 法

NM 是日本著名创造学家中山正和（Nakayama Masakazu）的姓名的罗马字缩写。

NM 法核心要义：把人的记忆分成"点的记忆"和"线的记忆"。由第一信号系统对具体事物形成的条件反射，称为"点的记忆"；由第二信号系统对抽象化的事物而形成的条件反射，称为"线的记忆"。

NM 法实质：把人的大脑左半球看作是优先处理语言的信息系统，而把右半球看作优先处理图形信息的存储系统。所谓"分析"，则是通过大脑左半球处理的语言，引出大脑右半球的图形（或称过去的经验）的过程。

Q（question）：问题本质

QA（question analogy）：问题模拟

QB（question background）：问题背景

QC（question conception）：问题概念

KW（key words）：表示问题本质的关键词

例：洗衣机的 NM 法实例

Q：洗衣机；

QA：通过联想列举出洗衣服的方式：刷洗、槌打、揉搓、冲洗、干洗、水冲。

QB：对推出来的各类洗衣方式的功能背景实施提问，并作可行性分析，如洗衣机的动力装置、控制装置、传动装置、容器装置、外观和保护装置等，提出各自目前状况下的可行性。

QC：经过上述研究，对创造出来的方案进行评价，并对提出来的几种洗衣机方案的图纸和式样做技术经济和社会评价。

KW：洗、清洁、安全、经济、制造简单、使用方便、不损坏衣服。

（十）仿生设计法

该方法以自然界万事万物的"形""色""音""功能""结构"等为研究对象，有选择地在设计过程中应用这些特征原理进行的设计，同时结合仿生学的研究成果，为设计提供新的思想、新的原理、新的方法和新的方法。

仿生设计法可以说是仿生学的延续和发展，是仿生学研究成果在人类生存方式中的反映。仿生设计法作为人类社会生产活动与自然界的契合点，使人类社会与自然达到了高度的统一，正逐渐成为设计发展过程中新的亮点。

第三节　产品开发与产权保护

中共中央、国务院印发的《知识产权强国建设纲要（2021—2035 年）》提出，全面提升知识产权创造、运用、保护、管理和服务水平，充分发挥知识产权制度在社会主义现代化建设中的重要作用。知识产权全链条保护能够系统保护科技创新和文化创意成果，进而推动经济社会高质量发展。

从前文的营销管理中我们已经知道，随着市场竞争越来越激烈，市场竞争的焦点已从价格竞争转向差异化竞争。在市场竞争中，价格竞争主要反映在企业的成本优势上，而企业的差异化竞争主要表现为产品差别化、服务差别化、人事差别化和形象差别化方面。新产品开发是企业通过产品差别化建立竞争优势的基础。

拓展阅读 5-5：我国数据产权保护将承认数据处理者合理收益

一、产品开发的概念与分类

产品开发（product development）就是企业改进老产品或开发新产品，使其具有新的特征或用途，以满足市场的需求的流程。

（一）概念

市场营销学中使用的新产品概念不是从纯技术角度理解的，而是说产品只要在功能或形态上得到改进与原产品产生差异，并为顾客带来新的利益，即视为新产品。

（二）分类

为了便于对新产品进行分析研究，可以从多个角度进行分类。

1. 按新产品创新程序分类

（1）全新新产品。指利用全新的技术和原理生产出来的产品。

（2）改进新产品。指在原有产品的技术和原理的基础上，采用相应的改进技术，使外观、性能有一定进步的新产品。

（3）换代新产品。采用新技术、新结构、新方法或新材料在原有技术基础上有较大突破的新产品。

2. 按新产品所在地的特征分类

（1）地区或企业新产品。指在国内其他地区或企业已经生产但该地区或该企业初次生产和销售的产品。

（2）国内新产品。指在国外已经试制成功但国内尚属首次生产和销售的产品。

（3）国际新产品。指在世界范围内首次研制成功并投入生产和销售的产品。

3. 按新产品的开发方式分类

（1）技术引进新产品。是直接引进市场上已有的成熟技术制造的产品，这样可以避开自身开发能力较弱的难点。

（2）独立开发新产品。指从用户所需要的产品功能出发，探索能够满足功能需求的原理和结构，结合新技术、新材料的研究独立开发制造的产品。

（3）混合开发的产品。指在新产品的开发过程中，既有直接引进的部分，又有独立开发的部分，将二者有机结合在一起而制造出的新产品。

（三）产品开发的方向

企业开发新产品，把有限的人、财、物，有效地分配在急需的开发项目上，使新产品开发取得最佳效果，关键在于准确地确定新产品开发的方向。由于市场竞争日益激烈，消费需求日益多样化和个性化，新产品开发呈现出多能化、系列化、复合化、微型化、智能化、艺术化等发展趋势。

企业在选择新产品开发方向时应考虑以下几点。

（1）考虑产品性质和用途。在进行新产品开发前，应充分考察同类产品和相应的替代产品的技术含量和性能用途，确保所开发产品的先进性或独创性，避免"新"产品自诞生之日起就被市场淘汰。

（2）考虑价格和销售量。系列化产品成本低，可以降价出售增加销售量，但是系列化产品单调，也可能影响销售量。因此，对系列化、多样化产品及价格、销售之间的关系，要经过调查研究后再加以确定。

（3）充分考虑消费者需求变化速度和变化方向。随着人们物质生活水平的提高，消费者的需求呈多样化趋势，并且变化速度很快。而开发一样新产品需要一定的时间，这个时间一定要比消费者需求变动的时间短，才能有市场，才能获得经济效益。

（4）企业产品创新满足市场需求的能力。曾经代表中国通信行业旗帜的巨龙、大唐、中兴、华为四家企业，面对的市场机会差不多，起步差不多，但经过三四年时间，华为、中兴已远走在了前面，巨龙、大唐则几乎退出了通信市场。而决定四家企业差距的最关键因素就是各自推向市场的产品所包含的产品和技术创新的能力。

（5）企业技术力量储备和产品开发团队建设。

（四）基本方式

企业开发新产品，选择合适的方式很重要。选择得当、适合企业实际情况的，就能少承担风险，易获成功。一般有独创方式、引进方式、改进方式和结合方式四种。

（1）独创方式。从长远考虑，企业开发新产品最根本的途径是自行设计、自行研制，即独创方式。采用这种方式开发新产品，有利于产品更新换代及形成企业的技术优势，也有利于产品竞争。自行研制、开发产品需要企业建立一支实力雄厚的研发队伍、一个深厚的技术平台和一个科学、高效率的产品开发流程。

（2）引进方式。技术引进是开发新产品的一种常用方式。企业采用这种方式可以很快地掌握新产品制造技术，减少研制的经费和投入的力量，从而赢得时间，缩小与其他企业的差距。但引进技术不利于形成企业的技术优势和企业产品的更新换代。

（3）改进方式。这种方式是以企业的现有产品为基础，根据用户的需要，采取改变性能、变换型式或扩大用途等措施来开发新产品。采用这种方式可以依靠企业现有设备和技术的力量，开发费用低，成功把握大。但是，长期采用改进方式开发新产品，会影响企业的发展速度。

（4）结合方式。结合方式是独创与引进相结合方式。

（五）新产品开发的意义

（1）新产品开发可以成为竞争优势的源泉；

（2）新产品开发可以加强战略优势；

（3）新产品开发能够增强企业形象；

（4）新产品开发有利于保持企业研究开发能力；

（5）新产品开发可以充分利用生产和经营资源；

（6）新产品开发可以提高品牌权益；

（7）新产品开发可以影响人力资源。

（六）新产品开发的策略

新产品的开发是企业产品策略的重要组成部分。新产品开发的主要策略有以下几方面。

1. 领先策略

这种策略就是在激烈的产品竞争中采用新原理、新技术、新结构优先开发出全新产品，从而先入为主，领略市场上的无限风光。这类产品的开发多从属于发明创造范围，采用这种策略，投资数额大，科学研究工作量大，新产品实验时间长。

2. 超越自我策略

这种策略的着眼点不在于眼前利益而在于长远利益。这种暂时放弃一部分眼前利益，最终以更新、更优的产品去获取更大利润的经营策略，要求企业有长远的"利润观"理念，要注意培育潜在市场，培养超越自我的气魄和勇气，不仅如此，更需要有强大的技术作后盾。

3. 紧跟策略

采用这类策略的企业往往针对市场上已有的产品进行仿造或进行局部的改进和创新，其基本原理和结构与已有产品相似。这种企业跟随既定技术的先驱者，以求用较少的投资得到成熟的定型技术，然后利用其特有的市场或价格方面的优势，在竞争中对早期开发者的商业地位进行侵蚀。

4. 补缺策略

每一个企业都不可能完全满足市场的任何需求，所以在市场上总存在着未被满足的需求，这就为企业留下了一定的发展空间。这就要求企业详细地分析市场上现有产品及消费者的需求，从中发现尚未被占领的市场。

（七）产品开发的程序

新产品开发是一项极其复杂的工作，从根据用户需要提出设想到正式生产产品投放市场为止，其中经历许多阶段，涉及面广、科学性强、持续时间长，因此必须按照一定的程序开展工作，这些程序之间互相促进、互相制约，才能使产品开发工作协调、顺利地进行下去。产品开发的程序指从提出产品构思到正式投入生产的整个过程。由于行业的差别和产品生产技术的特点不同，特别是选择产品开发方式的不同，新产品开发所经历的阶段和具体内容并不完全一样。现以加工装配性质企业的自行研制产品开发方式为对象，来说明新产品开发需要经历的各个阶段。

1. 调查研究阶段

发展新产品的目的是满足社会和用户需要。用户的要求是新产品开发选择决策的主要依据，因此必须认真做好调查计划工作。这个阶段主要是提出新产品构思及新产品的原理、结构、功能、材料和工艺方面的开发设想和总体方案。

2. 构思创意阶段

新产品开发是一种创新活动，产品创意是开发新产品的关键。在这一阶段中，要根据社会调查掌握的市场需求情况及企业本身条件，充分考虑用户的使用要求和竞争对手的动向，有针对性地提出开发新产品的设想和构思。产品创意对新产品能否开发成功有至关重要的意义和作用。企业新产品开发构思创意主要来自 3 个方面：①来自用户。在企业着手开发新产品时，首先要通过各种渠道掌握用户的需求，了解用户在使用老产品过程中有哪些改进意见和新的需求变化，并在此基础上形成新产品开发创意。②来自该企业职工。特别是销售人员和技术服务人员，经常接触用户，用户对老产品的改进意见与需求变化他们都比较清楚。③来自专业科研人员。科研人员具有比较丰富的专业理论和技术知识，要鼓励他们发扬这方面的专长，为企业提供新产品开发的创意。此外，企业还通过情报部门、工商管理部门、外贸等渠道来征集新产品开发创意。

新产品创意包括 3 个方面的内容：产品构思、构思筛选和产品概念的形成。

（1）产品构思。产品构思是在市场调查和技术分析的基础上，提出新产品的构想或有关产品改良的建议。

（2）构思筛选。并非所有的产品构思都能发展成为新产品。有的产品构思可能很好，但与企业的发展目标不符合，也缺乏相应的资源条件；有的产品构思可能本身就不切实际，缺乏开发的可能性。因此，企业必须对产品构思进行筛选。

（3）产品概念的形成。经过筛选后的构思仅仅是设计人员或管理者头脑中的概念，离产品还有相当大的一段距离，还需要形成能够为消费者接受的、具体的产品概念。产品概念的形成过程实际上就是构思创意与消费者需求相结合的过程。

3. 设计阶段

产品设计是指从确定产品设计任务书起到确定产品结构为止的一系列技术工作的准备和管理，是产品开发的重要环节，是产品生产过程的开始，必须严格遵循"三段设计"程序。

（1）初步设计阶段。一般是为下一步技术设计做准备。这一阶段的主要工作就是编制设计任务书，让上级对设计任务书提出关于产品合理设计方案的改进性和推荐性意见，经上级批准后，作为新产品技术设计的依据。它的主要任务在于确定产品最佳总体设计方案、设计依据、产品用途及使用范围、基本参数及主要技术性能指标、产品工作原理及系统标准化综合要求、关键技术解决办法及关键元器件，特殊材料资源分析、对新产品设计方案进行分析比较，运用价值工程，研究确定产品的合理性能（包括消除剩余功能）及通过不同结构原理和系统的比较分析等，从中选出最佳方案。

（2）技术设计阶段。技术设计阶段是新产品的定型阶段。它是在初步设计的基础上完成设计过程中必需的试验研究（新原理结构、材料元件工艺的功能或模具试验），并写出试验研究大纲和研究试验报告；作出产品设计计算书；画出产品总体尺寸图、产品主要零部件图，并校准；运用价值工程，对产品中造价高的、结构复杂的、体积笨重的、数量多的主要零部件的结构、材质精度等选择方案进行成本与功能关系的分析，并编制技术经济分析报告；绘出各种系统原理图；提出特殊元件、外购件、材料清单；对技术任务书的某些内容进行审查和修正；对产品进行可靠性、可维修性分析。

（3）工作图设计阶段。工作图设计的目的，是在技术设计的基础上完成供试制（生产）及随机出厂用的全部工作图样和设计文件。设计者必须严格遵守有关标准规程和指导性文件的规定，设计绘制各项产品工作图。

4. 试制与评价鉴定阶段

新产品试制阶段又分为样品试制阶段和小批试制阶段。

（1）样品试制阶段。它的目的是考核产品设计质量，考验产品结构、性能及主要工艺，验证和修正设计图纸，使产品设计基本定型，同时也要验证产品结构工艺性，审查主要工艺上存在的问题。

（2）小批试制阶段。这一阶段的工作重点在于工艺准备，主要目的是考验产品的工艺，验证它在正常生产条件下（即在生产车间条件下）能否保证所规定的技术条件、质量和良好的经济效果。

试制后，必须进行鉴定，对新产品从技术上、经济上作出全面评价。然后才能得出全面定型结论，投入正式生产。

5. 生产技术准备阶段

在这个阶段，应完成全部工作图的设计，确定各种零部件的技术要求。

6. 正式生产和销售阶段

在这个阶段，企业不仅需要做好生产计划、劳动组织、物资供应、设备管理等一系列工作，还要考虑如何把新产品引入市场，研究产品的促销宣传方式、价格策略、销售渠道和提供服务等方面的问题。新产品的市场开发既是新产品开发过程的终点，又是下一代新产品再开发的起点。通过市场开发，可确切地了解开发的产品是否适应需要及适应的程度，分析与产品开发有关的市场情报，为开发产品决策、改进下一批（代）产品、提高开发研制水平提供依据，同时还可取得有关潜在市场大小的数据资料。

（八）产品开发的实施要点

（1）做好深入细致的市场调研。任何企业要开发出适销对路的新产品，都离不开深入细致的市场调研。市场调研包括直接调研和间接调研两种形式。直接调研主要是根据市场（消费者）的需求，了解市场上竞争对手产品的品质、包装、性能、价位，充分收集有求新求异观念的消费者的资料，分析这些消费者对新产品的市场反应，包括已有产品在市场销售上存在的优、劣势和消费者潜在的市场需求。间接调研主要是将市场业务员和经销商反馈的新产品信息，进行汇总、整理后得出的结果，包括产品销量、市场占有率和消费者的反应。产品开发人员根据调研的结果，在广泛征求市场销售人员、经销商和消费者意见的基础上，进行产品设计、局部投放，在投放过程中要了解市场对新产品的反应。新产品设计要走开发—调整—试销—改进—批量生产的路子，因为一步到位的最大缺陷就是不能到位。急于求成或闭门造车开发新产品，不考虑企业品牌发展的整体规划，不仅会增加新产品研发的风险，也会影响新产品的市场投放。

（2）组建灵活的开发组织。产品开发是一项复杂而细致的工作，产品创新的特点决定了新产品开发组织与一般管理组织相比有其突出的特点，新产品开发组织应具有高度的灵活性、简单的人际关系、高效的信息传递系统、较高的决策权力等特点，需要供应、生产、技术、财务、销售等各个部门之间的紧密配合，形成一个相互协作的团队。总的原则是使新产品开发能快速、高效地进行。新产品开发组织的特征使新产品开发组织的形式多种多样。一般常见的新产品开发组织有：新产品委员会、新产品部、产品经理、新产品经理、项目团队、项目小组等。

（3）做好新产品市场投放方案。新产品设计完之后，企业不能进行盲目的产品市场投放，而是需要和营销策划人员、市场业务人员一起，重点研究新产品投放市场之前的策划方案，其内容包括：如何将新产品投放到目标市场，如何进行新产品的铺货，如何消除消费者的顾虑使其尝试新产品，最终使新产品上市做到一举成功。

（九）产品开发的特征

成功开发的新产品应具有以下特征。

（1）微型化、轻便化、在保障质量的前提下使产品的体积变小、重量变轻，便于移动。

（2）多功能化，使新产品具有多种用途，既方便购买者的使用，又能提高购买者的购买兴趣。

（3）时代感强，新产品能体现时代精神，引发新的需求，形成新的市场。

（4）简易化，尽量在结构和使用方法上使使用者方便维修。

（5）利于保护环境，新产品属于节能型产品，或对原材料的消耗很低，对"三废""三害"的消除有效。

（6）适应性强，新产品必须适应人们的消费习惯和人们对产品的观念。

（7）相对优点突出，新产品相对于市场原有的产品来说具有独特的长处，如性能好、质量高、使用方便、携带容易或价格低廉等。

（8）人体工程化，对生活消费品要更多考虑到这一点。

（十）产品开发的成功措施

新产品开发的风险是很大的，高层经理可能会对市场调研已做出了否定的报告不管不顾，强力推行他钟爱的产品构思。构思可能是好的，但是对市场规模估计过高，实际产品可能并没有达到设计要求，产品在市场上定位可能错误，没有开展有效的广告活动，或对产品定价过高，也可能产品的开发成本高于预计成本，或者竞争对手的激烈反击强于事先估计。

企业在开发新产品时一定要做到以下几个方面。

首先，必须进行细致、周密的市场调查，考察清楚市场对新产品的需求，使该产品上市时能够被投入事先界定好的目标市场。

其次，开发时需要有安全、可靠的组织保证。企业可以把新产品开发工作交给它们的产业经理，或者直接设立一个新产品开发部，专门负责有关新产品开发的各项事宜，再通过设立一个管理委员会监督、审核新产品的开发。

（十一）缩短产品开发的周期

不断开发新产品是形成竞争优势的一个主要因素。如何缩短新产品开发周期，是成功推出新产品的关键。

1. 有效的领导

在日本企业中，开发新产品小组的负责人，具有很大的权力，他是领导者，而不是一般协调人。小组负责人的位置是一个受人羡慕的职位，容易得到进一步提升。相反，在美国企业，小组负责人没有实权，他的工作只是协调。他要说服来自不同职能部门的小组成员共同工作，这使得他在一个个问题面前束手无策。

2. 通力合作

在日本企业，为了开发新产品，由项目负责人组织一个小组，小组一直工作到新产品开发完成。小组成员来自不同的职能部门，包括市场评估、生产计划、设计、工艺、生产管道各部门的人员。尽管小组成员保持与各自的职能部门的联系，但他们的工作完全在项目负责人的控制之下，工作业绩同样是由项目负责人考核，项目负责人还可决定小组成员今后能否继续参加新项目的工作。

3. 相互沟通

西方企业在开发新产品时总是到最后才决定一些重大的决策问题。因为小组成员回避矛盾，加上工作是从一个部门到另一个部门序贯地进行，使成员之间沟通非常困难。相反，实行精益生产的日本企业，从一开始就将所有小组成员召集到一起，发誓要对项目负责。大家互相沟通，将一些重大问题在一开始就定下来。虽然随着项目的进行，某些部门（如市场评估和产品计划）的人不必继续参加小组活动，但由于重大问题一开始就决定了，项目也能较顺利地进行。

4. 同步开发

将各部门人员放到一起可使许多行动同步地进行，从而大大缩短开发周期。在开发新产品过程中，模具设计和模具加工周期很长，为了加快开发速度，可使模具毛坯的准备与设计同时进行。由于模具设计者与新产品设计者共同工作，模具设计者一开始就从新产品设计者那里得到新设计产品的大致尺寸和零件的种类。所以，可以提前订购模具的毛坯。当设计最终完成时，毛坯就能准备好。在大量生产方式下，一般是序贯地进行各项工作，模具制造周期需要两年。而按同步开发方式，模具制造周期仅为一年，时间缩短了一半。

（十二）产品开发的注意问题

1. 以功能为中心制订产品开发计划

新产品开发是围绕实现一定的功能开展的，在进行市场研究清楚用户的确切需求后，就可以分析企业产品所提供的实际功能和用户的客观需求之间的差距，得到哪些功能尚属空白、哪些功能尚未很好提供等有益信息。显然，在对企业的研究与开发力量及生产运作条件进行分析后，就能制订出克服上述某种不足的产品开发计划，它的工作内容也就沿着功能这条主线开展。

2. 最大限度地降低产品总成本

产品具有竞争优势的一个重要前提是产品的总成本低。在传统观念中，企业仅仅考虑制造成本而忽视使用成本，并且认为制造成本是由生产运作过程所决定，这是一种片面的观点。实际上，产品成本责任的绝大部分（在研究报告提出超过 80%）取决于设计开发和生产运作部门，而制造部门的成本责任的绝大部分是由设计阶段所决定的。因此，应将降低产品总成本的宗旨努力贯穿于新产品开发的整个过程中，并协调统一好制造成本和使用成本的关系。例如，进行产品设计时，应在满足用户对功能需求的前提下，产品的结构尽量简单化，便于制造和检修，从而降低产品的制造成本和使用成本；进行生产运作系统设计时，也应在产品设计已决定了的产品制造成本的大致范围内，通过采用与企业实际条件相符的先进适用技术和最优工艺方案，最大限度地降低产品制造成本。

3. 形成新产品开发的良性循环

所谓良性循环是指产品能正常地更新换代。为此，企业必须高度重视新产品的开发工作，并制订完善的新产品开发工作规划，力争做到在生产运作第一代产品的同时，就积极开发第二代，研究第三代，构思设想第四代，以确保有连续不断的新产品投放市场，使企业在整个生产经营过程中保持旺盛的生命力，谋求不断地发展。

4. 开展创造性思维

不管是更新换代新产品的开发，还是老产品的小改革，都要以创造性的设想为基础。新产品的开发源于有创造性的设想。因此，应借助检核表法、缺点列举法等有效的创造技法来挖掘潜在的创造力，以获取有价值的产品构思创意。指导人们进行发展的、全方位立体思考。

二、知识产权保护

（一）知识产权的定义

知识产权，一般是指人类智力劳动产生的智力劳动成果所有权。它是依照各国法律赋予符合条件的著作者、发明者或成果拥有者在一定期限内享有的独占权利，一般认为它包括版权（著作权）和工业产权。版权（著作权）是指创作文学、艺术和科学作品的作者及其他著作权人依法对其作品所享有的人身权利和财产权利的总称；工业产权则是指包括发明专利、实用新型专利、外观设计专利、商标、服务标记、厂商名称、货源名称或原产地名称等在内的权利人享有的独占性权利。自 2008 年《国家知识产权战略纲要的通知》颁布之后，我国陆续出台了《中华人民共和国商标法》《中华人民共和国专利法》《中华人民共和国技术合同法》《中华人民共和国著作权法》《中华人民共和国反不正当竞争法》等法律法规文件。

知识产权保护，从宏观层面上讲国家已经在法律制度层面为企业知识产权权益的保护提供了较强的法律依据，为企业在制定知识产权保护制度及具体实施方法指明了方向，但是还缺乏侵权案件的单独法律法规详细文件。为保护企业商业机密，建议制定《企业商业机密保护法》《知识产权法》等文件，详细制定企业与企业之间，企业与员工之间的商业机密文件的保护和侵权条例。2018 年 11 月 9 日，在首届中国国际进口博览会开幕式上，中国宣布，坚决依法惩处侵犯外商合法权益特别是侵犯知识产权行为，提高知识产权审查质量和审查效率，引入惩罚性赔偿制度，显著提高违法成本。

（二）知识产权的主要类型

1. 专利权

专利权，是指国家根据发明人或设计人的申请，以向社会公开发明创造的内容，以及发明创造对社会具有符合法律规定的利益为前提，根据法定程序在一定期限内授予发明人或设计人的一种排他性权利。

专利权属于知识产权的一种，因此也具有知识产权的特征，即时间性、地域性、无体性、专有性。时间性，指专利权人对所拥有的专有权只在法定的时间内有效，期限届满后，专利权人对该发明创造就不再享有专有权，原来受法律保护的发明创造成了任何单位或个人都可以无偿使用的社会公共财富。地域性，指专利权一般只在授予其权利的国家范围内有效，在其他国家原则上不获得承认和保护。无体性，又称非物质性，指专利权的客体是智力成果，智力成果不具有物质形态，在客观上无法被人们实际占有。专有性，指除专利法另有规定外，任何单位或个人未经专利权人许可都不得实施其专利，专有性也称"独占性"或"垄断性"。

2. 商标权

商标权是民事主体享有的在特定的商品或服务上以区分来源为目的排他性使用特定标志的权利。商标权的取得方式包括通过使用取得商标权和通过注册获得商标权两种方式。通过注册获得商标权又称为注册商标专用权。在我国，商标注册是获得商标权的基本途径。《商标法》第3条规定："经商标局核准注册的商标为注册商标，商标注册人享有商标专用权，受法律保护。"

3. 反不正当竞争权

不正当竞争是违反公认商业道德的竞争行为，与不法限制竞争或垄断行为合称不公平竞争行为。不正当竞争属于过度的、扰乱秩序的竞争，我国和德国、日本等大陆法系国家专门制定了《反不正当竞争法》，同时针对限制、排除竞争的垄断行为制定《反垄断法》或《反限制竞争法》。

第四节　产品营销策略与方法

习近平总书记在参加十四届全国人大一次会议江苏代表团审议时强调，必须以满足人民日益增长的美好生活需要为出发点和落脚点，把发展成果不断转化为生活品质，不断增强人民群众的获得感、幸福感、安全感。这一重要论述深刻揭示了推动高质量发展的价值追求，为我们坚持在发展中保障和改善民生指明努力方向。产品的营销策略必须坚持推动人民生活全方位改善，进一步把以人民为中心的发展思想落到实处。

通过市场变潜在交换为实现交换的一系列活动和过程，为整体市场提供一个合理的消费环境。

一、产品营销策略

导入期是新产品首次正式上市的最初销售时期，只有少数创新者和早期采用者购买产品，销售量小，促销费用和制造成本都很高，竞争也不太激烈。这一阶段企业营销策略的指导思想是，把销售力量直接投向最有可能的购买者，即新产品的创新者和早期采用者，让这两类具有领袖作用的消费者加快新产品的扩散速度，缩短导入期的时间。具体可选择的营销策略有：快速撇取策略，即高价高强度促销；缓慢撇取策略，即高价低强度促销；快速渗透策略，即低价高强度促销；缓慢渗透策略，即低价低强度促销。成长期的产品，其性能基本稳定，大部分消费者对产品已熟悉，销售量快速增长，竞争者不断进入，市场竞争加剧。企业为维持其市场增长率，可采取以下策略：改进和完善产品；寻求新的细分市场；改变广告宣传的重点；适时降价等。成熟期的营销策略应该是主动出击，以便尽量延长产品的成熟期，具体策略有：市场改良，即通过开发产品的新用途和寻找新用户来扩大产品的销售量；产品改良，即通过提高产品的质量，增加产品的使用功能、改进产品的款式、包装，提供新的服务等来吸引消费者。衰退期的产品，企业可选择以下几种营销策略：维持策略；转移策略；收缩策略；放弃策略。

（一）产品策略

产品策略是市场营销 4P 组合的核心，是价格策略、分销策略和促销策略的基础。从社会经济发展看，产品的交换是社会分工的必要前提，企业生产与社会需要的统一是通过产品来实现的，企业与市场的关系也主要是通过产品或服务来联系的，就企业内部而言，产品是企业生产活动的中心。因此，产品策略是企业市场营销活动的支柱和基石。

（二）营销策略目的

（1）推销是一对一的，营销是一对多的；

（2）推销就是把产品卖好，营销是让产品好卖。

目的：顾客不买的时候会记得你，要买的时候想起你。一句话就是："建立起客户对你的产品认识。"让顾客熟悉你，这就是为什么这么多的广告在拼命地播、拼命地砸钱。也许有人会问砸钱也没有人买呀，其实不是，这是一种建立客户认识的过程，让产品变得好卖的一个过程。

营销理论上主要有 4 种营销竞争策略。

（1）直接与竞争对手竞争；这种策略主要适用于具备较强的竞争实力的企业，行业中企业实力相当或企业实力上略占优势的情况，对于企业的要求当然也很高；

（2）使竞争对手难以反击；即采用一些措施、手段使竞争对手还来不及做出反应就处于失败或被动、劣势的地位，对于企业的策略、创新性、技术性等要求都很高，现实中可行性也有待考虑；

（3）不战而胜的竞争策略；主要是采用一些迫使对方投降、让步的策略方式，采取一些竞争手段，逼迫对方退出该领域或行业的方式，要根据行业特点和具体情况而定；

（4）与竞争对手合作的策略。这种方式比较可行，对于实力相当而求得共同发展的企业来说都是一剂良药，既可以求得双赢，又能增进合作，实现企业盈利。

二、产品组合

（一）产品组合的概念

产品组合是一个企业提供给市场的所有产品线和产品项目。产品线，是许多产品项目的集合，这些产品项目之所以组成一条产品线，是因为这些产品项目具有功能相似、用户相同、分销渠道同一、消费上连带等特点。产品项目，即产品大类中各种不同品种、规格、质量的特定产品，企业产品目录中列出的每一个具体的品种就是一个产品项目。

产品组合包括 4 个因素，即产品系列的宽度、深度、长度和关联度。宽度是企业生产经营的产品线的多少。例如，宝洁公司生产清洁剂、牙膏、肥皂、纸尿布及纸巾，有 5 条产品线，表明产品组合的宽度为 5。长度是企业所有产品线中产品项目的总和。深度是指产品线中每一产品有多少品种。例如，宝洁公司的牙膏产品线下的产品项目有 3 种，佳洁士牙膏是其中 1 种，而佳洁士牙膏有 3 种规格和 2 种配方，那么佳洁士牙膏的深度是 6。产品的关联度是各产品线在最终用途、生产条件、分销渠道和其他方面相互关联的程度。产品组合的 4 个维度为企业制定产品战略提供了依据。

（二）产品组合优化

企业进行产品组合的基本方法是产品组合的 4 个维度，即增减产品线的宽度、长度、深度或产品线的关联度。而要使得企业产品组合达到最佳状态，即各种产品项目之间质的组合和量的比例既能适应市场需要，又能使企业盈利最大，须依据一定的评价方法进行选择。评价和选择最佳产品组合并非易事，评价的标准有许多选择。这里主要从市场营销的角度出发，按产品销售增长率、利润率、市场占有率等几个主要指标进行分析。常用的方法有 ABC 分析法、波士顿咨询集团法、通用电器公司法、产品获利能力评价法及临界收益评价法。

三、品牌策略

（一）品牌概述

品牌是一种名称、术语、标记、符号或设计，或是它们的组合运用，其目的是既能辨认某个销售者或某群销售者的产品或服务，又能使之同竞争对手的产品或服务区别开来。菲利普·科特勒将品牌所表达的意义分为 6 层：属性、利益、价值、文化、个性、使用者。消费者感兴趣的是品牌的利益而不是属性，一个品牌最持久的含义是它的价值、文化和个性，它们确定了品牌的基础。品牌是企业的一种无形资产，对企业有重要意义：有助于企业将自己的产品与竞争者的产品区分开来，有助于产品的销售和占领市场，有助于培养消费者对品牌的忠诚，有助于开发新产品，节约新产品投入市场的成本。

（二）品牌策略决策

第一，产品是否使用品牌，这是品牌决策要回答的首要问题。品牌对企业有很多好处，但建立品牌的成本和责任不容忽视，故而不是所有的产品都要使用品牌。例如，市场上很难区分的原料产品、地产、地销的小商品或消费者不是凭产品品牌决定购买的产品，可不使用品牌。第二，如果企业决定使用品牌，则面临着使用自己的品牌还是别人品牌的决策，如使用特许品牌或中间商品牌。对于实力雄厚、生产技术和经营管理水平俱佳的企业来说，一般都使用自己的品牌。使用其他企业的品牌的优点和缺点都很突出，要结合企业的发展战略来决策。第三，使用一个品牌还是多个品牌。对于不同产品线或同一产品线下的不同产品品牌的选择，有 4 种策略：个别品牌策略，即企业在不同的产品线上使用不同的品牌；单一品牌策略，企业所有的产品采用同一品牌；同类统一品牌策略，即对同一产品线的产品采用同一品牌，不同的产品线采用不同品牌；企业名称与个别品牌并行制策略，在不同的产品上使用不同的品牌，但需要在每一品牌之前冠以企业的名称。

（三）品牌延伸策略

品牌延伸是企业将某一有影响力的品牌使用到与原来产品不同的产品上。品牌延伸既可大大降低广告宣传等促销费用，又可使新产品更容易被消费者接受，这一策略运用得当，有助于企业的发展。但品牌延伸的风险较大，如美国 IBM、邦迪等都在品牌延伸中经历过失败的教训。而且，品牌延伸不当还会影响原品牌的形象。

（四）品牌定位

品牌定位，指建立一个与目标市场有关的品牌形象的过程与结果。我们知道，一个企业不论它的规模有多大，它所拥有的资源相对于消费需求的多样性和可变性总是有限的，因此它不可能去满足市场上的所有需求，它必须针对某些自己拥有竞争优势的目标市场进行营销。品牌定位就是要在选定的目标市场上找到自己的位置，并在消费者的心里占据一个特定位置。所以，有人说"定位不在产品本身，而在消费者心底"。

品牌定位和产品定位同样基于鲜明的竞争导向，但两者之间也有不同之处。产品定位基于产品实体的差异性，而品牌包含产品，又不等同于产品，品牌在产品之上附加了联想、价值。因此，品牌定位更多地偏向传播的角度。品牌定位的核心是 STP，即细分市场（segmenting）、选择目标市场（targeting）和具体定位（positioning）。它们的关系如图 5-5 所示。

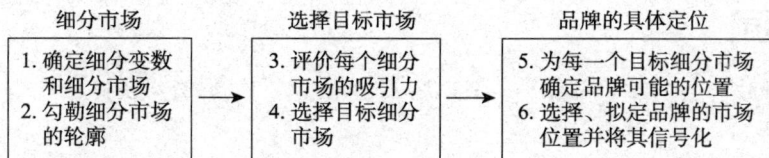

图 5-5　STP 图示

品牌定位中细分市场的过程一般包括 3 个阶段，即调查阶段、分析阶段和细分阶段。

（1）调查阶段。产品经理需要了解消费者的动机、态度和行为。可以采用各种调查工具向消费者搜集以下方面的资料：品牌知名度和品牌等级；产品属性及其重要性的等级；消费者对该品牌产品的使用方式；对该产品所属类别的态度；人口变动、心理变动及对宣传媒体的态度或习惯，等等。

拓展阅读 5-6：互联网营销师：拓宽产品销路的带货人

（2）分析阶段。用因子分析法分析资料，剔除相关性很大的变数。然后再用集群分析法划分出一些差异较大的细分市场，使得每个集群内部都同质，但集群之间差异明显。

（3）细分阶段。根据消费者的不同态度、行为、心理状况和一般消费习惯划分出每个集群，然后根据几个主要的特征给每个细分市场命名。由于细分市场是不断变化的，所以市场划分的程序必须定期反复进行。一个新品牌成功地打入被占领的市场最常见的方法就是用新的方法细分市场。对不同的细分市场进行评估，产品经理就会发现一个或几个值得进入或有能力进入的细分市场，下一步就要决定进入的模式。通常情况下，有 5 种进入模式可供产品经理选择。①密集单一市场：选择一个细分市场集中营销。②有选择的专门化：选择若干个细分市场，其中每个细分市场都具有吸引力，并且符合企业的经营目标和资源状况。各细分市场之间很少或者根本没有关系，但在每个细分市场上企业都可能获利。这种策略可以分散企业的经营风险。③产品专门化：集中生产一种产品，并向各类顾客销售这种产品。企业通过这种策略，在某个产品方面树立起很高的声誉。④市场专门化：指企业专门为满足某个顾客群体的各种需要而服务的。⑤完全市场覆盖：指企业想用各种品牌（产品）满足各种顾客群体的需要。但只有少数大型企业才有财力采用这种策略。

本章小结

本章首先对产品创新开发与营销现状进行讲解，包括其内涵、现存问题及建议等。其次，介绍了国内外产品创新开发与营销发展历程，并进行了发展经验总结。再次，对现有针对产品创新开发与营销支持政策架构进行了梳理与解读。最后，讲述了产品创新开发与营销思路引导开拓市场和谋求发展的总体战略。

通过本章的学习，希望大家对产品创新开发与营销的内涵和发展前景有一个全新的认识，为大家今后的产品创新开发思维与营销技巧指明方向。

关键词

主流设计法	头脑风暴法	KJ 法	NM 法	知识产权保护
品牌延伸	品牌定位			

即测即练

自学自测　　扫描此码

问题思考

1. 产品创新开发的基本方法有哪些？

2. 产品创新开发后进入量产阶段，创业者应如何利用营销手段帮助提高创新成果转化的效率？

实训专题

你知道创造一个新产品或服务需要通过哪些流程和步骤？请为自己设计的新产品或服务提供一份营销策划。

参考文献

[1] 刘洋，董久钰，魏江. 数字创新管理：理论框架与未来研究[J]. 管理世界，2020，36(7)：198-217+219. DOI:10.19744/j.cnki.11-1235/f.2020.0111.

[2] 陈晓红，邓全林，关健. 效果推理逻辑对新创科技企业创新的影响研究[J]. 科研管理，2022，43(12)：69-78. DOI:10.19571/j.cnki.1000-2995.2022.12.007.

[3] 戚聿东，肖旭. 数字经济时代的企业管理变革[J]. 管理世界，2020，36(6)：135-152+250. DOI:10.19744/j.cnki.11-1235/f.2020.0091.

[4] 戚聿东，杜博，温馨. 国有企业数字化战略变革：使命嵌入与模式选择——基于3家中央企业数字化典型实践的案例研究[J]. 管理世界，2021，37(11)：137-158+10. DOI:10.19744/j.cnki.11-1235/f.2021.0176.

第六章

商业模式创新

学习目标

1. 理解商业模式创新的内涵；
2. 了解商业模式创新现状；
3. 了解商业模式创新的方法；
4. 理解商业模式创新与企业发展创业的关系。

引导案例

中国向全球注入新动力

"每一次到中国，都会更坚定在华投资的信心。""高质量发展的愿景让我们看到更多的市场机遇。"在 2018 年 3 月 24 日、25 日国务院发展研究中心举办的 2018 中国发展高层论坛上，"新时代蕴藏新机遇"，成为众多跨国企业总裁及海内外学者的核心话题。

1. 世界目睹中国实力

2017 年，中国经济表现超过预期，不仅经济增速在连续 6 年下降后首次小幅回升，呈现出趋稳的态势，而且在经济结构优化、企业效益提升、民生福祉改善等方面也都表现突出。高质量发展的主旋律、开局向好的成绩单，使今年中国的声音更加响亮。

绿色理念助推中国经济转型升级，也带给企业更多市场机遇。"每一次到中国，都会更加坚定在华投资的信心。"荷兰皇家壳牌公司首席执行官范伯登坦言，"中国宏观政策的稳定性给企业吃了定心丸，特别是习近平总书记在十九大报告中对中国转向高质量发展的阐述，与壳牌对改善能源管理的追求是一致的，我们相信中国市场会更好，我们在华业务也会发展得更好"。

创新战略为中国商业模式的创新和市场空间的开拓，发挥了重大的作用，不仅创造出新的增长点，还改变了中国制造的国际形象。苹果公司首席执行官蒂姆·库克说："多年前，规模生产的卓越能力吸引苹果来到中国。而现在，中国不仅以高质量制造著称，更有前所未有地引领创新。随着中国大力发展先进制造业和'中国制造2025'战略的实施，全世界正目睹中国的创业和研发实力。中国不再只是简单的制造，更承载着梦想。"

2. 改革开放提供信心

对诺华集团首席执行官万思瀚而言，中国的改

革力度与创新速度一样，令人印象深刻。"中国'放管服'改革的力度令人欣喜，特别是在缩短新药审批时间上，让我们看到了中国政府用创新来推动发展的决心与实干。"

"随着改革开放全面深化，中国为全世界在动荡中摆脱平庸、探索出路提供了信心，并且也将在未来几十年，甚至几百年，为构建全球治理体系做出重要的思想贡献。"剑桥大学教授彼得·诺兰说。

"改革开放是过去40年中国经济高速增长的动力之源，也必将是经济转向高质量发展的成功之路。2018年是中国改革开放40周年，可以预计中国必将加大改革开放力度，为推动经济转向高质量发展创造条件，也将在这个过程中与世界实现互助共赢。"2018年，国务院发展研究中心副主任王一鸣说。

3. 未来机遇与挑战并存

迈入新时代，开启新征程，如何直面挑战，抢抓机遇？

从高速度转向高质量，公平的市场环境是依托。"中国已经跻身于创新有活力的经济体。让社会更加具有包容性、更加平等，对中国实现更高质量的工业转型及创新增长意义重大。"亚洲开发银行行长中尾武彦表示，"让市场发挥资源配置的决定性作用，对于效率、创新与可持续增长是非常重要的一个依托。我相信中国政府的政策和战略能够为高质量的发展奠定基础"。

从高速度转向高质量，开放的发展理念是基石。"商业界一直主张市场开放的理念。只有开放，创新创业精神才能够茁壮成长。最强大的公司和经济体都是开放的，人们和思想的多样性使得他们更加繁荣。"蒂姆·库克说。

从高速度转向高质量，"指挥棒"要及时调整。"经济发展的目的，是要不断提高人民福祉、社会的可持续发展水平。国内生产总值（简称GDP）只是手段，并不是独立因素。"诺贝尔经济学奖获得者、美国哥伦比亚大学教授约瑟夫·斯蒂格利茨认为，经济绩效的衡量标准应考虑到经济发展质量，如环境保护。要衡量中国今后的增长，不要只看GDP，更要通过新手段，要有一系列全套的矩阵式的衡量体系。

资料来源：http://www.gov.cn/xinwen/2018-03/26/content_5277381.htm

引导问题：

1. 案例中的中国向全球注入哪些新动力？
2. 中国未来商业模式的机遇和挑战有哪些？

第一节　商业模式概述

党的二十大报告站在民族复兴和百年变局的制高点上，从战略全局上对党和国家的事业作出规划和部署，科学谋划未来5年乃至更长时期党和国家事业发展的目标任务和大政方针，提出一系列新思路、新战略、新举措，擘画出全面建成社会主义现代化强国的宏伟蓝图。报告中还就促进民营经济发展壮大作出许多新的重大论述，为民营经济实现高质量发展指明了方向，标志着我国民营经济将迎来新的历史机遇和进入一个新的发展阶段。

党的二十大报告强调，要深化简政放权、放管结合、优化服务改革。完善产权保护、市场准入、公平竞争、社会信用等市场经济基础制度，优化营商环境。

商业模式是指一个完整的产品、服务和信息流体系，包括每一个参与者及其起到的作用，以及每一个参与者的潜在利益和相应的收益来源方式，商业模式创新作为一种新的创新形态，其重要性已经不亚于技术创新。近几年，商业模式创新在我国商业界也成为流行词汇。

商业模式是管理学的重要研究对象之一。在分析其商业模式的过程中，主要关注一类企业在市场中与用户、供应商、其他合作伙伴（即营销的任务环境的各主体）的关系，尤其是彼此间的物流、信息流和资金流。

商业模式是企业与企业之间、企业的部门之间乃至与顾客之间、与渠道之间都存在各种各样的交易关系和联结方式。

商业模式也为实现客户价值最大化提供重要帮助，把能使企业运行的内外各要素整合起来，形成一个完整、高效率的具有独特核心竞争力的运行系统，并通过最优实现形式来满足客户需求、实现客户价值，同时使系统达到持续盈利目标的整体解决方案。

一、商业模式的基本概念

商业模式是创业者创意，商业创意来自机会的丰富和逻辑化，并有可能最终演变为商业模式。其形成的逻辑是：机会是经由创造性资源组合传递更明确的市场需求的可能性，是未明确的市场需求或者未被利用的资源或者能力。尽管它第一次出现在 20 世纪 50 年代，但直到 90 年代才开始被广泛使用和传播，如今它已经成为挂在创业者和风险投资者嘴边的一个名词。

有一个好的商业模式，成功就有了一半的保证。商业模式就是公司通过什么途径或方式来赚钱。简言之，饮料公司通过卖饮料来赚钱；快递公司通过送快递来赚钱；网络公司通过点击率来赚钱；通信公司通过收话费赚钱；超市通过平台和仓储来赚钱等。只要有赚钱的地方，就有商业模式的存在。

随着市场需求日益清晰及资源日益得到准确界定，机会将超脱其基本形式，逐渐演变成为创意（商业概念），其包括如何满足市场需求或者如何配置资源等核心计划。

随着商业概念的自身提升，它变得更加复杂，包括产品/服务概念，市场概念，供应链/营销/运作概念（cardozo），进而这个准确并存在差异化的创意（商业概念）逐渐成熟，最终演变为完善的商业模式，从而形成一个将市场需求与资源结合起来的系统。

商业模式是一种包含了一系列要素及其关系的概念性工具，用以阐明某个特定实体的商业逻辑。它描述了公司所能为客户提供的价值及公司的内部结构、合作伙伴网络和关系资本（relationship capital）等用以实现（创造、推销和交付）这一价值并产生可持续盈利收入的要素。

在文献中使用商业模式这一名词的时候，往往模糊了这两种不同的含义：一类作者简单地用它来指公司如何从事商业的具体方法和途径，另一类作者则更强调模型方面的意义。这两者实质上是有所不同的：前者泛指一个公司从事商业的方式，而后者指的是这种方式的概念化。后一观点的支持者们提出了一些由要素及其之间关系构成的参考模型（reference model），用以描述公司的商业模式。

商业模式新解：是一个企业满足消费者需求的系统，这个系统组织管理企业的各种资源（资金、原材料、人力资源、作业方式、销售方式、信息、品牌和知识产权、企业所处的环境、创新力，又称输入变量），形成能够提供消费者无法自给自足而必须购买的产品和服务（输出变量），因而具有自己能复制且别人不能复制，或者自己在复制中占据市场优势地位的特性。

拓展阅读 6-1：互联网巨头原有商业模式面临挑战.

二、商业模式的分类

（一）店铺模式

一般地说，服务业的商业模式要比制造业和零售业的商业模式更复杂。最古老也是最基本的商业模式就是"店铺模式"（shopkeeper model），具体地说，就是在具有潜在消费者群的地方开设店铺并展示其产品或服务。

一个商业模式，是对一个组织如何行使其功能的描述，是对其主要活动的提纲挈领的概括。它定义了公司的客户、产品和服务。它还提供了有关公司如何组织及创收和盈利的信息。商业模式与（企业）战略一起，主导了公司的主要决策。商业模式还描述了公司的产品、服务、客户市场及业务流程。

大多数的商业模式都要依赖于技术。互联网上的创业者们发明了许多全新的商业模式，这些商业模式完全依赖于现有的和新兴的技术。利用这些技术，企业们可以以最小的代价，接触到更多的消费者。

（二）"饵与钩"模式

随着时代的进步，商业模式也变得越来越精巧。"饵与钩"（bait and hook）模式，也称为"剃刀与刀片"（razor and blades）模式，或是"搭售"（tied products）模式——出现在20世纪早期。在这种模式里，基本产品的出售价格极低，企业通常处于亏损状态；而与之相关的消耗品或是服务的价格则十分昂贵。比如说，剃须刀（饵）和刀片（钩），手机（饵）和通话时间（钩），打印机（饵）和墨盒（钩），相机（饵）和照片（钩），等等。这个模式还有一个很有趣的变形：软件开发者们免费发放他们的文本阅读器，但是对其文本编辑器的定价却高达几百美金。

（三）硬件 + 软件模式

华为以其独有的华为收集 + 华为应用商城商业模式创新，将硬件制造和软件开发进行结合，以软件使用增加用户对硬件使用的粘性，并以独到的鸿蒙系统在手机端承载这些软件，此时消费者在硬件升级时不得不考虑软件使用习惯的因素。

（四）其他模式

20世纪50年代，新的商业模式是由麦当劳（McDonald's）和丰田汽车（Toyota）创造的；20世纪60年代的创新者则是沃尔玛（Wal-Mart）和混合式超市（Hypermarkets，指超市和仓储式销售合二为一的超级商场）；到了20世纪70年代，新的商业模式则出现在联邦快递（FedEx）和玩具反斗城 Toys "R" US 玩具商店的经营里；20世纪80年代是百视达（Blockbuster），家得宝（Home Depot），因特尔（Intel）和戴尔（Dell）；20世纪 90 年代则是西南航空（Southwest Airlines），奈飞（Netflix），易贝（eBay），亚马逊（Amazon）和星巴克咖啡（Starbucks）。而没有经过深思熟虑的商业模式则是许多网络公司的一个严重问题。

随着科学技术不断地发展，商业模式也有了多样化趋势，互联网的免费模式就是其中典型代表，由于新兴商业模式太多故不一一列举。

每一次商业模式的革新都能给公司带来一定时间内的竞争优势。但是随着时间的改变，公司必须不断地重新思考它的商业设计。随着消费者的价值取向从一个传统工业品的刚性需求转移到一个新兴智能化工业产品的弹性需求，公司必须不断改变它们的商业模式。一个公司的成败与否最终取决于它的商业设计是否符合了消费者的优先需求。

三、互联网商业模式与传统商业模式比较

习近平于 2014 年主持召开中央网络安全和信息化领导小组第一次会议时，首次提出建设网络强国的战略，"中国正在积极推进网络建设，要让互联网发展成果惠及 13 亿中国人民"。近几年，中国互联网商业取得了突飞猛进的发展，互联网用户覆盖面不断扩大，互联网对传统产业创新驱动发展发挥了更加重要的作用。

传统产业目前存在产能过剩、创新能力不强的问题，需要通过互联网加快形成以消费者和市场需求为导向的产业和产品结构，使互联网产业和传统产业达到线上线下相互促进的效果。

（一）网购诚信度越来越高

以个人姓名信产部注册、公安部体系真实身份认证的独立网站，加上没有授权不能上架，第三方保险公司三倍双方信誉赔付担保，扼杀恶意差评等。

（二）电子商务大量烧钱

世界所有网站都大量烧钱，那是因为他们都是在为自己做推广，为了抢夺用户，最终羊毛出在羊身上。

（三）几家独大的现象

智能商城是每个人自己推广自己的商城，总部 1 年之内不开通网站，即使开通也不做会员注册和产品交易，只推广销售量大、流量高的产品和网站，并免费为所有企业和产品全球做推广。

（四）电子商务维护难

现有电子商务都是有一定门槛的，任何一个企业和个人都需要有专业的技术人员管理和维护。

（五）出现大量的偷税漏税

电子商务也是偷税漏税的平台，销售额上千亿元，但实际税收不到十亿元，上百亿元的税收就流失了。

（六）互联网没有核心技术

我国的互联网发展看似快速，但却没有核心技术做基础，因此，迟早会被其他相关强大的大鳄吞噬。

（七）商家产品大多有费用

许多成型的平台要么收取上架费或保证金，要么打压产品价格，这使商家苦不堪言。

四、商业模式创新

商业模式创新是改变企业价值创造的基本逻辑以提升顾客价值和企业竞争力的活动。既可能包括多个商业模式构成要素的变化，也可能包括要素间关系或者动力机制的变化。

（一）兴起缘由

互联网的出现改变了基本的商业竞争环境和经济规则，标志着"数字经济"时代的来临。互联网使大量新的商业实践成为可能，一批基于它的新型企业应运而生。新涌现的一些互联网企业，在短短几年时间，就取得巨大发展，并成功上市，许多人也随即成为百万甚至亿万富翁，产生了强力的示范效应。它们的赚钱方式，明显有别于传统企业，于是，商业模式一词开始流行，它被用于刻画描述这些企业是如何获取收益的。这些基于互联网的新型企业的出现，对许多传统企业也产生深远冲击与影响。例如亚马逊仅用短短几年就发展为世界上最大的图书零售商，给传统书店带来严峻挑战，新型商业模式显示出强大的生命力与竞争力。1998 年后，美国政府也因此甚至对一些商业模式创新授予专利，以给予积极的鼓励与保护。无论是对准备创业的人，还是对已有企业的人而言，这些都激励他们在这个经济变革时期，从根本上重新思考企业赚钱的方式，思考自己企业商业模式，商业模式创新开始受到重视。

到 2000 年前后，商业模式作为人们最初用来描述数字经济时代新商业现象的一个关键词，这时它的应用已不仅仅局限于互联网产业领域，还被扩展到了其他产业领域。不仅企业家、技术人员、律师和风险投资家们等商业界人士经常使用它，学术界研究人员等非商业界人士也开始研究并使用它。随着 2001 年互联网泡沫的破裂，许多基于互联网的企业虽然可能有很好的技术，但由于缺乏良好的商业模式而破产倒闭。而另一些企业尽管它们的技术最初可能不是最好的，但由于好的商业模式而依然保持很好的发展。于是，商业模式的重要性得到了更充分的认识。人们认识到，在全球化浪潮冲击、技术变革加快及商业环境变得更加不确定的时代，决定企业成败最重要的因素，不是技术，而是它的商业模式。2003 年前后，创新并设计出好的商业模式，成了商业界关注新的焦点，商业模式创新开始引起人们普遍重视，商业模式创新被认为能带来战略性的竞争优势，是新时期企业应该具备的关键能力。商业模式创新兴起，在全球商业界，更引起前所未有的重视。2006 年就创新问题对 IBM 在全球 765 个公司和部门经理的调查表明，他们中已有近 1/3 把商业模式创新放在最优先的地位。而且相对于那些更看重传统的创新，相对于产品或工艺创新者来说，他们在过去 5 年中经营利润增长率表现比竞争对手更为出色。

（二）创新价值

深入理解商业模式的创新，首先需要知道什么是商业模式，虽然最初对商业模式的含义有争议，但到 2000 年前后，人们逐步达成共识，认为商业模式概念的核心是价值创造。商业模式，是指企业价值创造的基本逻辑，即企业在一定的价值链或价值网络中是如何向客户提供产品和服务、并获取利润的，通俗地说，就是企业如何赚钱的。商业模式是一个系统，由不同组成部分、各部分间连接关系及其系统的"动力机制"三方面所组成。商业模式的 9 个要素，为价值主张、客户细分、渠道通路、客户关系、核心资源、关键业务、重要合作、成本结构、收入来源。有些要素间关系密切，如核心能力和成本是企业内部价值链的结果或体现，客户关系依赖所提供产品或服务的性质及提供渠道。每个要素还以更为具体的若干维度表现出来，如市场类的目标客户要素，从覆盖地理范围看，可以是当地、区域、全国或者国际；从主体类型看，可以是政府、企业组织或者一般个体消费者；或者是根据年龄、性别、收入、生活方式划分的一般大众市场或细分市场等。

拓展阅读 6-2：技术赋能，推动商业模式创新

商业模式创新是指企业价值创造提供基本逻辑的变化，即把新的商业模式引入社会的生产体系中，并为客户和自身创造价值，通俗地说，商业模式创新就是指企业以新的有效方式赚钱。新引入的商业模式，既可能在构成要素方面不同于已有商业模式，也可能在要素间关系或者动力机制方面不同于已有商业模式。

（三）商业模式创新的特征

创新概念可追溯到熊彼特，他提出创新是指把一种新的生产要素和生产条件的"新结合"引入生产体系。具体有 5 种形态：开发出新产品、推出新的生产方法、开辟新市场、获得新原料来源、采用新的产业组织形态。相对于这些传统的创新类型，商业模式创新有几个明显的特点。

第一，商业模式创新更注重从客户的角度，从根本上思考设计企业的行为，视角更为外向和开放，更多注重和涉及企业经济方面的因素。商业模式创新的出发点，是如何从根本上为客户创造增加的价值。因此，它逻辑思考的起点是客户的需求，根据客户需求考虑如何有效满足它，这点明显不同于其他技术创新。用一种技术可能有多种用途的技术创新视角，常是从技术特性与功能出发，看它能用来干什么，去找它潜在的市场用途。商业模式创新即使涉及技术，也多是技术的经济方面因素，与技术所蕴含的经济价值及经济可行性有关，而不是纯粹的技术特性。

第二，商业模式创新表现得更为系统和根本，它不是单一因素的变化。它常常涉及商业模式多个要素同时发生大的变化，需要企业组织的较大战略调整，是一种集成创新。商业模式创新往往伴随产品、工艺或者组织的创新，反之，则未必足以构成商业模式创新。例如，开发出新产品或者新的生产工艺，就是通常认为的技术创新。技术创新，通常是对有形实物产品的生产来说的。但如今是服务为主导的时代，对传统制造企业来说，服务也远比以前重要。因此，商业模式创新也常体现为服务创新，表现为服务内容、方式及组织形态等多方面的创新变化。

第三，从绩效表现看，商业模式创新如果提供全新的产品或服务，那么它可能开创了一个全新的可盈利产业领域，即便提供已有的产品或服务，也更能给企业带来更持久的盈利能力与更大的竞争优势。传统的创新形态，能带来企业局部内部效率的提高、成本的降低，而且它容易被其他企业在较短期内模仿。商业模式创新，虽然也表现为企业效率提高、成本降低，但由于它更为系统和根本，涉及多个要素的同时变化，因此，它也更难以被竞争者模仿，常常给企业带来战略性的竞争优势，而且优势常可以持续数年。

第二节　商业模式的构成要素

2021年2月19日，习近平总书记在中央全面深化改革委员会第十八次会议上指出，要建立生态产品价值实现机制，探索政府主导、企业和社会各界参与、市场化运作、可持续的生态产品价值实现路径，推进生态产业化和产业生态化。这为国有企业，特别是作为国有资本投资试点的能源央企，充分挖掘"绿色"价值，实现高质量发展指明了方向。

从"3060目标"被纳入"十四五"规划建议，到"碳达峰、碳中和"被列入中央经济工作会议年度重点任务，国内产业结构调整、竞争力重塑快速加剧。特别是在数字化大背景下，无论是具有资源、规模优势的国内外能源巨头，还是具有数字化、智能化优势的互联网头部企业；无论是市场认可度高的新型科技民营企业，还是具有资本优势的港资、外资企业，都纷纷入局新能源和智慧能源领域。竞争加剧，企业如何破局，成为亟须解决的难题。

一、不同时期的企业对应的商业模式的需求要素

（一）创业型企业

对应设计商业模式。创业型企业最重要的是在创业前一定先设计好商业模式，由于创业冲动，许多创业者只考虑投资创业的两大要素是资金和业务。至于有了资金和业务之后如何能够成功地赚来更多的钱，则需要在市场分析与行业发展前景论证两个方面得到肯定。

（二）成长型企业

对应创新商业模式。处于成长期的企业一般来说已经初步形成了自己的商业模式，许多企业由于找不到突破口，长期徘徊在一定的销售规模，甚至出现亏损、创业失败。这期间的企业最重要的就是要找创新的商业模式作为突破口。

（三）成熟型企业

对应完善商业模式。成熟型企业的商业模式比较成熟，但容易因为已经取得的成功而犯下墨守成规和盲目自大的错误，因此在这个阶段，最好的办法是对原有的商业模式进行细节和操作层面的完善。

（四）扩张型企业

对应重视商业模式。扩张型企业由于商业模式选择上的失误导致企业从此衰落甚至走上不归路的在中国、在外国都比比皆是。盲目追求高速成长，缺乏对资本运营的把握能力，

是导致企业失败的关键所在。

二、商业模式要素与管理模式要素的比较

商业模式即以价值为导向，以企业定位方向，在业务系统再造和盈利模式配合的同时，通过流程的优化达到对业务的关键资源能力控制，通过现金流结构管理达到对商业的控制，最终完成企业内部良性循环的运行机制，如图 6-1 所示。

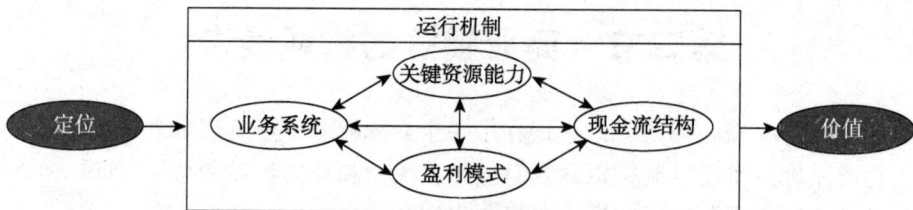

图 6-1　运行机制图

管理模式即以业绩为导向，以企业战略为方向，在组织结构再造和企业文化的营造的同时，通过流程的优化达到对业务的管理控制，通过人力资源管理达到对人的控制，最终完成企业内部良性循环的执行机制，如图 6-2 所示。

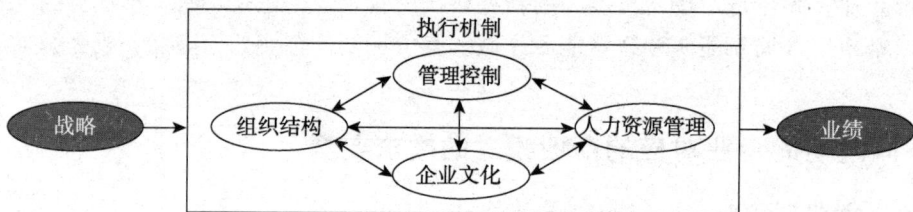

图 6-2　执行机制图

三、商业模式的构成要素

商业模式是一种包含了一系列要素及其关系的概念性工具，用以阐明某个特定实体的商业逻辑。它描述了公司所能为客户提供的价值及公司的内部结构、合作伙伴网络和关系资本（relationship capital）等借以实现（创造、推销和交付）这一价值并产生可持续盈利收入的要素。

拓拓展阅读 6-3：盲盒"裂变"全新商业模式

（一）价值主张（value proposition）

价值主张即企业通过其产品和服务所能向消费者提供的价值。价值主张确认企业对消费者的实用意义。

价值主张简要要素包括以下几种。

（1）新颖性。产品或服务满足客户从未感受和体验过的全新需求。

（2）性能性。改善产品和服务性能是传统意义上创造价值的普遍方法。

（3）定制性。以满足个别客户或客户细分群体的特定需求来创造价值。

（4）任务性。可通过帮客户把某些事情做好而简单地创造价值。

（5）设计性。产品因优秀的设计脱颖而出。

（6）品牌性。客户可以通过使用和显示某一特定品牌而发现价值。

（7）价格。以更低的价格提供同质化的价值满足价格敏感客户细分群体。

（8）成本削减。帮助客户削减成本是创造价值的重要方法。

（9）风险抑制。帮助客户抑制风险也可以创造客户价值。

（10）可达性。把产品和服务提供给以前接触不到的客户。

（11）便利性/可用性。使事情更方便或易于使用，可以创造可观的价值。

（二）客户细分（customer segmentation）

客户细分即企业所瞄准的消费者群体。这些群体具有某些共性，从而使企业能够（针对这些共性）创造价值。定义消费者群体的过程也被称为市场划分（market segmentation）。

（1）大众市场。价值主张、渠道通路和客户关系全都聚集于一个大范围的客户群组，客户群组内具有大致相同的需求和问题。

（2）利基市场。价值主张、渠道通路和客户关系都针对某一利基市场的特定需求定制。这种商业模式常可在供应商和采购商的关系中找到。

（3）区隔化市场。客户需求略有不同，细分群体之间的市场区隔有所不同，所提供的价值主张也略有不同。

（4）多元化市场。企业经营业务多样化，以完全不同的价值主张迎合完全不同需求的客户细分群体。

（5）多边平台或多边市场。服务于两个或更多的相互依存的客户细分群体。

（三）渠道通路（channels）

渠道通路为企业用来接触消费者的各种途径。这里阐述了公司如何开拓市场，它涉及公司的市场和分销策略。

渠道类型分为直接渠道和间接渠道，直接渠道包括销售队伍和在线销售，间接渠道包括自有店铺、合作伙伴店铺、批发商。渠道阶段分为以下5部分。

（1）认知。我们如何在客户中提升公司产品和服务的认知。

（2）评估。我们如何帮助客户评估公司价值主张。

（3）购买。我们如何协助客户购买特定的产品和服务。

（4）传递。我们如何把价值主张传递给客户。

（5）售后。我们如何提供售后支持。

（四）客户关系（customer relationships）

客户关系即企业同其消费者群体之间所建立的联系。

（1）个人助理。基于人与人之间的互动，可以通过呼叫中心、电子邮件或其他销售方式等个人助理手段进行。

（2）自助服务。为客户提供自助服务所需要的所有条件。

（3）专用个人助理。为单一客户安排专门的客户代表，通常是向高净值个人客户提供服务。

（4）自助化服务。整合了更加精细的自动化过程，可以识别不同客户及其特点，并提供与客户订单或交易相关的服务。

（5）社区。利用用户社区与客户或潜在客户建立更为深入的联系，如建立在线社区。

（6）共同创作。与客户共同创造价值，鼓励客户参与到全新和创新产品的设计和创作中。

（五）核心资源（key resources）

核心资源即资源和活动的配置，包括全部的财产、能力、竞争力、组织程序、企业特性、数据、信息、知识等。其能被企业所控制，能够使企业构思和设计好的战略得到实施，从而来提高企业经营效果和效率，企业的资源主要有以下几类。

（1）融资。来自各利益相关者的货币资源或可交换为货币的资源，如权益所有者、债券持有者、银行的金融资产等，企业留存收益也是一种重要的金融资源。

（2）实物资源。包括实物技术（如企业的计算机软硬件技术）、厂房设备、地理位置等。

（3）人力资源。企业中的训练、经验、判断能力、智力、关系及管理人员和员工的洞察力、专业技能和知识、交流和相互影响的能力、动机等。

（4）信息。丰富的相关产品信息、系统和软件、专业知识、深厚的市场渠道，通过此渠道可以获取有价值的需求供应变化的信息等。

（5）无形资源。技术、商誉、文化、品牌、知识产权、专利。

（6）客户关系。客户中的威信、客户接触面和接触途径等。

（7）企业网络。企业拥有的广泛的关系网络。

（8）战略不动产。相对于后来者或位置靠后些的竞争者来说，战略不动产能够使公司进入新市场时获得成本优势，以便更快增长，如已有的设备规模、方便进入相关业务的位置等。

（六）关键业务（key activities）

关键业务即企业执行其商业模式所需的能力和资格。能力是企业协作和利用其他资源能力的内部特性，是由一系列活动构成的。能力可出现在特定的业务职能中，它们也可能与特定技术或产品设计相联系，或者它们存在于管理价值链各要素的联系或协调这些活动的能力之中。特殊能力与核心能力这些术语的价值在于它们聚焦于竞争优势这个问题，关注的并不是每个公司的能力，而是它与其他公司相比之下的能力。企业的能力可以划分为以下几类。

（1）组织能力。组织能力指公司承担特定业务活动的能力。包括正式报告结构、正式或非正式的计划、控制及协调系统、文化和声誉、员工或内部群体之间的非正式关系、企业与环境的非正式关系等。

（2）物资能力。包括原材料供应、零部件制造、部件组装和测试、产品制造、仓储、分销、配送等能力。

（3）交易能力。包括订单处理、发货管理、流程控制、库存管理、预测、投诉处理、采购管理付款处理、收款管理等。

（4）知识能力。包括产品设计和开发能力、品牌建设和管理能力、顾客需求引导能力、市场信息的获取和处理能力等。

（5）机会发现和识别的能力。包括对环境和机会的敏感性和感知能力、正确判断该机会的性质的能力等。

（七）重要合作（key part）

重要合作即公司同其他企业之间为有效地提供价值并实现其商业化而形成合作关系网络，这也描述了企业的商业联盟（business alliances）范围。

合作关系类型：①在非竞争者之间的战略联盟关系。②竞合：在竞争者之间的战略合作关系。③为开发新业务而构建的合资关系。④为确保可靠供应的购买方与供应商关系。

合作关系作用：①降低风险和不确定性，可减少以不确定性为特征的竞争环境的风险。②商业模式优化和规模经济，优化的伙伴关系和规模经济的伙伴关系通常会降低成本，而且往往涉及外包或基础设施共享。③特定资源和业务的获取，依靠其他企业提供特定资源或执行某些业务活动来扩展自身能力。

（八）成本结构（cost structure）

成本结构即所使用的工具和方法的货币描述，成本结构分为两个类型，分别是成本驱动和价值驱动。成本驱动是创造和维持最经济的成本结构，采用低价的价值主张、最大程度自动化和广泛外包。价值驱动是专注于创造价值，增值型的价值主张和高度个性化服务通常是以价值驱动型商业模式为特征。

（九）收入来源（revenue steams）

收入来源即企业通过各种收入流（revenue flow）来创造财富的途径。①资产销售的销售实体产品的所有权。②使用费的通过特定的服务收费。③订阅收费的销售重复使用的服务。④租赁费用的暂时性排他使用权的授权。⑤授权收费的知产权授权使用。⑥经济收费的提供中介服务收取佣金。⑦广告收费的提供广告宣传服务收入。

第三节　商业模式设计的基本方法

一、商业模式设计

（一）商业模式画布（canvas business model）

商业模式画布，也叫商业模型图，是一个用于开发新商业模式和记录现有业务模式的可视化战略管理框架，包含客户、产品或服务、基础设施以及财务可行性4大主要方面的9个模块（价值主张，客户细分，渠道通路，客户关系，核心资源，关键业务、重要合作，成本结构、收入来源），由亚历山大·奥斯特瓦德（Alexander Osterwalder）和伊夫·皮尼厄（Yves Pigneur）共同提出。作为一种商业模式的开发工具，商业模式画布的高度有效的视觉表达特点得到大多数学者的认同，可用于企业创造、传递和获取价值。

（二）商业模式设计的标准

（1）定位要准。清楚地定义目标客户的问题和痛点，并通过对行业环境的梳理，制定企业产品发展战略，规划产品或服务。为这个市场提供满足顾客需要的、有价值的、独有的产品，让顾客愿意为此付费。

（2）目标市场要大。目标市场是创业公司打算通过营销来吸引的客户群，并向他们出售产品或服务。要寻找一个快速、大规模、持续增长的市场，这是确定是否为优秀市场定位的一个关键标准。

（3）盈利模式要好。盈利模式的设计可以从以下几个方面思考：①产品或服务本身的收益；②提高产品附加值，形成新的利润；③围绕产品客户，设计新产品，形成新的利润；④给资金加速，挖掘沉淀利润；⑤流程优化，剔除无效流程，创造利润。

（4）难以模仿。好的商业模式一定要和自身独有的优势紧密结合，企业通过确立自己的与众不同，提供独特的价值，来提高行业的进入门槛，要考虑到后进者的壁垒，不容易被人赶超。

（5）风险要低。就是要综合评估可能面临的各种风险。优秀的商业模式应当具有发展成为龙头和链主的最大可能性，而不是在开始发展时就受制于人。评估风险的最终目标是要识别出所有可能的风险、制定相应的应对策略，使得风险都能够可控和被管理。

（三）商业模式画布的应用

商业画布的核心要素如图 6-3 所示。

图 6-3　商业画布图（核心要素）

商业画布最核心的九宫格可以帮助公司创业者、企业领导、投资者等厘清 4 个关键问题：

①获取核心用户群体的需求、核心价值点。②更好的评估所需的核心资源。③确定关键有效的行为、方法。④梳理更清晰的成本结构，计算投入产出比。

例 1：线上购物企业商业画布

线上购物企业，它的价值主张是让人足不出户实现购物、让商家更容易做生意和帮创业公司提供安全稳定的设施，节省开支，它的服务群体主要是大众消费者、中小商家和创业公司，围绕这些群体，通过一系列方式实现它的价值主张（见图 6-4）。

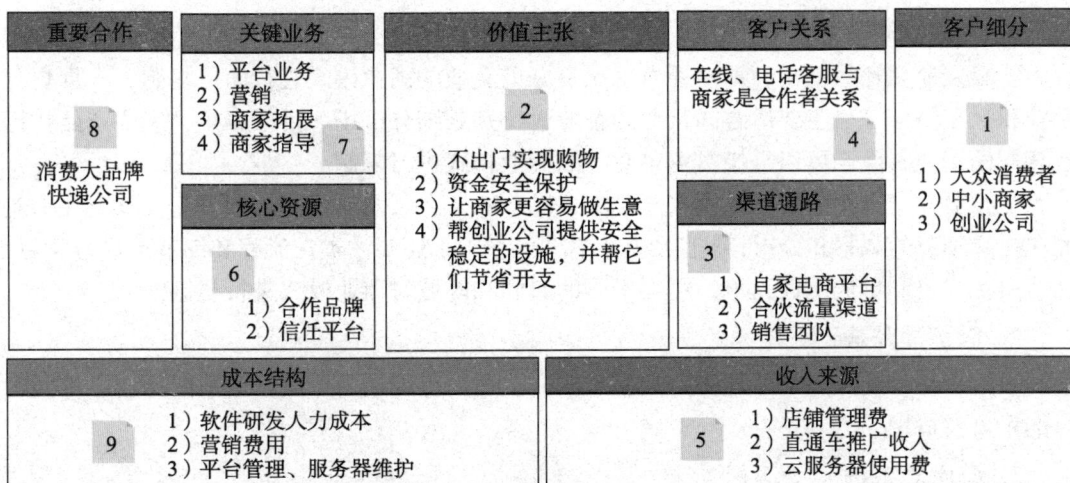

重要合作	关键业务	价值主张	客户关系	客户细分
8 消费大品牌 快递公司	**关键业务** 1）平台业务 2）营销 3）商家拓展 4）商家指导 **7** **核心资源** **6** 1）合作品牌 2）信任平台	**2** 1）不出门实现购物 2）资金安全保护 3）让商家更容易做生意 4）帮创业公司提供安全稳定的设施，并帮它们节省开支	在线、电话客服与商家是合作者关系 **4** **渠道通路** **3** 1）自家电商平台 2）合伙流量渠道 3）销售团队	**1** 1）大众消费者 2）中小商家 3）创业公司

成本结构	收入来源
9 1）软件研发人力成本 2）营销费用 3）平台管理、服务器维护	**5** 1）店铺管理费 2）直通车推广收入 3）云服务器使用费

图 6-4　线上购物企业商业画布

例 2：某廉价航空公司商业画布

廉价航空公司的价值主张很明确，就是为控制预算的旅行者提供廉价机票，汽车租赁公司、酒店和保险公司是它们的重要合作伙伴，它们主要通过售票、机上购物、额外托运行李等服务获得收入，只要能承担飞机维修、机场停泊、培训等费用，就能实现良好的商业运行（见图 6-5）。

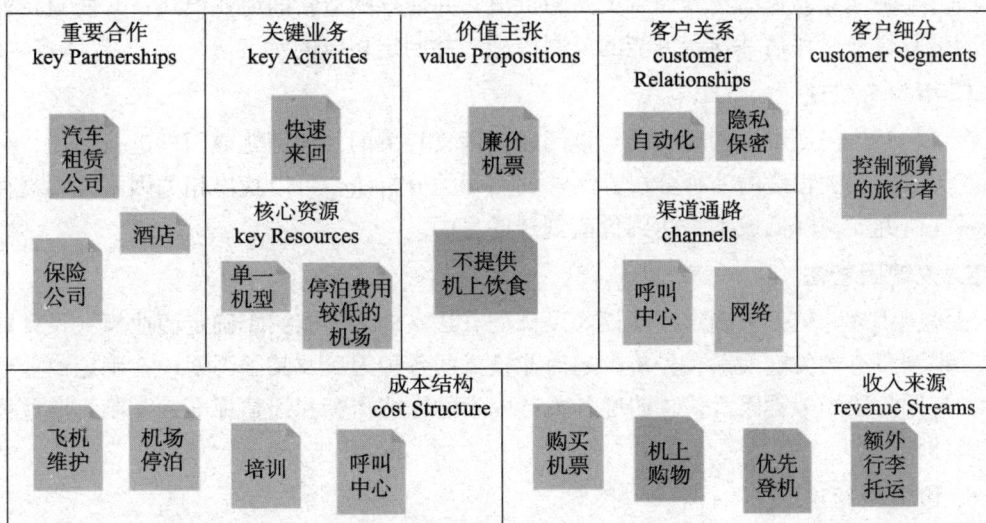

图 6-5　某廉价航空公司商业画布图

二、商业模式设计的思维

每个创业者都想为自己的企业设计一个独特的、全新的商业模式来覆盖产业内现有的企业。虽然商业模式创新是一件非常困难的事情，但很多企业都是在模仿改进现有的商业模式的基础上收获了巨大成功。

1. 全盘复制法

全盘复制法比较简单，即对经营状况良好的企业的商业模式进行简单复制，根据自身企业状况稍加修正。主要适合同行业的企业，特别是细分市场、目标客户、主要产品相近或相同的企业，甚至可以直接对竞争对手的商业模式进行复制。

全盘复制优秀企业的商业模式需要注意以下 3 点：①复制不是生搬硬套；②要注重对商业模式细节的观察和分析，不仅要在形式进行复制，还要注重在流程和细节上进行学习；③为避免和复制形成恶性竞争，可在不同的时间和区域对商业模式进行复制。

2. 借鉴提升法

通过引用创新点来学习优秀商业模式的方法适用范围最为广泛，对不同行业、不同定位的企业者适用。

3. 逆向思维法

通过对行业领导者商业模式或行业内主流商业模式的研究学习，模仿者有意识地实施逆向学习，即市场领导者商业模式或行业内主流商业模式如何做，供者则逆向设计商业模式，直接切割对市场领导者或行业内主流商业模式不满意的市场份额，并为它们打造相匹配的商业模式。

采用逆向思维法学习商业模式时有 3 个关键点：①找到商业领导者或行业主流商业模式的核心点，并据此制定逆向商业模式；②企业在选择逆向制定商业模式时，不能简单追求反向，须确保能够为消费者提供更高的价值，并能够塑造新的商业模式；③防范行业领导者的报复行动，评估领导者可能的反制措施，并制定相应的对策。

4. 相关分析法

在分析某个问题或因素时，将与该问题或因素相关的其他问题或因素进行对比，分析其相互关系或相关程度的一种分析方法。利用相关分析法，可以找出相关因素之间规律性的联系，研究如何降低成本，达到价值创造的目的。

5. 关键因素法

以关键因素为依据来确定商业模式设计的方法。5 个步骤：①确定商业模式设计的目标；②识别所有的关键因素，分析影响商业模式的各种因素及其子因素；③确定商业模式设计中不同阶段的关键因素；④明确各关键因素的性能指标和评估标准；⑤制订商业模式的实施计划。

6. 价值创新法

对一些从未出现过的商业模式设计，往往需要进行创新，即通过价值要素的构建、组合等设计出新的商业模式。

三、商业模式设计的步骤与降价

（一）商业模式设计的基本步骤

第一步，界定和把握利润源——顾客。

顾客群分为主要顾客群、辅助顾客群和潜在顾客群。好的目标顾客群，一是要有清晰的界定；二是要有足够的规模；三是要对顾客群的需求和偏好有比较深的认识和了解。在设计商业模式的时候，首先需要分析顾客需求，目的就是要为产品寻找能够比较容易呈现价值的顾客群。

第二步，不断完善利润点——产品。

利润点是指可以获取利润的、目标顾客购买的产品或服务。利润点决定了为顾客创造的价值是什么，以及企业的主要收入及其结构。好的利润点是顾客价值最大化与企业价值最大化的结合点，它要求一要针对目标顾客的清晰的需求偏好，二要为目标顾客创造价值，三要为企业创造价值。

第三步，打造强有力的利润杠杆，构筑商业模式内部运作价值链。

打造利润杠杆，规划企业内部运作价值链，它决定了产品或服务是否为企业带来价值和带来价值的数量。利润杠杆主要包括以下几种：组织与机制杠杆、技术与装备杠杆、生产运作杠杆、资本运作杠杆、供应与物流杠杆、信息杠杆、人力资源杠杆等。同样的项目和产品，由于利润杠杆不同，或者说由于创业企业内部运作价值链的差异，导致了产品的成本迥异，一个企业可能赚钱，另一个企业可能亏损。这足以说明，利润杠杆决定了利润的多寡。

第四步，疏通拓宽利润渠，构筑商业模式外部运作价值链。

利润渠，即创业企业向顾客供应产品和传递产品信息的渠道，是外部价值链。产品或服务的价值传递是创业企业把产品和服务传递给目标客户的分销和传播活动，目的是便于目标客户方便地购买和了解公司的产品或服务。

第五步，建立有效保护利润的利润屏障。

利润屏障是指为防止竞争者掠夺本企业的目标客户，保护利润不流失而采取的战略控制手段。利润杠杆是撬动"奶酪"为我所有，利润屏障是保护"奶酪"不被他人所动。比较有效的利润屏障主要有建立行业标准、控制价值链、领导地位、独特的企业文化、良好的客户关系、品牌、版权、专利等。

商业模式也是一种企业创造利润的思维方式，虽然有许多不同的创造利润方式，但每个企业最终只会从中选择一种方式。许多创业机会面对的是一种不确定性极高的未来环境，而市场信息也无法全盘取得，因此没有一个商业模式能确保未来利润一定会被实现，也没有所谓最佳的商业模式。创业者在设计与执行商业模式的时候，一定要保持未来需要弹性调整的心态。

（二）商业模式的评价标准

（1）商业模式具有适用性。成功企业的商业模式都具有独特的个性。适用的就是好的，适用较长久的就是最好的。

（2）商业模式具有有效性。商业模式的有效性主要是指：①能提供独特价值；②难以模仿；③脚踏实地。

（3）商业模式具有前瞻性。商业模式仅仅盈利是不够的，因为这只是商业模式的"现在式"，而商业模式的灵魂和活力则在于它的"将来式"，即前瞻性。也就是说，创业企业必须在动态的环境中保持自身商业模式的灵活反应、及时修正、快速进步和快速适应。

（三）商业模式的检验

任何商业模式的设计与完善，都必须经受逻辑检验和盈利性检验。

1. 逻辑检验

逻辑检验即从直觉的角度考虑商业模式描述的逻辑性，隐含的各种假设是否符合实际或在道理上说得通。商业模式的逻辑检验要重点从以下几个方面，看看是否符合逻辑。

（1）谁是我们的顾客？

（2）顾客重视的价值是什么？

（3）商业参与各方的动机和目的是什么？

（4）我们商业模式的与众不同之处是什么？

通过分析以上商业模式的基本逻辑是否符合常识，商业模式的潜在优势和限制因素，可以判断出商业模式的逻辑是否顺畅。

2. 盈利性检验

商业模式的盈利性检验，重点通过以下 4 个方面的分析来确定。

（1）基于损益表的检验；

（2）基于资产负债表的检验；

（3）商业怎么实现良性循环；

（4）瓶颈在什么地方。

对市场的规模和盈利率、消费者的消费行为和心理、竞争者的战略和行动进行分析和假设，从而估计出关于成本、收入、利润等量化的数据，评价经济可行性。当测算出的损益达不到要求时，则该商业模式不能通过盈利性检验。

（四）商业模式的完善方法

商业模式的完善可通过以下 7 个问题分析评估创业项目的商业模式存在的问题与风险。

问题一：客户的"转移成本"有多高？

转移成本是指客户从一个产品（或服务）转移到另一个产品（或服务）所需的时间、精力或者金钱。"转移成本"越高，客户就越忠实于某项产品（或服务），不会轻易离开去选择竞争对手的服务。

问题二：商业模式的扩展性怎样？

扩展性是指在没有增加基本成本的情况下，能很容易地拓展商业模式，赢得利润。当然，基于软件和互联网的商业模式比基于砖头和水泥的商业模式更有天然的扩展性，但是即使如此，数字领域的商业模式仍然有很大的区别。

问题三：能否产生可循环的经济价值？

通过一个例子可以很好地解释循环价值。报纸在报摊销售赚取销售费用，另外的价值可以通过订阅和广告进行循环。循环价值有两个主要的优势：第一，对于重复销售，其成本只产生一次；第二，你可以有更多更好的想法来构想未来怎样赚钱。

还有另外一种循环价值形式：从之前的销售中获取增值收入。比如，你买一台打印机，你需要持续购买墨盒；一部苹果手机，它从硬件销售中赚得利润的同时，来自内容和 App

产生的经济价值依然稳定增长。

问题四：是否可以在你投入之前就赚钱？

毫无疑问，每个创业者都希望在投入市场之前就获得收入。

戴尔就把这种模式运用到电脑硬件设备制造的市场上。通过直销建立的装配订单，避免硬件市场中可怕的库存积压成本。戴尔取得的商业业绩就显示了其在投入之前就赚钱的力量。

问题五：怎么样让用户为你工作？

这可能是商业模式设计上最具有杀伤力的武器。在传统的市场上，宜家（IKEA）就让我们自己组装在它那里购买的家具，我们干活儿，他们赚钱。在互联网领域，脸书（Facebook）让我们上传照片，参加对话和"喜欢"某样东西。这正是脸书的真正价值，只提供平台，内容全部由用户创造，而公司却挣得天文数字般的利润。

问题六：是否具有高壁垒，以防止竞争对手模仿？

一个优秀的商业模式可以使你保持长时间的竞争优势，而不仅仅是提供一个优秀的产品。

比如，苹果主要的竞争优势来自于其商业模式而不是单纯的产品创新。对三星来说，模仿苹果的产品比建一个像苹果那样的应用商店生态系统要容易得多。所以，三星无论产品做多么炫，它仍然很难撼动苹果的地位。

问题七：是否建立在改变成本结构的基础上？

降低成本是商业实践中的长期追求，有的商业模式不仅能降低成本，还创造了一个与以往完全不同的成本结构。

比如，巴帝电信——印度最大的移动运营商，一直在通过摆脱网络和IT的束缚来完善它的成本结构。该公司通过与网络装备制造商爱立信和国际商业机器公司合作，购买宽带容量来降低成本，现在他们已经能够提供全球价格最低的移动电话服务。

当然没有一个商业模式设计能一一对应以上7个问题并且得到完美的满分，不过有的却可能会在市场上成功。用这7个问题提醒创业者，有助于让创业企业保持长久的竞争力。

四、商业模式画布与精益创业画布的区别

（一）商业模式画布

将商业模式的9个模块整合，每个构造块对应画布上的一个空格，通过向这些空格里填充相应的内容，描绘商业模式或设计新的商业模式，即为商业模式画布。

商业模式画布形象地描述了创业企业如何创造价值、传递价值和获取价值的基本原理，主要用于创业团队做头脑风暴和项目可行性测试。具体操作步骤如下。

（1）先将各部分构造猜想和计划写在便签纸上，梳理信息，初步规划；

（2）仔细想想，每一个构造块背后的问题和假设，理出哪一个是促成全局的最重要因素，哪一个能够带来盈利；

拓展阅读6-4：精益创业实战商业模式画布九宫格案例

（3）规划未来的路线，从而确保各个重要的构造块内容能不断推进，并且方向正确；

（4）设计实验，验证猜想。为每一个构造块设置参数，如客户细分构造块中设置目标用户数目，收益来源中所能承受的价格等；

（5）排序分析，得出结论。

（二）精益创业画布

精益创业画布是根据"商业模式画布"方法改良而来的，精益创业画布更适合作为创业初期团队梳理思路的工具。精益创业是一种创业思维和创业实践模式，本质是一种创新的新方法，它源于"精益生产"理念，提倡进行"验证性学习"，即先向市场推出极简的原型产品，然后在不断地试验和学习中，以最小的成本和有效的方式验证产品是否符合用户需求，灵活调整方向。

创业活动是在充满不确定性的情况下进行产品或服务的生产与创新。一般来说，创业者还不知道他们的产品应该是什么样的，他们的顾客在哪里。计划和预测只能基于长期、稳定的运营历史和相对静止的环境，而这些条件创业者或新创企业都不具备。如果产品不符合市场需求，最好能"快速地失败、廉价地失败"，而不要"昂贵地失败"；如果产品被用户认可也可据此不断学习，挖掘用户需求，迭代优化产品。这一模式主要运用于软件和互联网创业行业的产品开发管理模式。

精益创业画布帮助创业者提炼一个完善的创业初期的产品或服务运营路径模式，从创业想法导产品或服务上市，再到市场运营，最终获得新的创业思路。根据这种模式，创业者（特别是互联网行业）的第一步是把想法变为产品，而且这时开发的产品是精简的原型，投入最小的金钱和精力开发出体现核心价值的产品，不要在许多细枝末节上耗费过多精力。当极简功能的产品得到用户认可后，创业者需要把控局势，在不断的反馈和循环中测试产品，快速作出调整和改变，迭代优化产品，挖掘用户需求，达到爆发式增长。

精益创业画布是基于上述创业实践理念，借鉴商业模式画布的直观形态，将其构造块进行优化得来的（图6-6）。

1问题	4解决方案	3独特卖点	7竞争壁垒	2用户细分
客户最需要解决的三个问题	产品最重要的三个功能	用一句简明扼要又引人注目的话阐述为什么你的产品与众不同、值得购买	无法被对手轻易复制或者买去的竞争优势	目标用户、客户
产品的商业目标	6关键指标 应考虑哪些东西	一句话描述你的产品	5渠道 如何找到客户如何推广	
8成本分析 争取客户所需花费、销售花费、网站架设费用，人力资源费用等			9盈利分析 盈利模式，收入毛利	

图6-6　精益创业画布图（核心要素）

使用精益创业画布的方式，对美团单车进行产品分析。

1. 问题

美团解决的主要问题就是近距离的通行问题，打车贵、开车麻烦、走路又远、自己骑自行车维护管理又比较麻烦。

2. 用户细分

主要目标人群是学生和年轻的上班族，部分还会涉及骑行爱好者。重要的是不要忘了城市的管理部门，他们也是产品的项目关系人。

3. 独特卖点

想到共享单车，大家马上就能想到的独特之处就是没有车桩，即停即走。其次就是车多并且外形洋气，与其他共享单车相比，美团独一无二的外形和硬件设计，是它最大的亮点。

4. 解决方案

智能锁，能够无线接收开锁信号，并实时定位，并且不需要固定充电和还车。用户仅需通过手机 App 控制。

5. 渠道

最直接的宣传渠道就是美团单车本身，鲜艳的橘黄色成为街道的一抹风景，形形色色的人骑行在道路上就是活广告。使得美团投放初期迅速产生影响力。同时通过 App 的优惠活动、红包活动，吸引更多的人加入到"骑车挣钱"的行列中。

6. 关键指标

单车投放量、用户活跃数、单车成功开锁率、故障率等，都是帮助产品进行修正的关键指标，通过 App 上的保修功能，能准确定位需要修理的单车，在最短的时间内，减少故障单车数量。通过用户活跃情况和 GPS 定位，能够了解单车的供求情况，以便进行调度。

7. 竞争壁垒

首先，美团单车的壁垒就是他的智能锁专利，这一点是目前做得最好的。其次，车的外形及所有的材料也是优于其他厂家的。最后，美团背后有红杉资本、腾讯的支持，在资金和流量上都拥有绝对的优势。

8. 成本分析

美团第一代，由于过分考虑了车辆质量，因此使用了成本较高的设计，导致车辆成本过高，从而影响了快速占领市场。在二代进行技术改进以后，保证了质量的同时，又大大降低了成本，同时将车辆调度交给了专业的外包公司，资源充分利用，更快速地完成调度。

9. 盈利分析

除了上文提到的月卡、季卡，美团的其他盈利模式分别是押金、预付充值款、骑行单次消费，以及车身广告等。

第四节　商业模式与社会责任

企业是国民经济的压舱石，是科技创新的先锋队，是应急救援的定心丸，是美丽中国的建设者，是民生事业的顶梁柱，是区域协调的主动轮。其中经济责任、环境责任、民生责任、海外责任等主题都是企业的商业模式与社会责任的具体表现。

企业社会责任（CSR）与商业模式创新一直是企业管理领域的热点议题，CSR 正向影响商业模式创新，商业模式创新为企业履行社会责任提供经济基础，二者相融共生似乎已经成为理论共识。但这种理论共识与我们所观察到的现实企业实践之间存在着显著冲突。在以庞大集团、辉山乳业、万达集团、华夏幸福等为代表的企业中，CSR 与其商业模式创新并没有相互促进，而是出现了"共毁"现象。这些企业在引入 CSR 理念、深度践行 CSR 和激进开展商业模式创新时，却同时产生了商业模式崩盘和 CSR 坍塌现象。理论与实践的冲突吸引我们关注如下问题：CSR 与商业模式创新的"共毁"现象是如何发生和发展的？在此过程中，CSR 与商业模式创新到底是什么关系？

一、商业创新风险

（一）创新风险来源

对于多数年轻一代企业家来说，他们敢于冒险，但缺乏经验，因此，试错成本太大，创新风险太大。

对于多数年长企业家来说，他们思维固化，几乎不可能改变自己原有的思维定式。这就是创新者的窘境。

（二）控制创新风险

要让大多数企业家能够获得创新能力，必须依靠极少数的真正创新者所发明创造出包含商业规则、原理方法和技术方案的商业模式，企业家通过使用这种商业模式来获得创新能力。

只有如此才能真正有效地提高全社会的创新能力，提高初创公司的孵化成功率，真正实现有效地控制创新风险。

商业建模是基于商业模式创新的原型 C2S2M〔C（customer）为顾客，S（supplier）即大供货商，M（manufacturer）指生产商〕。这意味着通过商业模式赋能给企业家，可以达到控制创新风险的目的。

（三）全球影响力

C2S2M 原型与经合组织 OECD 影响力投资（social impact investment）密切相关。更好的业务包括：环境、社会和公司治理（environmental、social、governance，ESG）、目的和多样性作为竞争优势（投资者和商业领袖指南）。

C2S2M 商业模式对国际贸易的影响：帮助工业和农业生产企业把它们的产品从一个国家卖到另一个国家的消费者手中，中间只有一个交易环节。跨国企业内部的关联交易和位于当地市场的跨国企业与消费者的销售交易高度一体化，把国际贸易、分销渠道管理和交易整合在同一个互联网管理平台，形成唯一交易中心。

（四）社会企业的大众分销场景

商业模式创新对全球的草根创业者直接赋予创新能力。比如，我们可以通过自己的智能手机或电脑连接到供应链管理平台加入全球社会化分散分布的销售团队，再连接到制造商的虚拟橱窗代理销售其产品获得佣金收入，在自己的生活社区范围工作和上班时间自由，甚至可以在家工作。

从交易主体角色转变为中介服务角色，他们（销售团队）不需要任何资本和存货，而是依靠他们自己的活动能力和对本地社区文化的熟悉及操作智能手机和电脑的技巧。他们免费使用制造商平台上的所有技术为他们销售产品提供中介代理服务和获得销售佣金。

这种场景真的像房地产中介代理一样，不过销售的是产品而不是房地产。这彻底改变了商品或产品零售业的面貌，也改变了制造商的雇佣方式。一方面降低分销进入"门槛"；另一方面降低制造商开拓渠道成本。这一切技术预期效果归功于"价值共生"理念的商业模式创新和网络化管理科学创新及数字技术应用创新。

二、商业模式与社会责任的相互影响

CSR 与商业模式创新的互噬过程主要包括 CSR 攀附、CSR 与商业模式创新互吸、CSR 与商业模式创新共毁 3 个阶段。首先，二者的互噬过程起源于 CSR 的攀附。商业模式创新所带来的巨大商业成功吸引了包括慈善机构、政府机构、传媒机构等的关注，这些第三方机构借助 CSR 实现了对四家企业的攀附，以此获得慈善捐款或广告资金，这是 CSR 和商业模式创新结合的最初途径.其次，二者的互噬过程发展于 CSR 与商业模式创新的互吸。在诸多 CSR 荣誉加持下，第三方中介、供应商、地方政府等诸多利益相关者催生企业家内心深处的"规模情结"，推动企业实施一系列商业模式跨界行为。商业模式复制成功又进一步强化了利益相关方的 CSR 攀附，直至 CSR 和商业模式创新像两个"黑洞"一样紧密地结合在一起。最后，二者的互噬过程终结于 CSR 与商业模式创新的共毁。随着 CSR 与商业模式创新不断互相靠近，企业商业模式创新的步伐、节奏不断加快，以至于狂飙突进。商业模式潜在的不确定性和风险性被不断地放大，直至引发商业模式崩盘和重大 CSR 事件的共毁结果。

（一）CSR 对商业模式创新的"双刃剑"影响

CSR 对商业模式创新有正反两方面的"双刃剑"效应，即 CSR 的加速效应和风险放大效应。一方面，CSR 放大了商业模式创新企业的品牌知名度和美誉度，带来良好的声誉，在互吸阶段，CSR 使商业模式创新企业寻求与利益相关者共同创造经济价值和社会价值，加快了商业模式创新步伐；另一方面，CSR 对商业模式创新的负面影响体现为其对商业模式创新风险的放大效应。在攀附阶段，CSR 是第三方机构攀附商业模式创新企业、攫取资源的最佳工具。在互吸阶段，CSR 则可能被诸多利益相关者利用。利益相关者形成凝聚力可以扰乱企业家注意力，破坏企业家风险意识，催生企业家规模情结，造成企业家失控，埋下了商业模式创新无边界扩张的巨大风险。

CSR 对商业模式创新的"双刃剑"效应体现为其对商业模式创新步伐的加速效应和对商业模式创新风险的放大效应。

（二）商业模式创新对 CSR 的"双刃剑"影响

商业模式创新对 CSR 同样有正反两方面的"双刃剑"效应。一方面，成功的商业模式创新能够为履行 CSR 提供必要的经济基础。商业模式创新的成功会极大地提升企业的财务绩效，而企业绩效的提升为企业承担慈善型 CSR 创造了必要的前提条件，在企业声誉等诸多因素推动下，获得商业成功的企业会承担慈善型 CSR，即经济责任是 CSR 的最基础责任。另一方面，更广范围、更高层次的商业模式创新一旦失败，其所造成巨大的 CSR 灾难也是不容忽视的。商业模式创新是一种创造性破坏过程，需要打破旧的利益格局并建立起新的市场结构，创建非常规交易机制和交易结构。商业模式创新涉及的利益相关者越多，其一旦崩盘所形成的 CSR 灾难也越大。

商业模式创新对 CSR 的"双刃剑"效应体现为其为 CSR 履行提供经济基础，但失控的商业模式创新也能造成巨大的 CSR 灾难。

（三）企业家的桥梁作用

CSR 与商业模式创新的互噬过程模型表明，企业家在 CSR 与商业模式创新之间起到了至关重要的桥梁作用。一方面，企业家为 CSR 和商业模式创新互吸提供了桥梁，企业家"规模情结"触发 CSR 与商业模式创新互吸。中国企业家往往都有"规模情结"，特别渴望把企业做大，利益相关者以 CSR 之名助推企业家"规模情结"，进而形成商业模式复制。商业成功又进一步强化利益相关者的推动，从而使 CSR 与商业模式创新联系日益紧密；另一方面，企业家也为 CSR 和商业模式创新共毁提供了中介，在企业家"规模情结"与企业家失控之间仅有微妙的一河之隔。特别是在诸多利益相关者推动下，企业家很难坚守初心，无法做到"有所为，有所不为"，以创新之名行无止境扩张之实几乎成为常态。

企业家在 CSR 与商业模式创新之间起到桥梁作用，企业家"规模情结"触发 CSR 与商业模式创新互吸，企业家失控造成 CSR 与商业模式创新共毁。

本章小结

本章首先对商业模式创新现状进行分析，包括其内涵、技巧、方法、道德等；然后介绍了商业模式画布与精益创业画布的区别，并进行了画布的使用经验总结；再次，对商业模式的关键要素进行了梳理与解读；最后讲述了产品创新开发与营销思路引导开拓市场和谋求发展的总体战略。

通过本章的学习，希望大家对产品创新开发与营销的内涵和发展前景有一个全新的认识，能够对今后的产品或服务开发中运用好商业模式画布或精益创业画布。

关键词

店铺模式　　　"饵与钩"模式　　硬件＋软件模式　　　风险抑制
合作伙伴网络　C2S2M　　　　　企业社会责任

即测即练

自学自测      扫描此码

问题思考

1. 商务模式创新的构成要素有哪些？
2. 企业在运营模式创新的基础上是如何保证持续盈利的？
3. 如何保障商业模式创新中产业链创新与价值创新相融合？

实训专题

你在创业时商业模式创新应考虑哪些方面的要素？在基础层面的创新需要做什么？在运营模式层面的创新需要做什么？在结构层面的创新需要做什么？

参考文献

[1] 李盼盼，乔晗，郭韬. 数字化水平对制造企业商业模式创新的跨层次作用研究[J]. 科研管理，2022，43(11): 11-20. DOI: 10.19571/j.cnki.1000-2995.2022.11.002.

[2] 王雪冬. 企业社会责任与商业模式创新互噬过程研究[J]. 科研管理，2022，43(7): 106-114. DOI: 10.19571/j.cnki.1000-2995.2022.07.013.

[3] 陈菊红，张睿君，张雅琪. 服务化战略对企业绩效的影响：基于商业模式创新的中介作用[J]. 科研管理，2020，41(4): 131-139. DOI: 10.19571/j.cnki.1000-2995.2020.04.014.

[4] 王德宏. "一带一路"商业模式与风险管理[M]. 北京：中国人民大学出版社，2020. 12.356.

第七章

商业计划书

学习目标

1. 理解商业计划书的含义与作用；
2. 理解商业计划书的撰写要求；
3. 掌握商业计划书的内容结构与编写步骤；
4. 理解商业计划书的推介要点。

引导案例

一份顶级商业计划书和一个深刻的故事，可以让你的项目起死回生

在你融资约见投资人前，很多投资人都会说："把你们的商业计划书发过来看下"。

虽然大部分投资人不会仅仅因为一份商业计划书就去投资，但是这些投资人绝对会因为一份不忍直视的商业计划书就直接否掉你的公司。有些投资机构表示，虽然每天都会看不少计划书，但几轮筛检下来，真正留下来的却只有零星几个！

所以，在写一份商业计划书之前，首先要知道投资人要了解的点：

以什么产品/服务解决了什么行业痛点？

以什么渠道传递价值给用户，以什么方式把钱收回来？

面对什么样的市场情况，什么是你能做产品/服务的优势？

目前进行到了什么阶段，未来有什么样的计划？

要什么样的资源（资金）达成什么样的成果？

但是在创业路上，投资者考察的不仅仅是创业人员的文字功底，还是360°全维度的能力水平，一个创新的创业项目，不是等着别人慢慢发现它的美，而是需要你包装、提炼、润色来表达出它的价值。人们总是会不自觉地观察美的事物，但是很多创业者都表示，即便知道了投资人想看的点，也不知道该如何将这些内容展现出来，是用文字？表格？还是用其他更吸引注意又不很花哨的呈现方式呢？

也有一些创业者开始着手撰写商业计划书的时候，要么不知道该如何下笔，要么生怕漏掉某个重点。

创始人要怎么讲故事？

对创始人来说，讲述项目的故事，是驱动融资等其他事情的首要前提。从本质上说，就是靠各种故事构建一种大场景。谁拥有了讲故事的本领，谁就拥有了支配人们的可能性。

所以，会讲故事真的很重要！

你也许会认为你并没有什么值得讲述的涉及个人情感的故事，但事实并非如此。每个

人都有可以让人心动的故事，即便你这个人非常无趣，一生都居住在某个山洞里，你也依然能挖掘出被你掩埋在过去某个时刻的故事。

如果你想抓住投资人的注意力，你就需要找出这样的故事。真正能打动人的故事来自你的内心，它可以诉说你是一个什么样的人，为什么你会做你正在做的这些事情，以及这一切对世界意味着什么。

为了能让你讲出最好的故事，你可以从回答如下 4 个问题开始：

（1）为什么你会创立这样一家公司？

（2）是什么让你对此如此着迷和富有激情？

（3）它将如何颠覆你所在的行业？

（4）它对于客户的日常生活会产生什么样的冲击？

所以当你谈论你的创业项目时，请记住，你讲的故事才是最有可能打动投资人的，投资人带走的也正是你讲述的故事。当他们离开房间的时候，绝大多数的事实和数字将会从他们的记忆中消失，如果你的故事能够给他们带来冲击，那这个故事就会一直伴随他们。到第二天，只有那些讲述了一个令人难忘的故事创业者才有可能收到回电。

资料来源：https://baijiahao.baidu.com/s?id=1717213309795257160&wfr=spider&for=pc

引导问题：

思考：商业计划书的重点在哪里？

第一节　商业计划书概述

创业不仅仅是凭热情和梦想就能建立起来的，在创业前期制订一份完整的、可执行的创业计划书是创业成功的必要环节，也是获得资金和资源的重要工具。应通过前期的调查和资料分析，通过现实、有效的市场调查，规划出项目的经营模式及实现盈利的所需条件，制订出要实现的创业目标，进而分解出各阶段的分目标，并制订详细的工作步骤。

一、商业计划书的含义

在管理学中，计划具有两重含义：其一是计划工作，是根据对组织外部环境与内部条件的分析，提出在未来一定时期内要达到的组织目标及实现目标的方案途径；其二是计划形式，是用文字和指标等形式所表述的组织及组织内不同部门和不同成员，在未来一定时期内关于行动方向、内容和方式安排的管理事件。商业计划书是执行创业的计划，是全方位描述与创建新企业有关的内部、外部环境要素和条件的书面文件，内容涵盖了新创企业的产品研发、筹融资、生产管理、人力资源管理、风险识别及规避等企业价值链的各个环节执行计划，是创业者创建新企业的"指南针"。

二、商业计划书的作用

商业计划书是创业前的准备，是创业的重要起点，可以有效节约创业者的时间和资金，降低创业失败的风险。商业计划书首先可以向外部投资者寻求资金，是筹集资金的敲门砖；

其次可以为创业企业后期的发展打好基础。从实际操作来看，创业是一种高风险行为，创业者除了要有良好的产品或服务构想外，还要考虑实现该种产品或服务的运作模式，因此，商业计划书可以看成是一份详细的事业执行计划书。但是，由于环境的可变性，商业计划书所涵盖的内容在实际执行的过程中会根据需要进行调整。总之，从创业者和投资人的角度来看，商业计划书的具体作用如表 7-1 所示。

表 7-1　商业计划书的作用

对创业者	对投资者
1. 通过市场调查和财务分析，对新创企业进行客观评价，并采取相对的应对措施 2. 提供可以衡量的目标，为新创企业提供评价标准 3. 向外界推荐新创企业商业机会的最佳媒介	1. 提供市场潜力和市场占有率信息 2. 通过经营业绩综述和盈亏平衡分析，提供企业偿债能力或股权回报等信息，为投资人提供参考 3. 通过风险识别、风险评价和风险规避，以及组织结构和团队成员的描述，提高新创企业的可信度

三、商业计划书的类型

根据服务对象的不同，创业计划书有不同的内容重点和撰写方式：第一种是为了吸引投资者注意的简版摘要计划书，主要作用是为创业企业筹措资金；第二种是满足投资评估要求的评价创业计划书；第三种是创业者事业发展规划的自我参考书，即经营管理计划书，如表 7-2 所示。

表 7-2　商业计划书的分类

	对象	内容结构	篇幅	用途
第一类	投资人	突出言简意赅	10~15 页 PPT	融资
第二类	合作机构	重点	10~15 页 WORD	吸引合作机构
第三类	创业团队内部骨干	结构全面	>50 页 WORD	内部工作指导文件

第二节　商业计划书写作指南

商业计划书是一份全方位的商业计划，是产品、市场营销、财务、生产、人力资源等职能计划的综合。其主要用途是递交给投资商，以便他们能对企业或项目做出评判，从而使企业获得融资。因此，撰写一份高质量的商业计划书是创业者创业前期的中心工作之一。

拓展阅读 7-1：商业计划书常见缺陷及解决办法

一、商业计划书撰写要求

对于一份商业计划书来说，愿景构建和方案的可行性都是最基本的要求，同时，基于其他利益相关者的实际需要，商业计划书应力求做到简明扼要、条理清楚、内容完整、文字通畅、表达准确。即遵循以下具体原则。

（一）对产品（服务）属性的描述要简单、准确

在商业计划书中应提供所有与产品或服务的相关细节，包含前期实施的所有调查，应尽量用简单、准确的词汇描绘产品或服务的属性，同时利用翔实的数据阐述产品或服务的发展前景和潜力。

（二）突出创业团队的竞争优势和经营能力

首先，要通过数据证明团队拥有极强的竞争优势。其次，在商业计划书中要展示创业团队的事业经营能力、专业技术知识、实习或工作经验等关键要素。最后，是搭建组织构架，并根据人岗匹配的原则描述整个管理团队及其在组织中承担的职责。

（三）准确描述目标市场

创业项目的利润来自市场需求。因此，要对目标市场现状和未来发展做详细的描述，并且明确指出创业项目的市场机会和竞争威胁，并用具体资料进行佐证，如市场分析所依据的调查方法、二手资料的来源等。

（四）客观、实际，避免言过其实

商业计划书中的所有数据都要客观实际。不管是高估市场潜力和销售收入，还是低估经营成本和风险都会降低其可信度。国外数据显示，风险投资者认为"成功的新创企业通常只能达到其计划财务目标的大约50%"。因此，商业计划书中要将最佳的、最有可能的、最差的方案都体现出来，不能主观臆断。

（五）突出关键风险要素

商业计划书中所列举的风险要素是投资人最关心的内容。在商业计划书中要明晰创业项目发展过程中可能存在的风险要素并提出可能的解决方案，充分体现创业团队驾驭、控制和管理风险的能力。

（六）简洁清晰、逻辑合理、内容完整

商业计划书包含企业名称、产品或服务的介绍、市场分析、融资措施、风险分析等内容，形式上要按照统一格式进行排版，装订整洁美观。同时，基本假设和预估要前后一致。

二、商业计划书的结构

一般而言，一份完整的商业计划书包含产品（服务）的介绍、市场预测和分析、营销策略、生产制作计划、行业分析、人员和组织结构、财务规划、风险分析等10个部分。但是，商业计划书的形式和内容随行业性质和创业者偏好不同而不同。具体结构如下。

（一）封面及保密协议

封面的设计要有审美观和艺术性，一个好的封面会使读者产生好感，给人留下一个良好的第一印象。封面除格式上的要求外，主要是提供有用的信息，以及保密约定。

（二）执行总结

执行总结是创业者所写的最后一部分内容，但却是投资人首先看到的内容，它是从创

业计划中摘录出最核心的内容，是创业计划的高度提炼。要用 100 个字说清楚框架内容，包括你是谁（who）、想要做什么（what）、怎么做（how）、目前成绩（achievement）、未来计划（plan）、需要融资多少（financing）。

（三）目录

一般采用二级目录，使读者一目了然，还可以根据需要进行选读。

（四）行业概述

简要说明一下项目所处的行业是朝阳产业还是夕阳产业，政府政策支持情况、未来 10 年甚至更长时间需求情况、行业市场种类等。

（五）存在问题

目前已有的产品能否满足市场需求？存在哪些问题？哪些方面可以改进？这些问题的解决是否带来新的需求？

（六）解决方案

解决方案能够降低社会成本吗？能够使客户从中受益吗？是潜在的需求还是现实的需求？需要进行市场教育吗？

（七）市场规模

当企业要开发一种新产品（服务）时，首先就要进行市场预测。市场预测一般要回答下列问题：市场是否存在对这种产品的需求？需求程度是否可以给企业带来所期望的利益？新产品的市场规模有多大？市场的未来趋势如何？影响需求的因素都有哪些？回答好这些问题，就可以做出客观可信的预测，并在预测的基础上确定市场规模。

（八）竞争分析

竞争分析通常使用波特 5 种竞争力模型，确定竞争的 5 种主要来源，即供应商和购买者的讨价还价能力、潜在进入者的威胁、替代品的威胁和来自目前在同一行业的企业间的竞争。

在创业计划书中，创业者应细分竞争对手的情况。包括竞争对手有哪些？他们的产品是什么？与本企业的产品相比有哪些相同点和不同点？竞争对手所采用的营销策略是什么？要明确每个竞争者的销售额、毛利润、收入及市场份额，然后再讨论本项目相对于每个竞争者所具有的竞争优势。

（九）商业模式

商业模式对一个创业项目来说至关重要，是投资者最看重的内容之一，因此一定要有创新点。相关内容请见第六章。

（十）产品体系

在进行投资项目评估时，投资人最关心的问题之一就是，创业项目的产品（服务）能否及在多大程度上解决现实生活中的问题等。因此，产品（服务）介绍是商业计划书中必不可少的一项内容，需要对产品（服务）做出详细的通俗易懂的说明，通常还需要附上产品原型、照片。一般产品介绍需要回答以下问题。

（1）客户希望本项目产品能解决什么问题，能从中获得什么好处？

（2）本项目产品与竞争对手的产品相比有哪些优缺点？

（3）团队为自己的产品采取了何种保护措施，如专利、许可证，或与已申请专利的厂家达成了哪些协议？

（4）采用何种方式去改进产品的质量、性能，企业对发展新产品有哪些计划？

（十一）营销策略

制定 STP 策略和 4P 营销策略，详情请见第五章。

（十二）创业团队与股权结构

商业计划书中需要介绍团队主要成员的背景和特长，要强调个人的能力适合该岗位，团队的组合适合创业项目。

投资人希望看到你准备要做的事是适合你做的，在准备要做的事情上有过积累，不能只是因为你想做一件事你就去做。你之前做过什么不重要，重要的是你之前的经历和经验跟现有项目的契合度。

对于核心成员要拥有股份，以利于团队的稳定和持久，稳定的团队利于融资。团队成员统计表可参考表 7-3。

表 7-3　创业团队成员统计表

姓名	性别	年龄	目前岗位职务	优势与特长	历史业绩

（十三）核心竞争力

企业核心竞争力，一般具备以下特点。

（1）价值性：这种能力首先能很好地实现顾客所看重的价值，如能显著地降低成本，提高产品质量，提高服务效率，增加顾客的效用，从而给企业带来竞争优势。

（2）稀缺性：这种能力必须是稀缺的，只有少数的企业拥有它。

（3）不可替代性：竞争对手无法通过其他能力来替代它，使它在为顾客创造价值的过程中具有不可替代的作用。

（4）难以模仿性：核心竞争力还必须是企业所特有的，并且是竞争对手难以模仿的，也就是说它不像材料、机器设备那样能在市场上购买到，而是难以转移或复制的。

核心竞争力包含 7 个方面，概括为 1 个精神和 6 个创新。创业型企业只有注重创新、具备企业家的精神和创业心态，才能构造创业阶段企业的核心竞争力，这种核心竞争力在企业发展壮大后依然存在，因为企业无时无刻不在面临机遇和挑战，如果没有创新意识和创业精神，那么迟早会被竞争对手超越。创业企业核心竞争力模型如图 7-1 所示。

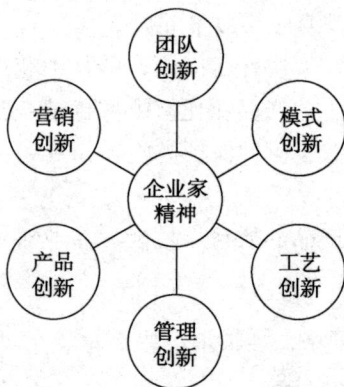

图 7-1　核心竞争力模型

（十四）财务数据

财务数据通过报表来呈现，包括现金流量表、损益表、资产负债表。流动资金是企业的生命线，因此企业在初创或扩张时，对流动资金需要有预先周详的计划和进行过程中的严格控制；损益表反映的是企业的盈利状况，它是企业在一段时间运作后的经营结果；资产负债表则反映在某一时刻的企业状况，投资者可以用资产负债表中的数据得到的比率指标来衡量企业的经营状况及可能的投资回报率。

（十五）未来发展计划与融资需求

资金需求是和工作计划相关的。做一个详细的工作计划，将每件事情需要的花费列出来，汇总以后就得到资金需求。如果这些资金都需要通过融资解决，则资金需求就等于融资需求。

撰写融资需求的过程也是创业者梳理思路的过程，融资需求要客观合理，这样有利于融资。在撰写过程中需要注意如下两个方面。

（1）早期项目的盈利不重要，投资人主要对项目的高增长感兴趣。表明你的融资计划，需要多少资金，准备稀释多少股份。

（2）解释你将在接下来的 3~12 个月时间里做哪些事。例如，团队如何组建、产品如何开发、营销推广如何开展，各个方面的费用开销大概是怎么样的，以及希望融资的金额和出让的股份比例。但需注意在早期融资时，项目过高估值或过多股份出让，对于公司未来发展都是非常不利，稀释的股份一般要少于 30%。

（十六）风险分析及其应对方案

重点分析以下风险因素的影响及应对措施。

（1）获得订单前已经用完了资金；

（2）竞争者降低价格；

（3）潜在的行业不利因素，如国家政策限制；

（4）设计、开发和制造成本超出预算；

（5）未达到预期的销售额；

（6）零部件或原料采购困难或订货周期超出假定；

（7）订单大量涌现后资金不足。

（十七）退出机制

风险投资者如何摆脱某种状态是影响其投资决策的重要因素，也就是说，风险投资者在决定进入之前，一定要事先找出退身之路。他们不想长时期在你公司拥有产权，他们希望其投资与其他资本共同作用一段时间，而后抽走，这样就要求有退身之路。主要退出有以下几种形式。

（1）公司股票上市。这样，投资者可将自己拥有的该公司股权公开出售。

（2）公司整体出售。即包括风险资本公司的权益同时出售给有关公司，通常为大公司。

（3）公司、个人或第三团体把投资者拥有的本公司权益买下或卖回，商业计划书对有关事项应有详细说明。

（十八）附录

（1）专利证书；

（2）资质认证证书；

（3）销售合同；

（4）其他相关资料。

拓展阅读 7-2：商业计划书参考模板

三、商业计划书的编写步骤

（一）初步构想，逐渐细化

创业团队首先对业务发展有明确的界定，构想阶段的重点是关注与产品或服务有关的细节，如产品处于什么样的发展阶段、它的独特性何在、销售产品的途径是什么、消费者群有哪些、生产成本和售价如何确定、企业发展新的现代化产品的计划是什么、如何把出资者拉到企业的产品或服务中来。上述因素都是在创业计划书撰写之前应该详细考虑的，成熟的创业者应该有完整的创业构想。

（二）市场调查，知己知彼

"没有调查，就没有发言权"，创业者要细致地分析经济、地理、职业及心理等因素对消费者选择产品或服务时的影响。当具体到进行市场调研的时候，调研者要同潜在顾客展开接触，搜集顾客购买此类产品的时间周期、谁在决定是否购买、如何防范别人模仿你的产品或服务、新创企业的产品或服务凭什么吸引目标市场中的消费者，以便制定销售策略。

市场调查还包括对竞争对手的调查，如竞争对手都是谁；他们的产品与本企业的产品相比，有哪些相同点和不同点；竞争对手所采用的营销策略是什么。在调查阶段，创业者还必须做好财务分析和筹资分析，即要量化本公司的收入目标和公司战略，详细而精确地考虑实现目标所需的资金。

市场调查可以分为实地调查与收集二手资料两种方法。实地调查可以得到创业所需的一手真实资料，但时间及费用耗费较大；收集二手资料较易，但可靠性较差。创业者可根据需要而灵活采用资料调查方法。

（三）方案起草，通盘统筹

依据创业执行纲要，对创业企业的市场竞争及销售、组织与管理、技术与工艺、财务计划、融资方案及风险分析等内容进行全面编写，初步形成较为完整的创业计划方案。在撰写的过程中，还必须通盘统筹，要思考一下关键问题：商业计划书是否显示创业团队具有管理公司的经验？是否显示新创企业有能力偿还借款？是否显示已进行过完整的市场分析？是否容易被投资者所领会？是否能在短时间内激发阅读者的兴趣？

（四）检查修改

商业计划书所反映的内容要完整、科学、合理。各个部分要合理编排、整洁美观、简明扼要、条理清楚、逻辑严谨。可以采用交叉审核的办法，重点查看文字描述、语言措辞、数据计算等是否准确；表格图形、资料引用、模型格式、数据处理是否正确等。内容检查要从投资者的角度出发。

第三节　商业计划书的推介

一、了解投资人需求

投资人每天都会看很多商业计划，如何在 5 分钟之内打动投资人是成功的关键。对于创业初期的项目，投资人大多数看重团队、市场规模、商业模式。团队是最重要的因素，因为企业的成败不在于目标市场有多大，商业模式也是可以改进的，但是团队，尤其是创始团队的负责人如果没有创业家的素质，一般风险投资是不会投的。

打动投资人的第二个要素是产品和商业模式的创新，找到一个暂时空白的市场，且这个市场足够大、有持续的需求。

第三个要素是在介绍项目的时候要简明扼要、用数据说话、说清楚有哪些资源或者成绩。

二、准备一份路演版商业计划书

项目路演通常只有 5~10 分钟，因此一定要准备一份 PPT 路演版商业计划书。

三、成功推介商业计划书的要点

项目路演通常只有 5~10 分钟，要在几分钟之内引起投资人的注意，就要学会相关技巧。5 分钟时间要合理分配，通常 30 秒开头，240 秒项目计划介绍，30 秒结尾。开头要用三句话吸引投资人的注意力，引起投资人对接下来商业计划书路演的兴趣；240 秒要介绍 8 张 PPT，做到重点突出、逻辑清晰；最后 30 秒结尾要勾起投资人的欲望，让他们在提问环节问出关心的话题。

本章小结

本章首先对商业计划书概述进行讲解，包括其含义、分类及作用等；其次详细介绍了商业计划书基本的内容结构，并对商业计划书撰写要求、编写过程进行了梳理；最后讲述了成功推介一份商业计划书的注意事项。

通过本章的学习，希望大家能够掌握商业计划书的撰写方法和注意事项，为下一步参加路演打好材料基础。

关键词

商业计划书　　　波特五力模型　　　核心竞争力模型　　　STP 策略　　　4P 策略

即测即练

自
学
自
测

扫
描
此
码

问题思考

1. 一份完整的商业计划书包含哪些内容？重点是什么？
2. 什么样的商业计划书最能够吸引到投资人？

实训专题

以教学小组为单位，编写商业计划书。

参考文献

[1] 杨彦栋，商广胜，王亚丽，等. 创新创业基础教程[M]. 吉林：吉林人民出版社，2019.

[2] 黄远征，陈劲，张有明，等. 创新与创业基础教程[M]. 北京：清华大学出版社，2017.

[3] 徐攀. 新时期高校创新创业融入思政教育研究：评《"互联网+"时代高校创新创业教育》[J]. 中国高校科技，2020(9): 111.

第八章

演讲与路演

1. 掌握演讲者形象设计;
2. 理解路演技巧;
3. 了解路演秘诀与注意事项。

引导案例

怎么写路演稿

每一位演讲者上台前,都要问自己一个问题:"我想让观众记住什么"?而检验的方法很简单,在观众听完演讲准备离场时,你可以问观众:"你记住了哪些核心内容"?这句话的意思是:你记住了哪些主要观点,而不是一些细节的堆砌。一些企业负责人和专家,往往会自负,自我感觉良好,没有意识到专业水平、经营能力、企业规模的能力和演讲能力是完全不同的。大多数企业项目负责人和专家很容易在夸夸其谈的长篇大论中迷失自己,他们不会从观众角度看问题。

在实际工作中,给我们用来准备演说的时间往往并不多,或者说很难在短时间内确定演说的内容。在这里为大家提供三个简单的步骤,便于较快地准备演说内容。简单地说,演说内容有 3 个基本要素。

(1)明确问题所在。(你的产品可以解决的一个问题。)

(2)明确造成该问题的原因。(围绕这个问题举例说明其所带来的冲突。)

(3)如何以及为何需要解决这个问题。(提供解决这一冲突的方案。)

从根本上说,就是要引出(确实)存在的问题,并提出如何(切实)解决这一问题的办法。举例说明这些问题对于观众来说都是有意义的。

请记住演讲内容的顺序:一件事情先发生,然后造成另一件事的发生,以此类推。要让观众经历一个从冲突出现到冲突被解决的全过程。

当你要准备一个商业演讲时,先问自己一个问题:"关于自己的品牌、产品和服务,关于自己品牌的使命、愿景和价值观,我最想让观众了解什么?如何让他们了解?如何让他们听得明白,记得住?我的演讲和其他人的演讲有没有与众不同之处"?

可能你有与众不同的想法,但重要的是你要向观众展示你的想法是如何来的?要展示它的来龙去脉。

如果能做到,那你就已经远远超过大多数的演说者了,因为他们的做法只是简单地回顾谈话的要点,并把信息播报出去而已。观众不容易记住要点,但却可以记住故事内容。

这也是我们理解和记忆某一经历的方法。罗伯特·麦基想要表达的是，如果你想把自己的经历作为故事放到演说中，那就要大胆去做，尽情向观众讲述与演说话题有关的自己的某次经历吧，但不要自设羁绊。

实际上，个人商业演讲仍然是讲述自己的故事。跳不出那个古老的人类终极命题：我是谁？我从哪里来？要到哪里去？

资料来源：http://www.kx1978.com/gerenpinpaigushi/274/

引导问题：

思考：如何在演讲中融入自己的故事？

第一节　演讲者形象设计

一个成功的演讲者，站在舞台上举手投足之间都具有自己独特的魅力，这种魅力不是与生俱来的，而是经过后天长期培养训练的。

一、演讲的体态

（一）眼睛

管理者作为人类社会中的管理者，其眼神运用十分广泛，其水平高低必然直接影响着管理的效果。周恩来总理同人们谈话时，目光和蔼可亲，自然地人们会对他产生一种亲切感和信任感。因此，管理者在管理活动中，必须锻炼和加强自己的眼神语言艺术，创造出自己的眼神表达效果。

1. 点视法

点视法即重点观察某一局部听众，点视的目的是多样的，目光根据需要有多种含义。在演讲中对专心致志听讲的听众，管理者投以赞许和感谢的目光，可以使他们与你的情感更近；对记笔记感到吃力的"困难户"，管理者投以帮助的目光，他们会感到更温暖，很可能回以感激地点头微笑；对那些面有疑云的听众，管理者投以启发引导性的目光，可以使其神态趋于安定；对那些想发问，但心情紧张、欲言又止的听众，管理者如投以鼓励的目光，可以使询问者壮起胆子，大胆提问；对那些交头接耳、频频躁动的"不安静区"，管理者给予制止性的目光，听讲者就会触目知错，知趣地停止"小动作"。使用目光点视法要注意避免和听众目光长时间接触，那不仅会使点视的听众感到局促不安，而且也会使其他听众受到冷落。

拓展阅读 8-1：工作中常用到的演讲十大最新技巧

2. 虚视法

虚视法即演讲者的眼睛好像盯着某些听众，但实际上什么也没看，而就听众来说，会感觉到演讲者在注视他们。演讲使用虚视法，既会使管理者显示出端庄大方的神态，便于控制会场，又可减少刚一上台由于紧张而产生的心理压力。在回忆和描写某种情景时，虚视法还会给管理者以思考、沉浸意中的感觉，引导听众进入你所描述的意境中。在表示缅怀、敬慕之情时，虚视法有利于烘托气氛，更易于感染听众，引起共鸣。虚视法应用的场合应该注意限制，时间也不可过多，否则容易使听众对演讲者产生傲慢的感觉。

3. 环视法

环视法即让目光像探照灯环射夜空一样，有节奏或周期性地环视会场。环视是照顾全场，统观全局的观察法。目的是观察和发现整个会场听众的动态，以收到听众对于演讲的反应。同时，听众如果感到演讲者在光顾自己，会产生一种亲近感，更加全神贯注地听讲。使用环视法时必须注意：不要忽略任何角落的听众，因为被你忽略的听众将会感到被轻视而情感受到伤害，不要头部摆动幅度太大，或眼珠不停地乱动，使听众感到茫然不知所措。

（二）面部表情

演讲时，演讲人的面部表情也是很重要的。因为，从某种意义上讲，演讲是一种信息表达。一位心理学家用这样的公式来总结信息表达：一个信息表达 = 7%语言 + 38%声音 + 55%面部表情。

面部表情，是通过面部肌肉姿态的变化，来表达思想感情的行为过程。我国演讲理论家邵守义说过："脸部是心灵的镜子。这面镜子，是由脸的颜色、光泽、肌肉的收展，以及脸面的纹路所组成的。它以最灵敏的特点，把具有各种复杂变化的内心世界，如高兴、悲哀、痛苦、畏惧、愤怒、失望、忧虑、烦恼、报复、疑惑等情绪最迅速、最敏捷、最充分地反映出来。"

（三）手势

有人把演讲手势比喻为绿叶，一篇精彩的演讲是朵红花，红花再好，也需绿叶扶持。手势语本身就像文字一样富有表现力，特别是在言语少于思想、三两句话中蕴藏着通篇哲理的时候，手势在管理者演讲中的作用是不可低估的。

在演讲中，手势语言有上举、下压和平移等几类；在各类中又分为双手、单手两种；每种又可分为拳式、掌式、屈肘翻腕式等。

1. 手掌打开

手掌打开，手臂微曲，手心向上或者面向观众。这个手势代表手里没有隐藏任何东西，是一个表达自信、愿意合作的一种手势，就相当于说：我愿意来到这里和你们互动、谈话。

2. 双手拱起

双手指尖放在一起，将手拱起来，看起来像尖顶一样。这也是一个表示高度自信的手势，就好像在说：我很有把握。这个手势是政治人物或者律师喜欢用的手势，需要时刻展示出自信的感觉。

3. 手指向上

食指指向空中，胳膊向上伸直，手的位置放在胸口以上。这个手势表示"强调"，也可以表示数字"一""十""百""千""万"。在讲话的时候，配以这个手势，可以更容易让大家集中于你接下来要讲的内容，就好像在表达：来，听我说！注意，手指千万不能直接指向观众，那样会不太礼貌。

4. 拇指和食指并拢

拇指和食指并拢，像是在捏一个小的玩具球。这通常用于表示具体的信息，或者表达"精细""微小"的时候可以用上这个手势，会让你讲的内容更加可视化。简单举个例子，如我们想说"疫情是在2020年12月暴发出来的"，就可以配上这个手势。

5. 双手打开，手心向内

双手打开，手心向内，放在胸口位置。这通常用于指一个范围。举个例子，当我们说"活动已经在全校范围内开展"的时候就可以用这个手势代表全校。当然这不仅仅只是指地域的范围，也可以指时间、人物等。

6. 手放在胸口上

手掌放在胸前。这通常用于表达祝愿、愿望、希望、心情的动作，也可以用来指"我"。这个手势，会让人觉得很真诚，传递一种"这些话是我发自内心深处想说的"。

拓展阅读 8-2：关于演讲手势的注意事项

（四）体态

一般说来，管理者在演讲时，常常采用立势、坐势两种基本体态。有时根据需要，在立势演讲中，可以不断变换姿势，时而正立势，时而侧立势，时而移动势。究竟采用何种姿势演讲，最主要的取决于听众对象、演讲内容及当时的气氛。当然，这与管理者自身的习惯、年龄等因素有很大关系。

1. 坐势演讲形象

这会给听众以老成庄重的视觉印象。因为这种姿势有一定的遮挡物（如讲桌等），没有把演讲者的大部分身体暴露出来，所以，演讲者不必调控姿势，少花了精力，从而集中更多的精力在演讲内容和其它技巧上。当然，这种演讲也有一些弊端：在感觉上，与听众存在一定的距离。

2. 立势演讲形象

这会给人以干练的印象和平等的感觉。加上演讲者当时的装束，能够产生意想不到的客观效果。对管理者来说，立势演讲能够扩大视野，容易发生灵感。随时根据听众的心理、情绪调节演讲的节奏、语气，便于与听众进行直接的感情交流。但这种姿势，也容易给演讲者，尤其是年轻的管理者，造成一定的心理压力，出现怯场或过于拘谨的情况。

这两种体态各有利弊之处，使用时可根据不同需要选择。管理者一旦站在讲台上，就应该端正、庄重，同时微微收腹，使胸部挺起，具有一种稳定感。这能表现出管理者性格的沉着坚定并显示对演讲成功的信心，使听众感到英姿勃勃、潇洒自如、富有美感。稳定的感觉是通过对称的体形体现的，站立时，不应斜肩、偏头曲颈，这样会破坏身体的左右对称，导致平衡感的消失。

二、口语表达

演讲是通过声音发出信息的。好的口语表达不仅能准确、恰当地表情达意，而且能声声入耳，娓娓动听，使听众心潮激荡，如痴如醉，完全陶醉于演讲之中。相反，如果口语表达不佳，不但不能准确无误地表达出思想和情感，反而会使听众厌恶和烦躁，影响演讲的效果。

（一）声音形象

1. 声音正确清楚

为了有效地传达出演讲者的思想、情感，首先要求吐字正确清楚。如果发音不对、不清，听众就不知道演讲者所云。要达到理想的标准，需从 3 方面努力：一是要正确运用发音器官。发音器官是一个有机的整体，这些器官在发音过程中只有相互联系，协调配合，才能形成正确清楚的语音。二是要注意会场空间的大小和扩音器的使用，演讲者一定要视会场空间的大小，控制自己的声音，使每个听众都能听得清楚明白。使用扩音器也要注意距离适度，离话筒太近，声音刺耳；离话筒较远，声音微弱，都会破坏演讲的效果。三是要注意声音的流向，不可将声音只输送给某一部分听众，而忽略了另一部分听众。

2. 声音富于变化

演讲者的声音要富于变化，如果演讲的声音平淡而没有变化，就会使听众昏昏欲睡，甚至令人烦躁不安。声音的变化，不仅是听众的要求，也是演讲时表达情感的要求。内容庄重的演讲，就应用严肃的声音；内容平和的演讲，就应用舒缓的声音。这些细节演讲者在演讲时都要注意加以运用。

3. 声音有力、耐久

演讲的声音除了要符合上述要求外，还需要有力、持久。为此，演讲者一定需要克服喃喃自语的演讲习惯，在演讲的时候，要有力度，让人受到鼓舞和振奋。声音如果没有力度，就无法起到感染听众的作用。此外，在演讲时，声音还需要持久，有的演讲者开始演讲时声音还可以，比较有力量，慢慢地，越讲越没劲了，这种有始无终的声音，必将大大削弱整个演讲的效果，听众会对管理者的自信心表示怀疑，进而怀疑演讲的内容。

4. 声音清亮圆润

发音正确清楚，是要求声音表达科学化，清亮圆润则是要求声音表达艺术化。如果演讲者的声音如"金石掷地"，清脆悦耳，就会具有一种异乎寻常的力量，不但能吸引人们的注意力，而且能使人愉悦。声音是否清亮圆润，不仅受制于发音器官的先天条件，而且取决于训练有素的后天条件。演讲的嗓音是否优美，直接影响演讲的效果，演讲的嗓音运用有其内在的规律，经过训练是可以提高的。

（二）郑重严肃的形象

管理者的社会角色及其演讲的内容、目的、形式、场合，决定了演讲一般都具有郑重性。具体表现在口语表达方面，包括选词用语规范、恰切，重音、停顿、节奏使用适当，语言中肯有力，语调和谐自然。选词用语规范、恰切，主要是指用词准确、恰当，用语合乎语法，遵守逻辑，演讲选词用语不仅要从词语的意义、感情色彩和语法特点等语言因素上斟酌推敲，而且要从国家政策、领导身份、讲话场合等因素上考虑、选择，使演讲的语言规范、严密。反之，乱用或生造词语，信口开河地乱讲一通，就会失去口语表达的郑重性，甚至失去自己演讲的威力。

重音、节奏、语调等方面，也是体现演讲口语表达郑重性的重要因素。在演讲中，常常出现以下一些有失郑重性的口语表达现象：第一种是演讲的口语表达没有重音，任意停顿，讲话的速度很快，像"连珠炮"似的。节奏过于紧促、整个演讲显得慌张。这种现象大多出自刚走上领导岗位的管理者，其主要原因就是不能恰当地控制口语表达的重音、停顿、语速和节奏。第二种是口语表达的语言轻浮，乱用语气词，口头语过多，不是"哼、哈"，就是"嘛、啊"。第三种是不能正确运用语调，语调没有起伏变化，平淡而无声色，甚至故作姿态，耍花腔，怪声怪调。这三种不良现象，势必都会影响管理者演讲的郑重性。那么在确立郑重、严肃的形象时怎样才能做到重音突出、停顿适当、速度快慢有致、节奏分明、语气中肯有力及语调和谐自然呢？

1. 节奏

演讲的节奏就是根据思想感情的起伏激缓，结构的松散疏密，语音的轻重顿连，语速的快慢徐疾，语调的抑扬顿挫，表演的动静行止等，有节拍、有规律表现的综合技巧。语速是演讲节奏的主要因素，是表现内容的重要手法。一般来说，内容重要之处，中心句、段，语速要慢，而非重要的内容部分，则语速较快。表现急速行动、强烈鼓励、热烈争辩、紧急命令等情境，或欢乐、兴奋、惊惧、急切、激昂的感情，语速较快；而表现忧郁、沮丧、悲痛、失望、犹豫、沉静、闲适的心情，语速较缓。

2. 重音

重音就是利用声音的强弱对比，把表现重点内容的词语重读或者轻读，从而起到突出强调作用的口语表达技巧。可分为语法重音、逻辑重音和感情重音。演讲不管采用什么方法，使用重音都必须做到：要从演讲的内容、感情、环境和对象出发；要读音轻重有层次，有主次，能互相映衬，显出波澜；要注意协调，做到重音不是喊叫，轻音悦耳动听，高低起伏，自然和谐。

3. 停顿

停顿就是在语词之间、句子之间、段落层次之间的顿歇。演讲表情达意离不开停顿，通过停顿，可以使听众听清、理解演讲内容，可以使演讲者获得换气润嗓、调控演讲气氛的时机。"停顿不是突然把语音切断，一般是延长字的读音，是声音短暂的休止，而不是思维和表情神态的停顿。"停顿不要"一刀两断"，而应"藕断丝连"。

第二节　路　演　技　巧

一、演讲与路演

即使是一个普通的创业者，也或多或少听说过"路演"这个词。在很多年轻人的心目中，路演是通往创业成功的必经之路。

路演（roadshow）最早应该是一个金融概念，特指在股票上市之前，对一些投资机构展示项目、争取支持的活动。通过这种路演，取得投资者的了解和信任，争取股票上市之后获得比较好的股价支持。在创业项目的发展过程中，当项目需要一定的资金支持的时候，创业者就会向相关机构代表阐述自己的项目，争取投资者的关注，以便进一步开展洽谈。

在全社会都在积极推动"双创"活动的时代，路演的定义进一步扩大，所有在公众场所里介绍项目、展示产品、阐述创意、推荐品牌等类似的活动，都可以称为路演。

可见，路演其实就是演讲。但是路演过程中的演讲，带有非常明确的商业目的，一般而言，主要有融资、招商、售卖等几个主要方向。

对于创业者，尤其是大学生创业者而言，一般的路演场景就是参加各种创新创业竞赛活动。这是为当下大学生提供的福利，让大学生可以有机会进行路演的实战训练，同时也能博得一定的奖金和社会关注。

然而，演讲并不都是路演。

演讲的目的是传播信息，属于一方对多方的单向沟通活动。声音和形象，是传播的主要内容，结合场景和互动，就形成了非常丰富的"内容"。这个内容可以用于商业活动，但是演讲本身并不一定具备商业目的。

二、路演的时间受到严格控制

一般的公众演讲，时间都是以小时为单位，1～2个小时的演讲是最常见的。而路演的时间主要根据活动主办方的议程来决定，也会考虑到演讲者的健康情况和演讲场所的环境因素。

路演的时间，会受到不同因素的影响。创业项目的路演，根据路演对象不同，通常会按照以下时间规律来安排（表8-1）。

表 8-1　路演的时间分配

路演时长	路演对象
5～8 分钟	投资机构代表，天使投资人
8～10 分钟	竞赛活动评委
10～15 分钟	政府或相关机构管理者
15～30 分钟	大学生或其他创业群体

招商类的路演，各个行业都有所不同，都是各个行业的从业者多年探索出来的，最经济、最有效的路演规律。这类活动也被人们称为"会议营销"，简称"会销"。通常会按照以下时间规律来安排：1～2个小时的演讲，加上签到活动就是半天时间；3～5个小时的演讲，一般就会安排成1天的活动；5～10个小时，基本上就是2～3天的活动。

很显然，路演活动的时间安排，必须充分考虑到路演对象的需求，尽量做到利用最合适的时长，来达到最理想的目的。尤其是面对投资机构代表或天使投资人进行路演，他们通常都希望用最短的时间，把所有的项目都看一遍；然后挑选比较感兴趣的项目，花更多的时间，单独进行更深入的沟通。

三、怎样进行路演会获得成功

（一）投资者具备的特点

路演的目的都具有商业性质，追求成功效果的动机更加强烈。这里所说的路演，主要指创业者的融资路演，难度最高的融资类型演讲。这种路演场景中的投资者具备如下特点。

（1）坚信第一眼的直觉；

（2）丰富的商业经验和知识储备；

（3）执着的价值判断；

（4）顽固的资本思维。

（二）创业者的基本特质

怎样的路演才会获得成功呢？是更炫目的 PPT 展示？还是更出众的演讲者形象？还是更精彩的语言表达？还是出人意料的场景安排？

创业者必领清醒地意识到，投资者到底在寻找什么？

（1）具有市场爆发力的创新项目；

（2）自信并具有执行力的创业团队。

因此，路演成败的关键就是：

（1）清晰介绍创业项目的基本情况；

（2）展现创业团队的自信气质和职业素质。

创业者的基本特质是自强、自立和自信。能够很好地展现出来这几种特质，就能够吸引投资者的关注。即使创业项目的基本情况并不理想，投资者也愿意跟真正优秀的创业者一起聊一聊。

第三节　路演秘诀与注意事项

路演是创业者必须要做的一件事，初创企业的市场活动，大多通过创始人的路演活动来展开。但融资并不是所有创业者都必须要做的，创业的首要目标，是创造一个企业，并让它存活下去。由此产生了所有创业者都会面临的两个终极问题：

（1）为什么要创造这个企业？

（2）怎么让它活下去？

如果这两个问题都有很好的答案，那么融资就不是难事。

一、路演的秘诀

在国家倡导创新创业的政策下，创业的门槛已经越来越低，融资变得比以前要容易得多。但创业者必须牢牢记住，"什么时候/融资多少/融资方式是怎样"这类的问题，是由项目来决定的。当创业项目需要投入较多的资金时，融资才是必需的。否则，通过现有的创业扶持政策，完全可以获得初次创业必需的资金。

但是，有越来越多的创业者，选择在创业初期就积极参与融资路演活动，把宝贵的时间浪费在说服投资人的过程中。创业初期的时间成本，应该主要投入在以下方面。

（1）技术研发升级；

（2）与客户深度接触；

（3）团队建设；

（4）商业模式的研究。

融资性路演，仅对上述最后一项有所增益，对其他方面都没有更多帮助。因为过于热衷于融资路演，造成对项目的推进不够，升级迭代试错速度慢于市场，结果会必死无疑！

因此，融资路演的要诀在于以下两点。

（1）只有在必须进行融资时，才去融资，尽量依靠自己的力量完成初创期的运营；

（2）多练习，少"出镜"，做好充分准备，随时可以进行融资。

二、融资路演讲什么

融资路演的内容，就是商业计划书的内容。

但是，大部分的路演场景，所给出的时间都是有限的。要想把商业计划书完整讲一遍，时间根本不够。所以，需要对路演内容做好充分准备。

第一步，把商业计划书的全部重要内容都摘出来，做成"全要素"的路演 PPT。

第二步，从上一步的 PPT 中做减法，提炼出关键的内容，去掉辅助词语，突出重要的数字和信息。

第三步，进一步做减法，去掉创新度不足的部分，去掉缺乏亮点的内容，只保留最具有创新意义的部分，保留商业模式最核心的内容。

第四步，对剩下的内容进行梳理，使其连贯流畅，能够对项目形成较为完整的阐述。

第五步，对 PPT 进行美化，精练语言，精修插图。

经过这些步骤，就能够把商业计划书变成一篇能够支持赛事路演或融资路演的 PPT。切忌篇幅过大，8 分钟的路演，PPT 有 10～15 页就比较合适。切忌文字过多，严重影响演讲效果。

每次路演之前，都必须做以下 4 个准备。

（1）确定路演时间和听众人群；

（2）有针对性地修订路演 PPT；

（3）试讲，听取他人意见；

（4）对问答环节做准备。

标准动作做得越好，路演的效果就越有把握。

三、项目路演的流程

常见的项目路演，一般按照以下几个步骤进行。

1. 创业者演讲

讲述项目的基本情况和创新点，介绍团队情况和融资计划，一般是 5~8 分钟，不会超过 10 分钟。

2. 听众提问

会问及投资者感兴趣的若干问题，通常是在核心竞争力方面进行确认，一般仅允许 1~2 名听众提问，总共不会超过 5 分钟。

3. 专家点评

相关行业专家给予一些专业指导意见，或者在融资方面给予一些规划建议，一般会给 3 分钟。

很多路演平台对投资者比较宽容，多问几个问题，多占用一些时间，往往都不会制止。但这样会造成时间安排上的混乱。在很多时候，半天时间要安排十多个项目的路演，如果前面的项目时间控制不好，后面的项目就会匆匆而过，无法按照计划完成路演。

所以，举办路演活动的机构，往往都希望能够坚决执行设置好的路演流程，创业者和投资者都在既定的时间内完成自己的演讲，这也是创业者素质的一种体现。

创业者路演，一般按照以下顺序分配演讲的时间（按 8 分钟计）。

（1）介绍项目背景，不超过 1 分钟；

（2）讲解商业模式或核心创新要素，4 分钟；

（3）给出关键信息，如专利情况、营收情况等，1 分钟；

（4）介绍团队情况，不超过 1 分钟；

（5）讲解融资计划，1 分钟。

根据路演活动的性质和给出的时间限制，可以适当对时间进行重新划分。对于一些公益创业项目，要多分配一点时间对已经实施项目的情况进行介绍。

四、路演之后做什么

不管路演效果好不好，都要在现场做一些必要互动。

（1）和前排听众交换名片；

（2）出示项目二维码让人扫码；

（3）向部分听众赠送小礼物；

（4）听取重点听众的建议并记录下来。

路演是一种沟通，也是一种社交，要尽量拉近与听众的关系。尤其是，当听众是一帮投资人的时候，如何"混圈子"就成为必须要研究的课题。

如果条件允许，也要尽量"一站到底"，多看一些其他创业者的路演，站在创业者的角度取长补短，站在投资者的角度挑肥拣瘦。在路演台下的体验，是非常有趣的，热闹看多了，渐渐也能摸出门道。

在参与创业赛事活动中，有很多创业者存在一种困惑：评委给出的建议，有些是互相矛盾的，到底应该听谁的？是否应该根据评委的建议修订自己的商业计划书？

评委的建议一定要重视，他们代表的专业素质和行业背景都是创业者所缺乏的。如果有可能，对那些点评自己项目的评委，都应该进行跟进沟通，请评委老师进一步阐述自己的建议，或者直接把自己的困惑说出来，请评委答疑解惑。

要想提升自己的创业项目，最终也只能靠自己。评委的点评，一般都有些参考价值，要对他们的建议进行研究，在充分思考和研究的前提下，可以对创业项目进行一定的修正。创业者的直觉很重要，遵从自己内心的感觉，坚持自己的想法为主导，不可根据评委或投资人的只言片语，就修改自己千锤百炼的计划书。

五、项目路演常见的误区

路演常见的误区有以下几种。

1. 过多陈述项目背景

很多创业者对自己的创业项目情有独钟，会在路演开始的时候，用较长时间介绍项目背景，抒发关于项目选择的"情怀"。这是一种常见的问题，千万不要把"项目路演"当作"创业经验分享"，投资人对项目实际的创新内容和商业实践是非常关注的，应尽快进入这些内容的讲解，有助于听众对项目保持兴趣。

2. 过度强调创新技术

在项目路演过程中过度强调创新技术，虽然有可能引起对技术创新非常关注的投资人的兴趣，但是容易使听众感到乏味，难以理解项目内容，使其敬而远之。这种情况尽量使用类比、比喻的方法，使技术讲解变得通俗易懂，同时也适当对技术创新进行保密。

3. 对未来收益预估过高

有些创业者对于项目未来收益进行了过高的预期，这是投资人经常会产生疑问的地方，如果处理不好，会给投资人留下浮夸、过于冒险等不良印象。在制定预期收益时，尽量做到理性、务实，不以市场特例进行参照，而尽量以自身实际运营成果为参照。

4. 演讲过于亢奋

在路演过程中，创业者切记不要亢奋。创业要有激情，但是在演讲时表达过多情绪，会让投资者担心未来不容易沟通，进而影响合作的前景。况且投资人都是比较冷静和客观的状态，面对亢奋和激动的演讲者，会产生一种错位感，对项目就失去了兴趣。

通过路演树立信心，通过路演推广品牌，通过路演扩大人脉。路演活动对创业者好处很多，同时也是完善、提升创业能力的重要途径。所有创业者都要经常参加演讲，经常站上讲台，体会"万众瞩目"的感觉，传播自己的创业信仰，这是创业路上最美的体验之一！

本章小结

本章首先对演讲者的形象设计进行讲解，包括其体态、口语表达等方面的设计；其次介绍了路演技巧，并梳理了路演与演讲的联系与区别；最后讲述了路演秘诀及注意事项。

通过本章的学习，希望大家对演讲与路演有一个基本的认识，懂得演讲者形象设计，掌握路演的内容及注意事项。

关键词

演讲　　点视法　　虚视法　　环视法　　路演

即测即练

自学自测　　扫描此码

问题思考

1. 演讲者体态注意事项有哪些？
2. 成功的路演需要注意哪些方面？

实训专题

以教学小组为单位，参照商业计划书，制作路演 PPT，并进行路演练习。

参考文献

[1] 黄远征，等. 创新与创业基础教程[M]. 北京：清华大学出版社，2017.
[2] 杨彦栋，等. 创新创业基础教程[M]. 长春：吉林人民出版社，2019.
[3] 徐攀. 新时期高校创新创业融入思政教育研究：评《"互联网+"时代高校创新创业教育》[J]. 中国高校科技，2020(9)：111.

第九章

数智时代的创新创业

学习目标

1. 理解数智时代的内涵；
2. 了解数智时代农业、工业、服务业的现状；
3. 了解数智时代形势创新创业的发展趋势。

引导案例

科技创新是农业强国建设的驱动利器。近年来，随着新一代信息技术发展，以物联网、大数据和人工智能等新技术应用为代表的智慧农业，逐渐成为我国现代农业发展的新方向。以数字化、智能化为基本特征的智慧农业如何引领带动产业转型升级？如何让更多的农民和市场主体从产业链升级中获得更多收益？记者就此采访了佳沃集团有限公司董事长陈绍鹏。

1. 保安全，以样本方案引领农业全产业链数字化变革

"食品安全是所有消费者都关心的事。从田间到餐桌的链条很长，难以做到封闭工厂化自动化生产，人工介入环节很多，所以必须把源头掌控好，让所有链条紧密地耦合才能保证消费者入口产品的安全可靠。"作为 IT 行业的"老兵"，陈绍鹏及其团队一开始就为佳沃植入了数字化"基因"，将数智化科技作为推动农业产业升级的核心力量。

创立于 2012 年的佳沃经过 10 多年探索，已形成包括智慧种植养殖、智慧农产品加工、智慧农贸农批、智慧央厨、智慧团餐等在内的农食场景数字化变革解决方案。陈绍鹏介绍，佳沃从整合全球资源、打造全程可追溯、全产业链体系入手，目前已形成世界级先进的水果全产业链、海内外双循环优质蛋白全产业链两个重要样本方案。

水果全产业链的打造最早从蓝莓产业开始，佳沃研发了水果品种培育管理、种植作业管理、采收现场管理、分选加工管理等综合性 SaaS 系统，对农业生产进行精细化智能管理。同时，通过数字化冷链物流监控及智能仓储管理，让新鲜的高品质水果以最短时间送达千家万户的餐桌，形成覆盖优种培育、智慧种植、智能分储、数字营销等的水果全产业链。

"水果全产业链形成的难点在于水果流通领域行业标准化程度低、人员密集、交易频繁、管理难度大。"陈绍鹏说，佳沃为此推出"云链果仓"数智化解决方案，建立非标品的标准化管理，用标准的产品编码、交易流程和结算体系，解决好分货、货流跟踪、结算关系，用数智化手段实现智慧化管理，庞大批发市场的交易商和工作人员实现从手工到数字化精准管控的全面跃升，使经营更加透明、有序、高效。

优质蛋白全产业链即海洋食品产业链，是近年来佳沃聚力打造的另一个样板。2019 年，佳沃收购了全球前十大的智利三文鱼养殖公司 Australis Seafoods S.A.。旗下三文鱼养殖中心采用先进的智能化养殖系统，记录了养殖过程中包括但不限于鱼苗投放、饲料投放、死

亡率、捕捞数量等各个作业环节的详细数据，实现了从上游源头到国人餐桌的全产业链把控及养殖全周期信息追溯。

2. 提品质，以智慧营养服务开辟农产品上行快车道

2022 年中央一号文件提出"提升净菜、中央厨房等产业标准化和规范化水平"，为农产品加工业向食品加工业转型升级指明了方向。以净菜、中央厨房为基础的团餐，有望成为打通农产品上行的"大动脉"新模式。

过去，团餐在努力追求标准化、规范化，营养均衡的问题难以顾及。《中国居民膳食指南》建议每人每天不重复的食物种类数应达到 12 种以上，每周达到 25 种以上。"我们认为只有充分发展全程数字化生产供应模式才能解决营养问题。"陈绍鹏说。

佳沃集团成员企业——平安云厨以数智科技为核心，打造"科学就餐，精准营养"的科技团餐服务平台，提供覆盖前中后台的校园科技团餐一体化解决方案，全面赋能团餐产业。

"团餐的产业链条是全息数字化的，从营养菜谱的研发，到消费者个性化营养数据的积累，到 AI 营养师所做的营养推荐，再到营养报告和家庭饮食建议，这是全套智慧营养管理产业模式。"陈绍鹏介绍，目前主要在校园团餐领域试点推开，通过数智化改造央厨和食堂，学生、家长、学校、团餐企业均能获益。

对学生和家长来说，提前在 App 上订餐时，AI 营养师会介入，为家长提供科学且符合孩子个性化餐食需求的建议，使学生从吃饱吃好，一步跨越到吃得更营养更健康。对学校和团餐企业来说，团餐企业提前了解学生订餐情况，在食材采购和准备过程中按需准备、按订单生产，实现了供应链的产销精准匹配。

"目前校园团餐这个模式已经落地了 1000 多所学校，我们的计划是 3 年做到 1 万所。针对老龄化社会的趋势，未来还准备做社区食堂。"陈绍鹏对团餐业务的前景很乐观，一所学校平均是 2000 个学生，差不多对应的是 2000 个家庭，那 1 万所学校能带动千亿元的产业规模，将农产品上行的加工流通模式升级开辟出新的"快车道"。

3. 向未来，以智慧农业生态圈带动更多主体受益

"过去 10 年，佳沃主要在做'三全'，即全产业链，全球化和全程可追溯。在新的 10 年，我们将以'佳沃农食数智化大脑'为基底，不断深化'三智两力'农食产业数字化发展战略，以'智人、智企、智业'的'三智'一体和农食企业进化力和转型力的'两力'创新，加快驱动佳沃快速实现数字化、生态化、资本化、社会化的'新四化'。"陈绍鹏介绍，"佳沃将以'农食数智化大脑'赋能让产业链上更多的人受益，为乡村振兴持续贡献力量"。

"进入农业，一定要把农民作为自己首要生态合作伙伴来相处，让农民成为受益主体。"陈绍鹏说，佳沃不断探索完善联农带农发展模式，通过就业带动、技能培训、产销对接等多渠道助农增收。

目前，佳沃通过蓝莓种植技术推广带动种植面积 20 万亩，促进农民就地就业近 20 万人。近 3 年对农户进行种植及采摘专业技能和农业知识培训 500 余场次，总计培训 40644 人次。佳沃集团成员企业鑫荣懋合作全国果农 120 万户，和全国 40 多个脱贫县建立产销对接机制，近 3 年累计采购金额超过 50 亿元。

此外，佳沃还与农业农村部合作，在湖南、湖北、云南多地开展"一场一站"系列助农行动，援建文化体育广场、村民综合活动室、学校图书馆等设施，为乡村困难户及大学生提供帮扶金等，受益学生及村民人数超过 5 万人。

"从今年开始，我们将聚焦'佳沃农食数智大脑'，推动农食行业的数字化变革，呈现一个新佳沃。"陈绍鹏介绍，新佳沃将由生产商向产业服务商转型，创新打造智慧农业生态圈，用 10 年的经验和能力，去帮助其他农食企业实现现代化转型，提供包括数字化转型、产业战略梳理、现代财务管理、人才梯队加强、资本化辅导"五位一体"的赋能体系。

"农业企业是建设农业强国的重要生力军，只有他们都强起来，中国农业强起来就有了扎扎实实的基础。10 年后，希望佳沃能化作无数个'星星之火'，融汇到整个农食行业的熊熊火炬之中。"陈绍鹏满怀憧憬地说。

习近平总书记在党的二十大报告中提出，"开辟发展新领域新赛道，不断塑造发展新动能、新优势"。随着数字技术的发展和应用程度的快速提高，数智概念应运而生，同时也带来了新的机遇和挑战。"如何在数智经济发展当下推进高校创新创业学科发展和人才培养"是一个极具创造性和创新性的命题。面对数智时代呈现的教育新形势、新变局，高校理应积极更新创新创业教育理念，转变创新创业教育的思路，充分利用大数据、智能化等信息技术手段，探索教育新路径，提升学生的信息化水平和创新创业能力，有效回应和满足学习者个性化、多元化的需求，打造新时代创新创业教育良性循环、全面发展的生态系统。

资料来源：https://china.qianlong.com/2023/7982636.shtml.

引导问题：

1. 什么是数智时代？
2. 案例中佳沃公司是如何依托数智时代转型经营的？
3.数智时代，我们可以做什么？

第一节　数智时代的农业

一、数智农业的含义

数智农业可以理解为数字农业与智慧农业的有机结合体，是在农业数字化基础上的更高诉求，其本质是以 DT（data technology）技术为基础，以客户运营为核心，可针对客户的不同需求制订不同的个性化方案，是开放技术体系的高级农业生产方式。数智农业的发展有利于带动农产品市场化，农业生产的标准化、精准化、规模化，有助于实现农村、农业、农民的现代化，推动现代农业的发展。数智农业在农业生产过程中应用了农业信息感知、定量决策、智能控制、精准投入、个性化服务五大先进生产技术，将现代信息技术与农业深度融合，是未来农业发展的必然趋势。

二、数智农业的特征

数智农业是以互联网信息系统为基础，以涉农数据资源为关键要素，以先进数字设备与技术为主要手段，以智能化管理与决策为支撑的可持续、高效率的现代农业形态，具有农业生产数智化、人员数智化、管理数智化3大特征。

农业生产数智化表现为将现代信息技术融入具体的农业生产环节中来，不仅能够加快农业生产速度，还可以进一步完善农业的自动化生产。通过特定算法模型对涉农数据要素进行处理并应用于农业生产的不同环节中，再通过精密的设备与终端进行操控，从而实现农业生产的智能监测、智能预警与精准管理。利用新型传感器和制动器，可以对农业生产过程中的天气状况、作物长势进行实时监测，对可能发生的异常情况进行智能预警，从而有效降低农业生产的风险。例如，利用无人驾驶航空器、遥控自走履带式旋耕机、自走式绞盘喷灌机、无人驾驶拖拉机等智能装备，可以高效开展耕地管收作业。通过卫星整地平地、精准喷药施肥、谷物自动测产等功能，减少人力投入，在保障农产品质量的同时提高投入产出效率。通过一系列远程控制或自主控制终端，逐步实现农场作业全过程的智能化、无人化。此外，使用智能移动终端发布需求信息和获取农业生产信息，能够大大提高农业生产运营的精准性。

拓展阅读 9-1：光明网报道《数智构建农业护城河》

农业人员的数智化表现为在数智农业生产过程中需要高素质人才。数智农业是集物联网、大数据等现代信息技术为一体的高级农业生产方式，在农业数智化的过程中，需要农业生产者关注和收集网络上的市场信息和农业资讯，通过对现代信息系统反馈的数据进行分析和对农业生产过程的实时监控，实现对农业全产业链的精准化管理和可视化诊断。因此，数智农业的发展需要掌握现代生产技术的高素质人才。

农业管理的数智化表现为管理者需要在管理过程中充分吸收现代化的管理思维，并融入相应的信息化管理手段。农业管理的数智化具体体现在劳动者服务数智化、农业灾害监测数智化和农村电子商务数智化3大方面。劳动者服务数智化能够为农业生产者和农业专家构建沟通的桥梁，消除以往农业生产者和专家学者之间的沟通壁垒，进一步完善综合性农业生态圈；农业灾害监测数智化将联合使用自然灾害预警系统、耕地质量监测系统与疫情防治系统，能够让农业生产者获得最为及时准确的灾害信息，让农户的防灾减灾工作能够尽快落实到位，最大限度地降低损失；农村电子商务数智化可以为农业生产者提供一个电子商务平台和全过程的电子商务服务，拓宽农产品的销售渠道。同时为消费者提供了更加绿色便捷的购买渠道，有效地解决了农产品"卖难""买难"的问题。

三、发展数智农业的重要意义

（一）数智农业发展推动了农业作业方式的转变

数智农业能推动农业作业方式的转变，实现农业转型。就我国现阶段而言，传统农业的发展已经趋近饱和，如今已到达了向现代农业转变的临界点，想要充分落实农业现代化建设，应当尤为注重以下两点：第一，环境与资源问题严重制约着农业现代化的发展，要想突破资源利用率低和环境恶化这两个瓶颈，就必须把海量数据资源应用于农业生产的各个环节中，还应当将收集到的数据全部对应到农业生产的各个环节中，保障农业生产的精

准性，加快推动农业生产及资源利用方式的进一步转变。例如，河北某现代农业园区率先实现了对机械喷药、微滴灌系统等智能管理设备的应用，大大提高了工作效率。因此，应逐步将信息化、数字化技术应用于农业作业中，按照"精准化、智能化、物联化"的理念，能推动智能农业的发展。农业作业方式的改变意味着传统的人为耕种和机器耕种方法正逐渐被具有更多技术要素的机械模式所取代。创新发展信息化平台，推进信息化与农机作业相结合，促进了农业生产方式向现代农业生产模式的转变。

（二）数智农业助推特色农业发展

以科技为核心，人才、土地、资本集聚的农业科技园区是农业经济、科技发展的新形式。作为提升农业科技能力的载体，数智农业为农业科技的创新与特色农业的发展提供了试验与思路，可以更好地促进农业科技与农村其他产业的融合，实现市场化运作，助推传统农业的转型升级。以各地基础产业、资源禀赋、自然条件、发展规划等为基础，可以选择山区果品综合开发、现代都市农业、高效设施农业、传统农业改造升级、龙头企业带动这5种农业园区发展模式，以休闲农业区、城郊都市农业区、山区绿色农业区、特色农业区、生态农业区为5个重点产业片区进行因地制宜的发掘与发展，并实施现代农业经营方式，逐渐向产业化农业迈进，扩大了品牌效应。根据各地区的特点，尝试发展特色农业，同时落地实施科技创新项目，各园区不断向现代农业转型，努力发挥当地特色，形成新型农业产业；各园区不断向现代农业科技园区方向发展，逐渐聚集现代农业的各项要素，成为农业产业转型升级的载体。

四、加速发展数智农业的对策

（一）加快乡村"新基建"，完善数字化基础设施

数字技术助力乡村振兴，说到底就是利用数字技术来推动乡村经济、文化和社会治理各项事务的快速发展。在这个过程中数字技术的充分应用和与乡村建设的充分融合是关键，而数字化技术的落实并不是空中楼阁，而是需要一定的载体和应用环境才能实现，数字化基础设施就是数字技术落实的基本保证。因此，要加快乡村"新基建"，就要不断完善数字化基础设施。首先，要加快乡村地区互联网建设。政府要采用政策支持和资金倾斜，科学布局乡村地区5G基站、乡村接入，对乡村地区落后的信息设施进行更新升级，不断提升乡村地区网络覆盖率和网络效能。其次，要完善与物联网相关的基础设施。物联网是数字技术的重要内容，也是实现产业振兴的重要方式。因此要大力加强乡村地区物联网相关基础设施建设，完善仓储系统、物流系统等基础设施，特别是要建立与农副产品储存、运输有关的冷库和冷链运输系统，为以电子商务为主导的物联网发展提供良好的条件。最后，要加大现代化农业设施设备的引入、应用。例如，智能化管理设施、自动化病虫害监控设施和无人机植保设备等，助力乡村地区产业发展。

（二）深化数字化理念，加强人才培养

数字化理念的培育是进行数字化建设的思想基础，因此要深化数字化理念，提升乡村振兴各参与主体的数字化意识和综合素养，并加强数字化人才培养，为数字技术在乡村地

区的应用奠定坚实的人力资源基础。首先，要深化乡村地区基础干部的数字化意识，培养基层干部的数字化素养。基层干部是数字技术在乡村地区最终落地的推动者和执行者，其数字化素质在很大程度上决定了层数字技术与乡村发展的融合程度。因此，要加大对基层干部的培养，将数字化素质作为基层干部工作能力考核的重要内容，并对基层干部进行系统化的数字技术相关培训，利用互联网优势，采取网络培训与实地培训相结合的培训方式，提高培训效率。同时可以将数字技术培训纳入基层党校培训体系，并进行针对性的考核。其次，要提升乡村居民的数字化素养。乡村居民是数字化建设的主体，其数字化素养不足严重影响了乡村地区数字化建设的进程，因此要大力提升乡村居民的数字化素养。乡村地区要针对性地开展数字技术相关理论和技能培训，将网络培训和实践培训结合起来，提高培训效率，并加大政策和资金支持，将培训结果与乡村居民的切身利益结合起来，激励乡村居民主动提升数字化素养的积极性。最后，要加强人才培养，打造出一支数字化素养较高的人才队伍。一方面，要加强外部人才的引进，通过政策、资金方面的倾斜，鼓励数字化相关优秀人才到乡村地区工作、创业，特别是鼓励懂技术的大学生返乡，推动懂数字技术的大学生到乡村担任村官等。另一方面，要加大本土人才的培养，要在乡村培训的基础上，与外部数字化相关企业、专业化培训机构进行合作，通过补助、补贴的形式对文化素养较高、学习意识较强的乡村居民进行外派培训、实践学习，培养具有数字化理念和技能的综合性人才，进而反哺乡村数字化建设。

（三）打破信息壁垒，打造乡村产业发展新业态

针对乡村地区农业发展滞后，产业结构不健全的状况，要加强数字技术应用，打破信息壁垒，打造乡村产业发展新业态。首先，要加强农业现代化建设，实现农业经营现代化。在农业生产阶段，要充分利用大数据、物联网和人工智能技术，实现农业生产的现代化，将全自动田间管理、无人机植保和智能化虫病害监测应用于农业生产中，提高农业生产效率和生产成果。在农业销售阶段，要改变被动的农业销售模式，利用数字技术实现农业生产和销售相耦合。一方面，在农业生产准备阶段，政府在利用大数据的基础上引导农民进行农副产品品种的选择，实现规模化经营，甚至可以与对口公司签订农产品销售合同，在农产品生产前已经解决销路问题；另一方面，在农产品销售阶段，要利用数字技术，如农村电商，与互联网销售平台合作等，扩大农产品销售渠道，避免信息不对称，助力于农民实现生活富裕。其次，要实现数字技术与乡村产业的深入融合，实现乡村地区产业结构升级。在第二产业发展上，要以乡村地区丰富的农副产品资源为基础，加强相关政策和资金倾斜，完善物流、仓储等基础设施，鼓励各企业到乡村地区进行轻工业投资建厂。在第三产业发展上，要以乡村地区丰富的自然资源为基础，加强乡村旅游及相关产业发展。通过开发旅游网站及数字技术，进行精准推荐和营销，实现乡村旅游的繁荣。

（四）建设服务型政府，增强政府扶持力度

政府需要明确自身的职能定位，以服务者的身份来支持当地数智农业发展，并通过制定优惠政策的方式来为数智农业的发展提供有力保障。政府应当积极调研当地数智农业发展的实际情况，以此来调整并实施相应的信贷支持、研发扶持等政策，推动数智农业的发

展；通过互联网来构建专门的数据网络平台，这类平台能够帮助农民在短时间内准确获悉农产品的销售数据，从而可以根据农业市场的需求及时调整种植结构，增加收入；大力发展农产品电子商务，建设配套的物流设施，降低农产品运输成本，减少运输时间；加强数智农业基础设施的建设，实现移动互联网的村村通、户户通。

第二节　数智时代的工业

工业是国民经济的主导产业，对于一个国家的建设起到了至关重要的影响，其发展甚至直接影响着经济趋势。发展工业的数字化转型是实现我国由工业大国变工业强国的必经之路。以工业互联网为方向看，当前我国正在从工业经济迈向数字经济，进入以大数据、人工智能为特点的"数智化"时代。据中国信通院发布的《中国数字经济发展白皮书》显示，2020 年全国数字经济规模达到 39.2 万亿元，数字经济增速是 GDP 增速的 3 倍多。这归因于全球第四次工业革命的加速推进，以及以人工智能、云计算、大数据、物联网等为代表的新一代信息技术快速发展和产业化应用。随之，产业数字化深入发展融入智能化的因素，企业生产运营管理系统形成了"数据—信息—知识—决策—执行"的闭环路径，数智化的提出是在此基础上发展而来。工业是实体经济的核心，面对资源、环境、能源等多重因素的约束，推动工业企业的数智化应用转型是赋能实体经济的重要途径，国家层面和各地区为加快数字经济发展，相继出台了一系列政策，鼓励企业"上云用数赋智"。工业企业数智化转型是发展数字经济的主战场，也是新发展阶段实现高质量发展的重要路径，如何利用好新一代信息技术发展带来的机遇与红利是新型工业化发展的关键课题。

拓展阅读 9-2：2021 年 12 月 8 日，习近平在中央经济工作会议上的讲话

一、工业数智化与工业数字化比较

数字化的核心是将许多复杂多变的信息转变为可以度量的数字、数据，从而建立数字化模型实现内容"在线化"，主要是对外部数据的采集、传输、存储、分类和应用。

数智化是在数字化基础上的转型升级，运用大数据、AI、云计算等新技术，深度挖掘数据价值，实现智能化分析与管理，提升应用数据的水平和效率，从而优化现有业务价值链和管理价值链。可以简单理解为：数智化是在数字化的基础上的更高诉求。

现代工业从数字化发展不断加速向数智化演进，数字化与数智化的区别可以从以下 4 方面进行总结：一是支撑技术方面，数字化工业主要基于传统信息技术（IT）；而数智化工业主要应用人工智能、云计算、物联网等新一代信息技术，因此更加侧重于数字技术（DT）。二是市场特征方面，数字化工业经营决策面临的问题是规模化生产，市场特征是确定性的需求；而数智化工业要满足的是大规模个性化需求的用户，具有一定的不确定性。三是经营理念方面，数字化工业遵循以产品为核心的价值理念，侧重与成本控制、质量效益、生产效率等方面的控制；而数智化工业主要是以客户运营为核心，通过市场创新迭代升级，注重提供消费者全生命周期的体验。四是技术与产品形态方面，数字化工业一般为封闭式的技术体系，向市场推出的产品形式为"硬件+软件+系统化解决方案"等，实现的目标是业务数据化；而数智化工业要在数字化工业产品基础上主导打造开放式的技术体系，打造一套面向客户全生命周期服务的运营方案，实现数据业务化，见图9-1。

数字化企业		数智化企业
支撑技术	IT技术：PC+传统软件	DT技术：云、端、中台、AIOT等技术
市场特征	规模化的相对确定性需求	个性化的不确定性需求
经营理念	以企业内部管理为核心	以客户运营为核心
技术诉求	如何提升经营效率	如何支撑创新迭代
技术开放性	封闭技术体系	开放技术体系
技术交付形态	硬件+软件+解决方案	服务与运营方案

图9-1　数字化企业与数智化企业的区别

综上，数智化是数字化发展到人工智能更高阶段的必然产物，是数字化发展中大数据分析与智能化过程中的机器学习、人工智能等技术的融合应用，有助于改进生产过程、提升产业效益、改善客户体验、提高交易效率并产生新型商业模式。制造业数智化转型包含着制造业全价值链中的"数字智慧化""智慧数字化"等核心要义，不仅强调推动数据增值、技术增能和制造增进，提高数字技术的功能和效用，还要求实现生产制造全过程从"人工"到"智能"的转变。

二、数智化工业的新特征

党的二十大报告进一步强调，加快发展数字经济，促进数字经济和实体经济深度融合，打造具有国际竞争力的数字产业集群。数字经济与人工智能相结合，具有高创新性、强渗透性、广覆盖性的特点，其产生和发展不仅对生产组织方式形成了强烈的冲击，而且也在深刻地改变着既定的社会经济运行规律。数智经济发展战略的实施为经济社会持续转型提供了强大动力，也对工业发展产生了深刻影响，数智经济背景下的工业发展呈现出新的特征。

（一）数字时代的工业具有复杂的系统性

首先，从要素结构来看，数字经济对传统要素结构产生了颠覆性重构，既扩展了要素范围和使用深度，也改变了要素传播途径和组合方式，而要素作为工业生产的基础将引起工业生产方式的系统性变革；其次，从技术进步和产业结构变迁来看，数字经济带来的新技术催生了新产品、新业态、新产业、新模式，扩大了产业生产规模和链条延伸，并且技术应用通过产业关联和传导效应、传统产业融合和带动效应及需求结构的倒逼作用引领产业结构的重新融合、分化和系统性调整升级，这些涉及全产业链、全创新链和全价值链，具有多元性、专业性和复杂性的特点；最后，从工业发展与人类社会演进的逻辑来看，工业化是人类经济社会运行方式变革的基础，数字经济以其强劲的规模报酬效应、技术渗透效应和外部溢出效应对经济社会运行方式产生深刻影响，数字经济下的工业现代化也是经济社会的数字化、智能化和现代化，是制度、文化、生产、生活在数字技术冲击下的系统性变革。

拓展阅读 9-3：爱玛科技"361 数智化工程"案例分析

（二）数字时代的工业具有高度的融合性

在数字经济时代，信息（数据）成为经济生产的核心生产要素。信息要素不但具有生产功能，而且其易传播、低成本、高流通、增殖快的特质也强化了数字技术在生产、生活中的渗透性，使得数字经济下的工业体现更高层次、更多元化的融合性。在技术领域，数字经济带来一系列通用基础技术的革新和应用，传统的生产技术正在被逐渐替代，工业现代化体现为现代前沿科学技术对工业生产的渗透融合和技术瓦解，如以工业互联网为代表的新型基础设施通过对人、机、物、系统等的全面连接形成网络平台、大数据、人工智能、数据要素与实体经济深度融合的应用模式和工业生态；在产业领域，数字经济将传统的产业分化重新聚合起来，工业现代化体现为产业边界模糊化的产业链融合及产业内部结构优化重组的产业链融合；在市场领域，数字经济能够精准识别个性化需求，并基于柔性化的数字智能生产精确地匹配个体需求，工业现代化体现为以产品的数字化、智能化、网络化、服务化为载体的需求供给融合；在经济社会领域，工业现代化体现为工业生产与社会进化的高度融合。

（三）数字时代的工业具有长期渐进性

在数字经济下，工业技术的变革并不是单一领域的技术进步，而是在新一代信息技术引领下物理、能源、生物、交通、大数据、人工智能等科技领域的系统性变革，涉及工业生产的诸多领域。而工业体系的复杂性、产业关联的多维性、技术创新的周期性使得数字经济下的工业现代化必将是长期演进的过程，规模经济效应与边际报酬递减的矛盾将带动工业现代化的震荡螺旋式上升。与此同时，工业现代化的最终完成以实现经济社会的现代化为重要标志，经济社会的演化需要较长的历史时期，在这一进程中，供求结构调整的滞后性、社会分工演化的渐进性及制度体系的路径依赖性都会导致工业现代化只能在长期的演化中实现。

（四）数字时代的工业具有风险不确定性

从技术创新来看，工业现代化的过程是新技术对旧技术完全替代的过程。在这一进程中伴随着新技术的冲击，新旧技术对抗，新技术完全取代旧技术的阶段。新旧技术的顺利更替，一方面需要关键核心领域的重大技术突破和持续的通用技术外溢，另一方面也需要有利于技术传播、推广、替代的创新环境。数字经济下通用技术全面革新尚未完全形成，并且新旧技术之间仍存在相互对抗，新技术应用的基础设施环境还不完善，加剧了工业现代化的技术风险。从制度体系来看，关于数据要素需要开发、利用的基础性制度，数字经济下的政府、平台、企业、行业、媒体、社会公众多元参与、有效协同的治理格局尚未完

全形成。从产业变革方向来看，工业现代化过程中伴随着产业的转型升级，旧技术下的产业将失去其原有的工业价值和地位，现代化新产业体系将取代传统产业结构。数字经济应用范围和深度的加强促使以数字经济为主导的产业体系正在形成，在这一过程中竞争格局变动、技术体系波动、发展观念重塑都将影响产业变革的方向和速度。从外部环境来看，抓住新一轮科技革命的机遇实现工业向数字化、智能化、现代化转型，成为各国之间展开激烈竞争和博弈的重要领域。而国际经济社会环境不稳定、各国在前沿技术领域的地位争夺、世界产业分工格局的强势竞争都加剧了工业现代化进程中的风险。

三、促进工业数智化转型的途径

第一，以数智化转型提升自主创新能力，增强制造业的综合竞争力。制造业国际竞争力需要以科技创新力、市场开拓力、品牌影响力、贸易竞争力等综合竞争力为基础。数字技术是通用技术，能够推动新型要素的汇聚和整合，提升科技自主创新能力，实现科技自立自强，增强我国制造业的科技创新力。数字平台能够依托大数据技术及时发现市场需求，提升企业的市场敏感度，从而增强制造业企业的市场开拓力。数字技术与互联网相互融合、发展，能够提升制造业品牌的传播力和影响力。数字经济与人力资本交互作用，能够促进创新产出和提升创新效率，服务贸易数字化还会带来产业升级效应、创新发展效应、全球价值链重构效应，显著提升我国制造业的出口竞争力。

第二，以数智化转型推动制造业提质增效，保持并提升制造业成本优势。随着要素价格上涨和环境规制趋紧，我国制造业以低要素投入成本为主的传统竞争优势正在转化为以创新驱动为主的新型竞争优势。数字经济时代，制造业企业需要以数智化转型为手段，在生产全过程中开展数智化研发、数智化生产、数智化管理、数智化运营、数智化销售，降低综合成本，提升产品和服务质量，进而提升我国制造业的成本竞争力，继续保持"中国制造"在国际市场上的竞争优势。

第三，以数智化转型实现"数字减碳"，推动制造业绿色低碳的高质量发展。制造业数智化转型是应对全球气候变暖、新冠肺炎疫情反复、全球经济波动等不确定性因素的重要举措。数智化转型通过"数字减碳"提升制造业能源使用效率，优化制造业碳足迹，进而重塑和提升制造业国际竞争力。一是产生制造业节能减排的技术创新效应。一方面，数字经济与企业科学研究与试验发展活动之间存在协同效应和乘数效应，能够通过扩散数字技术、提升人力资本和促进数据流动等途径，推动制造业企业的低碳技术创新。另一方面，企业通过运用云计算、物联网、大数据等新兴技术，实现了对要素投入数据的采集、整合与分析，有效地解决了信息碎片化、不对称、不完备等问题，提高生产决策的科学性，促使企业生产活动由经验驱动向数据驱动的转变，提高了企业创新能力和生产效率。二是产生制造业节能减排的结构优化效应。通过产业数字化与数字产业化催生绿色低碳的新型制造业，以及推动传统制造业的生态化转型，有助于优化制造业内部结构，实现制造业节能减排降碳和高质量发展。

第四，以数智化转型化解制造业企业的"服务化困境"，推动制造业服务化转型。制造业企业的"服务化困境"主要指开展服务业务对自身绩效产生的负面影响，在发展服务型制造过程中存在服务化与企业绩效呈负相关的阶段，也称为"服务化悖论"。对于制造业企业来说，企业组织和文化路径依赖惯性、资源的有限性、产品的服务承载力有限性、产品链和价值链重组的风险性及对需求的认知错位等因素，都可能使企业陷入"服务化困境"。从外部市场环境来看，企业面对的市场环境变幻莫测、国际需求波动较大、行业技术迭代更新迅速及客户需求具有异质性和易变性等，也是引发"服务化困境"的重要因素。制造业数智化转型将引导企业聚焦数字化、网络化、智能化和新科技、新产品、新业态，推动企业建立适应云端化、集中化、智能化演进需要的网络运维体系，夯实数智化精细服务能力，深化"场景＋策略"精准服务，通过智能云端化提升企业创造价值的能力。因此，数智化转型可以从收益和成本两方面缓解或突破"服务化困境"，推动先进制造业与现代服务业深度融合，进而提升制造业国际竞争力。

扩展阅读

工业 4.0 的定义

工业 4.0（industry 4.0）是一种"制造思维"的改变，从大量生产逐渐转变为大量定制化，以"智能制造"为重点，其核心在于数字与实体的串联，即虚实整合系统（cyber-physical system，CPS）与物联网（internet of things，IoT）。

实体机器的行动转换为数据，利用物联网达成机器间信息的交换与整合，再透过云端服务与大数据的分析，可以优化制造流程，使制造过程能更加智能化、客制化与服务化，同时提升消费者服务体验。

工业 1.0 到 4.0 的演变过程

从工业 1.0 到 3.0 的三次工业革命都是为了让整个生产过程更有效率，使生产机器拥有更好的效能，以达到大量生产与销售的目的。

工业 4.0 并非为第四次工业革命，而是泛指新一代的工业转型，可以说是一种潮流趋势。

工业 1.0

工业 1.0 即第一次世界革命，利用水力与蒸汽取代以往的人力与畜力，让工厂开始使用机器生产，使其逐渐转化为集中、有组织性的生产模式。

工业 2.0

工业 2.0 开始以电力取代水力及蒸汽，广泛使用在大量生产上，也是首次有上、下游的流水产线的出现，以及成功让机器生产机器。

工业 3.0

当晶体管与集成电路出现后，开始使用电子设备及信息技术来降低人为的影响，以增进机器制造的精准化及自动化程度。

工业 4.0

透过机器与机器之间的沟通来提高自动化程度，并发展出人机协同运作的智能工厂，进而转化为提供产品客制化与服务化的生产能力。

回顾历史上的三次工业革命，工业 4.0 不再以制造方面的生产量为重点，而是将需求视为首要任务，为客户提供定制产品与服务。

工业 4.0 的三大项目

1. 智能工厂

智能工厂是运用物联网将所有自动化的生产设备互相联结，并整合大数据形成单一且可视化的系统，对设备进行实时监控，达成生产材料的控制、生产过程的追踪，以及生产设备的监控等目的。

2. 智能制造

智能制造以智能工厂为基础，通过物联网、大数据、云端计算、人工智能等技术，将生产制造的每一个环节都提升至高度智能化与客制化，其重点在依据客户的需求快速生产出定制产品。

3. 智慧物流

智慧物流靠的是信息与通信的技术，包括射频识别技术、感测器、GPS 系统与良好的通信环境，以串联物流系统的每一环节都能信息化的运作，如采购、仓储、运输、配送等，达到供应链全流程的信息实时共享。

工业 4.0 所需的信息技术与基础设备

1. 物联网

物联网是利用射频识别技术、感测元件、嵌入式系统、GPS 定位等技术来收集物体信息，并透过互联网传递数据，使得物体之间能够交流，依收集到的数据资料进行分析与决策，进而控制已连上网络的物体。

2. 云端运算

云端运算是主要使用远程主机以订阅制或服务形式来提供运算资源的共享空间，包括数据、服务器、分析、应用程序等，能够降低管理成本，并随时随地进行运作与存取。

3. 大数据分析

物联网不断地收集信息，从而形成巨量资料，被称为大数据（big data），数据本身不带有任何意义，有意义的是利用大数据分析出来的结果，可以是经验也可以是预测。

数据科学家与数据分析师需要从数据中快速获得结果，就需要高运算的计算机，而此类型的计算机通常为工作站或服务器。

4. 自动化

自动化是一种控制模式，广泛来说是指无须借助人力，就能使生产制造的机器自动且规律的运行，主要目的是能够加速生产效率、稳定生产质量与减少劳动力。

5. 系统整合

系统整合指的是将所有次系统汇整并建构成一个单一系统，而在此过程中，每一个次系统在这单一系统中仍然能正常运作，如主动式监控系统。

6. 网络安全与管理

网络安全指的是要维护系统运作、保护数据安全及抵挡外在风险的手段。由于数据分析师需要在互联网上进行大数据的分析与云端运算的访问，因此网络安全与管理就显得极为重要。

第三节 数智时代的服务业

人工智能，是计算机用于模拟、延伸人的思维和适应环境能力的一门创造性的技术。随着大数据的不断发展，人工智能从输入的数据中学习、分析和预测并做出合理输出，并且逐渐具备实现决策、思考和情感交互等复杂任务的能力。如今，服务业正处于提高生产率和服务工业化的转折点，以人工智能（artificial intelligence，AI）、大数据（big data）为代表的数智技术在服务领域快速发展。例如，AI通过分析顾客行为和市场潜力优化业务流程、提高服务效率；聊天机器人和数字化助理与顾客进行高效沟通等。数智技术在服务创新中的应用是一个长期趋势，有巨大的市场价值。数智时代的服务创新（以下简称智能服务创新）已得到技术、营销、管理、伦理等领域的广泛关注。

一、现代服务业的发展趋势

（一）数字化转型已经是高端服务业的必然要求

数字化转型是建立在数字化转换、数字化升级的基础上，进一步触及企业或组织核心业务、架构、文化，以新构建和交付一种新的、差异化的价值为目标的高层次转型[6]。数字化转型是开发数字化技术及支持能力，以构建一个富有活力的数字化商业模式。世界经济的数字化转型是大势所趋，数字化及相关的信息技术推动服务产业发展已多次被纳入党和国家的顶层设计中。服务业的数字化转型是这个大趋势中的重要组成部分，贯穿现代服务业发展的始终[7]。在服务产业中，数字化转型是一个以价值创造为目的，以提升效率和效益为导向，以数字技术驱动业务变革的过程[8]，但数字化转型的内涵十分丰富，其实施是一项复杂的系统工程，在完成实施过程并发挥效果期间，有大量的工作要完成。

现代服务业的数字化转型动力源于两方面：①被动转型的压力，中国服务行业的条件、环境、对象都在发生变化，人力成本上升、商业经营的压力，都在倒逼产业转型、技术升级和产业创新；②主动转型的选择，长期结构松散、效率不高的传统产业形态与市场需求存在较大差距，资本市场的要求和员工意识、工作需求的变化，也都需要通过产业转型、产业创新来解决。

（二）智能化升级正在成为高端服务业的发展方向

现代服务业的智能化升级是指以多种类型的新一代信息技术的融合应用为手段，创新服务内容、服务场景和服务模式，向客户提供个性化、线上化、智能化、技术含量高、用户体验好的服务。将大数据技术与智能技术相结合，服务行业的经营主体能从更广泛的范围内搜集有用的信息，并借助数学建模、数据挖掘和各类算法，对信息进行甄别、加工和处理，形成可以作为经营管理、反馈应答或投资决策依据的重要信息或结论。

对企业来说，智能技术能够革新盈利模式和服务内容。智能化

拓展阅读 9-4:《长三角现代服务业联盟高质量发展行动计划倡议书》全文

升级不仅可以重塑传统服务业的业务流程和经营模式，还能创造新的服务领域和内容，形成更多的盈利点。此外，企业还可以借助智能技术，对市场、客户及经营状况进行动态监测和管理，抢占市场先机，调整市场战略，并及时发现经营风险，最大限度地避免经营损失。

对客户来说，智能技术可以显著提升服务速度和精准度，服务商也能够更广泛和更深入地延伸和扩展服务网络，将世界范围内的服务用户联系起来。语音、图像、视觉、文本等智能技术的使用，也能够极大地提升用户的体验和便捷性。而尚未采用智能技术和相关服务的企业，已经难以满足客户不断提升的服务需求。因此，对于高端的现代服务业，智能化升级已成为重要的发展方向和无法回避的要求。

二、数智时代服务业历经的阶段

服务的发展历程其实也是人类社会发展进步的缩影，它同样历经了农业经济时代、工业经济时代、信息经济时代及智能经济时代，如图 9-2 所示。在农业经济时代，几乎很少存在服务活动，在这一时期，主要依靠简单的人力劳动来提供服务，如传统的酒楼、旅馆、驿站等，工作效率低、成本高，智能化程度趋近于零；进入 20 世纪以后，随着工业革命的兴起及机器设备的出现，人们开始使用机器取代人力，生产效率得到很大提高，逐渐产生半自动半人工的服务活动，智能化程度得到一定的提高。此时，交通运输开始成为服务业的代表，并逐渐占据着主导地位；直到 20 世纪 50 年代，社会进入"服务经济时代"，计算机的普及使得各类服务活动变得更加方便和快捷，人工逐渐被取代，社会开始进入半智能化时代，智能化程度得到很大提高。金融、银行、证券、保险等服务业也开始不断涌现；到了 21 世纪的今天，新的服务形式和新的服务活动层出不穷，大数据、人工智能、物联网使得人类社会从此迈入"智能服务经济时代"。

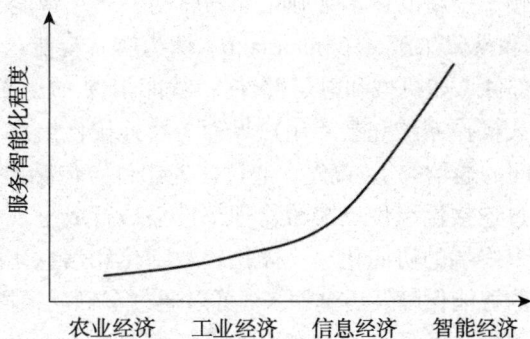

图 9-2　智能服务历经的阶段

三、数智时代服务业的特征

（1）服务要素模块化和专业分工

欧美企业在 20 世纪七八十年代经历了深度的信息化革命，信息化革命利用信息化和网络化，促使了很多生产和服务要素模块化，剥离出很多独立业务，加速了专业化分工，实现了专业的人做专业的事，显著提升了服务质量和智能化转型升级的便利性。在我国，服务行业在信息技术的支持与推动下，将进一步实现服务要素的模块化和标准化，提高专业分工的精细度。

（2）服务方式和内容多样化

新一代信息技术的融合应用，帮助现代服务组织创新服务内容、服务模式和服务方式，向客户提供多种新型服务，具有个性程度高、响应速度快、技术能力强、交付体验好等特点。借助技术手段，很多服务行业可以将大量服务工作线上化、远程化，并利用网络技术和通信技术的支持，专业化、智能化地完成服务，还产生了大量新型业态，包括远程医疗、在线教育、线上金融服务等。

（3）产业空间的虚拟集聚

新一代信息技术的出现，使得企业与企业之间的地理空间的关联协作变得没有那么紧密[10]。企业与企业之间从原来的地理空间集聚模式，变为网络虚拟集聚模式，只需要实现数据和信息实时交换即可达到集聚的效果。特别是物联网、大数据计算等技术的发展，明显导致企业之间的关联协作对地理空间的依存度降低。因此，新一代信息技术与现代服务业的深度融合使虚拟集聚成为现代服务业的新型组织形态，而虚拟集聚的运行载体和驱动引擎则是由信息技术支撑的新型数字基础设施。

四、数智时代服务业的实现路径

在服务经济时代，大多数人的需要已经转向服务的个性化，产品种类和定制化的需求是不可阻挡的。这也对企业服务提出了更高的要求。企业在这一过程中不仅需要快速地掌握了解顾客的需求，而且需要在有限的时间内提供令顾客满意的服务，因而提供智能化的服务是必不可少的。因此，如何实现智能服务也成为近年来学术界和企业界重点关注的问题。智能服务的实现依赖于全新的技术基础（如物联网、人工智能、区块链、5G技术等）的支持。波特（Porter）和赫佩尔漫（Heppelmann）认为所有智能、互联的产品或系统都包含3个核心要素：物理部件（如机械和电子部件）、智能组件（传感器、微处理器、数据存储、控制、软件、嵌入式操作系统和数字用户界面）及连接性组件（端口、天线、协议和网络、产品和产品云之间的通信等）。首先，通过智能组件（传感器、微处理器等）的分析处理；其次，将结果通过连接性组件反馈给物理部件去执行或呈现。在这个过程中，它更强调多平台、多系统、多终端的协同化、一体化、数字化和信息化的管理。正如，特斯拉向其汽车购买用户提供的智能保障及后勤服务，可以通过车辆反馈回来的发动机使用情况、轮胎磨损和胎压、用户习惯，及早地判定车辆的损耗情况及可能出现的故障，再通过远程的智能平台（即智能组件）处理并将结果反馈给用户。因此，从上述过程可以看出智能化的、全新的服务技术是实现智能服务的基础。

对于制造业企业或服务业企业而言，实现服务智能化的关键在于：①在转型升级过程中的服务技术与顾客需求的融合。只有当服务技术与顾客需求的精准融合，才能更好地提升服务的智能化水平；②企业自身动态能力的强弱。动态能力是指企业有目的地创建、扩展或更改其资源基础的能力，动态能力的关键过程是资源利用，它是一种柔性能力。首先，服务技术与顾客需求的融合过程中会使得服务智能化程度不断增加。服务技术与顾客需求融合得越好、越紧密，就预示着企业提供的智能化服务程度往往越高；服务技术与顾客需求贴合的越离散，说明服务技术与顾客需求是相互独立的单元，企业提供的智能化服务程度往往越低。本文按照服务智能化程度的高低将智能服务分为服务技术与顾客需求融合为导向及服务技术与顾客需求离散为导向两类，如图9-3所示。

服务技术与顾客需求融合为导向的智能化服务是追求服务技术和顾客需求的精准融合，从而提供更加高效满意的服务，因此服务的智能化程度高。服务技术与顾客需求离散为导向的智能化服务表现为服务技术和顾客需求相脱离，单纯拘泥于传统服务模式的改进与优化，服务与客户痛点需求相互独立，互不相容或融合程度很低，因而提供的服务往往智能化程度低。其次，服务智能化的实现也决定于企业自身动态能力的强弱，动态能力分为感知能力、整合能力和吸收能力3个维度，感知能力越强有助于企业发现和捕捉市场机会，获取最新的信息和最新的技术，对市场需求作出快速的响应，因而企业提供的服务的智能化程度往往越高；整合能力越强说明企业具有较强的资源整合能力，能够将不同领域内的信息和资源加以整合，从而获得竞争优势，因而整合能力越强，企业提供智能化服务的能力越高；同理，吸收能力越强代表企业能够快速的融合新的知识和信息，具有较强的学习能力，能够快速的开发新的技术和知识，因而吸收能力越强企业的服务智能化程度同样也越高。本文将服务智能化程度和动态能力的变化组合为二维矩阵（如图9-3）。模式1为初级模式， 企业动态能力和服务技术与顾客需求融合都比较低；模式2为中级模式，服务技术与顾客需求融合高，企业的动态能力低；模式3同样为中级模式，服务技术与顾客需求离散，融合度低，企业的动态能力强；模式4的服务智能化程度和企业的动态能力都高，企业绩效因而也会表现得更好。因而，服务智能化的实现依赖于企业动态能力的强弱与服务技术与顾客需求融合的高低。

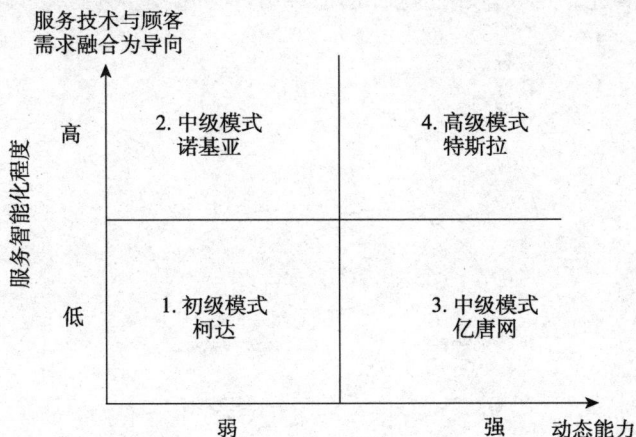

图9-3　服务智能化实现的路径矩阵

第四节 数智时代创新创业发展趋势

理解数智时代，需要具有长周期思维。在时间维度上，数智时代正处于第三次技术革命向第四次技术革命转化的交棒期。这一阶段，第三次技术革命的主导技术——互联网技术已经趋向成熟，市场已经趋向饱和。大量互联网企业基于交易和互动产生并累积了海量的数据、强大的算力和严密的算法，为人工智能预测消费者和生产者行为提供了多种可能性。这些互联网技术革命遗产酝酿并开启了一个更加崭新的数字化和智能化的时代（简称数智时代）。由传统互联网时代向数智时代迈进是一个创造性被破坏的过程。数智时代不仅是一场技术革命，更是一场产业革命、生活革命和人才革命，是一场涉及经济、社会、教育的深刻和系统的创造性破坏浪潮。经济和社会等诸多领域数智革命背后的根本性力量，正是数智技术与创业力量高度耦合的作用。

一、数智时代创新创业理论框架

传统创业过程理论认为机会、资源和创业者（团队）是创业过程的基本要素，创业过程的本质是创业者、创业机会、创业资源和创业环境相互作用并创造价值的动态过程。数智化作为新的创业情境对传统创业理论提出了新的挑战，理解上述要素组合在数智情境下的新变化，是理解数智时代创造性破坏力量的基本前提。数智技术对于创业过程而言不仅是一项新技术应用，更重要的是重构了创业要素的新组合，催生出数智机会、数智资本、数智阶层及数智制度等。数智机会、数智资本和数智阶层的"新组合"是数智创业发生的基本内部构成要素，数智制度是数智创业发生的外部环境。数智机会、数智资本和数智阶层的多元组合和碰撞为数智制度的更新演化提供了内在活力，数智制度则为数智机会、数智资本和数智阶层的融合提供了制度保障和支持。数智创业内部构成要素和外部环境之间的双向影响和交互演进，是数智创业这种创造性破坏力量发生并扩散的驱动力（图9-4）。

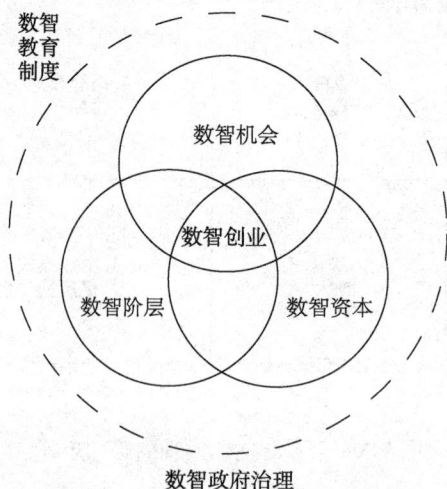

图 9-4 数智时代创新创业框架

（一）数智机会是数智创业的源头和归宿

数智机会是数智创业的核心，数智机会的甄别是数智创业的源头，数智机会的实现则是数智创业的归宿。从机会生成的角度来看，数智机会是一个累积性的结果，是技术创业和数字创业缓慢进化的结果；从机会实现的角度来看，数智机会是一个突破性的过程，是满足以往数字创业未满足或无法满足的市场有效需求的结果。

数智时代是人类有史以来影响最大的技术转型期，其创造的数智机会和影响力将是互联网迄今为止影响力的 5~10 倍。数智创业机会不仅指数智技术催生的新产品和新业务，还指传统产业的数智融合发展所引发的新形态和新模式。长期以来，在制造业和服务业谁更应该优先发展这个问题上一直存在争议，在数智时代两者很大程度上将呈现融合发展之势，三次产业相互融合形成的新产业形态将成为趋势。智能制造系统依托于传感器、工业软件、网络通信系统，实现人、设备、产品、服务等要素和资源的相互识别、实时联通，促进生产制造和多种生产性服务紧密结合，其本质就是制造业和服务业两种业态的深度融合。这一空前的数智化浪潮带来数以万亿元的商机，企业家和创业者可以通过建构企业自身的数智创变能力，推动企业走向全领域、全流程和全方位的数智化经营。否则，即便是领先企业也可能在未来遭遇全数字化旋涡颠覆的可能。概括来说，具备数智转型的企业需要具备 3 种核心能力：一是敏捷感知能力，即企业发现并监控环境变化的能力；二是智慧决策能力，即企业在具体情况具体条件下做出最佳决策的能力；三是快速执行能力，即企业快速高效地实施已制订计划的能力。

（二）数智阶层是数智创业的实践主体

数智阶层是指从事数智创业活动的实践主体，他们是数智创业的劳动力要素，是数智创业的执行者和推动者，主要包括数智企业家、数智创意人士和智能簇群等。数智阶层在实践中检验和发展了作为新型创业形式的数智创业活动，数智创业活动在加速数智化转型过程中也直接扩大了数智阶层的数量和规模。

数智企业家是数智阶层的领导者，是指以捕获数智价值为目的，利用数智技术甄别数智机会、调用数智资源并开发商业模式的企业家或创业者。数智创业虽然架构了创业者、创业团队、用户、投资者及智能决策系统等多种参与者，但数智企业家仍是决定数智创业方向的关键主体。数智创意人士是数智阶层的主力军，和大工业时代的流水线工人不同，他们拥有了更多的职业自主选择，他们更愿意利用平台数智技术从事创新创造工作，持续挖掘和激发个人潜能。智能簇群是数智阶层的重要组成部分，主要是指数智平台中具有智能分析、决策和行动能力的机器人或算法系统。作为创业伙伴角色的智能簇群，显著区别于互联网时代机器系统的作用。在互联网创业中，机器和算法系统被视为创业工具或半智能系统，是创业者能力的延伸，属于劳动工具的范畴；在数智创业中，智能机器和算法系统作为创业者的智能"伙伴"，超越了一般创业工具的范畴，是对创业者能力的复刻和补充，一定意义上已经从劳动工具向劳动者的范畴转化。

（三）数智资本是投资数智创业的独立资本形态

数智资本不是一般意义上的新的投资方式，而是一种新的资本形态。毋庸置疑，资本在高科技创业和经济转型中发挥着至关重要的作用。投资方式一般是指资本作为一种要素的投入及组合方式。同一资本可以有多种投资方式，不同资本也可以采取同一种投资方式。投资方式的不同选择，往往影响既定投资目标的投资效率。所谓资本形态，主要是根据资本的用途而划分的不同职能的资本。随着市场经济的发展，资本的形态也在不断细分和发展，先后形成了商业资本、产业资本、金融资本等多种资本表现形态。判断资本是否属于新的资本形态，需要回答以下 3 个问题：第一，它是否是一种独立化的职能资本；第二，它是否有独立化的运动目标、运动形式和运动特征；第三，它是否有独立的资本人格化代表。如果满足上述 3 个问题，就可以称为一种新的资本形态。人类生产服务过程的变革深刻地影响着资本形态的历史形式及其作用过程。

（四）数智制度是数智创业扩散的根本保障

创业活动离不开制度的保障，数智制度是保障数智创业最优运行模式的基本秩序。在数智创业的创造性破坏过程中，数智创业活动所带来的社会新需求与传统创业活动背后的社会制度相互作用，催生出与数智创业相适配的新型制度范式。一方面，数智技术的广泛应用以规范化、模块化和数字化的方式加速"创业能力—创新成果"的转化过程，但传统技术的社会制度难以负荷高强度、高频率的社会创新现象，必然引起新型创业模式与传统社会制度的矛盾；另一方面，不断迭代的数智制度的逐步建立，也在逐渐取代传统社会制度，实现新旧制度的交替。可以说，数智制度是数智创业活动的孪生，在数智创业活动的发展过程中，教育制度实现了自身的优化迭代，反过来又保障了内容更多元、层次更丰富、范围更广泛的数智创业活动的生成。

本章小结

本章首先对数智时代农业发展进行讲解，包括其含义、特征、发展意义及对策建议等；其次介绍了数智时代的工业发展历程及发展特点，并提出了相应发展建议；再次对数智时代的服务业进行全方位讲解；最后对数智时代创新创业的发展趋势特别是理论框架进行了梳理与解读。

通过本章的学习，希望大家对数智时代的创新创业内涵、特点、发展趋势有一个基本的认识，也能够为大家今后的学习指明方向。

关键词

数智时代　数智时代农业　数智时代工业　数智时代服务业

即测即练

自学自测　　扫描此码

问题思考

1. 数智时代和数字时代有什么区别？
2. 为适应数智时代创新创业发展，作为一名大学生你现在要学会什么基本技能？

实训专题

你知道哪些数智时代的创新创业案例？请列举出自己认为最有代表性的一个并进行分析。

第十章

创新创业项目竞赛指导

学习目标

1. 掌握大学生创业应注意的问题；
2. 了解创青春、互联网+、三创赛赛事安排；
3. 掌握相关赛事的报名方法。

引导案例

ofo 小黄车的前世今生

有人曾问过 ofo 小黄车公司的创始人戴威："你认为一件事能否成功和谁把一件事做成功之间谁更重要？"戴威的回答是："必须是我把这件事做成功，这才是最重要的。"或许正是因为有了这份执念和勇气，才使戴威在本科毕业后就走上创业的道路，拥有了别人难以望其项背的事业。

戴威出生于 1991 年，相较于身边同龄人，他对自身的要求十分严格，从小到大学习成绩都是数一数二的好，在课余时间，戴威也不忘充实自己，学会了多样乐器。

终于，在 18 岁那一年，戴威成功考上了北京大学，成了光华管理学院的一分子。尽管戴威已经如此优秀，但他仍然对自己不满意，在他的成长过程中，不乏质疑的声音，而这些声音无非是抨击戴威借助家庭背景实现梦想。他为了证实自己，也是为了抛弃这些嘈杂的声音，戴威在大学期间愈发努力，被保送攻读硕士以后，还加入了一个自行车协会，企图在骑行中找到自由的感觉，没想到，这个决定改变了戴威的一生。

2013 年，本科毕业后，戴威与伙伴来到了青海大通县支教。在青海支教的那段日子，戴威每日都在身体力行地证实自己并非虚有其表的富家公子，每日蹬着自行车，奔走在学校和县城之间。支教结束后，戴威回到了北大继续攻读硕士，与此同时，一个想法浮现在他的脑海里：既然自行车能成为大家日常的代步工具，也有越来越多的人选择骑行旅游，那么，为什么不开发一个自行车共享体系呢？

想法一旦形成，就没有不去尝试的道理，更何况北大鼓励学生梦想的发育和成长。戴威召集了几个同窗好友，将自己的计划全盘托出，得到大家的认可后，"ofo 共享单车计划"终于正式出炉。

可惜的是，一阵开心过后，几人意识到致命的问题：几个学生怎么弄来数量庞大的自行车呢？运行资本又在哪里？戴威不愿意放弃这个在脑海中发酵多时的创业大计，因此，

他唯有抱着死马当活马医的心态。他买了20根羊肉串，请他的一位中文系的师弟为这份计划书造势。令人庆幸的是，这几十块钱果然没有白花，2015年，一篇名叫《这2000名北大人要干一票大的》的文章走红网络，没过多久，就有上千名北大学子推着自己的自行车到戴威楼下，希望加入他的计划。

至此，戴威的计划已获得初步成功，校道上出现了大批自行车，所有有车的同学可以免费骑走任何一辆，而没有车的同学则只需要花1元，就可以将自行车骑走。这样的运行方式，对于任何一个学生来说都极其便利的，大家再也不用担心自己的车会被偷走，而没有车的同学也可免去高昂的买车成本，只需要花很少的钱就能当上"有车一族"。

当然，其中的最大赢家莫过于戴威和他伙伴创立的ofo公司，这个模式在北大推行出去后，又在其他高校不断复制。戴威每日忙着购车与运营，俨然已经成了一个小老板，这一年，他不过才23岁。

2016年，戴威参加第二届中国"互联网+"大学生创新创业大赛，获得了国家级金奖——全国季军。从此，这一抹黄不仅走进了北大学子心里，还走进了资本人的眼中。2016年春节前夕，戴威收到了一个陌生电话，对方通知他到国贸三期去见金沙江创投的总经理朱啸虎。戴威哪里见过这样的场面，于是，他半信半疑地坐到了朱啸虎的对面，在简单了解了创业背景和运营模式后，朱啸虎立刻拍板："我要投1000万"！不料，戴威没有露出惊喜的神情，反而落荒而逃，这个莫名其妙联系自己，又莫名其妙给自己投资巨额的人，不是骗子，还会是什么？然而，当他走出了大楼后就开始后悔了，他随手搜了一下朱啸虎的个人信息，这才得知对方在创投圈的地位。可以得到这个大佬的投资，ofo何愁不能成为共享自行车界的王者。

在拿到1000万元后，戴威做的第一件事就是不断购车，将小黄车引入全国200多所高校，在那段时间，ofo公司风头无两，每日使用小黄车出行的人数接近50万人次，几个月内，数据已经高达上百万。

只是，这看似华丽的数据背后不过是一场资本的较量，而戴威正是被侵蚀的一部分。为了让小黄车遍布全国高校，戴威已经将1000万元全部用于购车，与此同时，摩拜单车进入市场，与小黄车开始了竞争。为了打赢这一场仗，戴威还需要更多的投资。

身为一名投资人，朱啸虎显然不希望自己投资的商品败下阵来，在他的牵线下，戴威认识了另一个创投行业的大佬夏尧。来自腾讯的夏尧十分看好小黄车，也不乏金钱去投资戴威，只是他有一个要求，便是要小黄车走出校园，走向城市。面对这个大好机会，戴威犹豫了，他的创业初心一直是为了解决高校出行，即便面对资金短缺的困难，也不希望违背初心。在夏尧后面，还有不少排着队的投资人，身为资本宠儿的戴威根本不缺腾讯这一份投资，当然对于腾讯来说，他们也不是非ofo不可。两人就这个问题交谈了三次都没能达成统一意见，最后，合作以失败告终。

最终，夏尧投资了摩拜单车，拥有了资金的摩拜单车一举崛起，成了可以和ofo抗衡的存在。在当时那段时间，谁都知道小黄车和摩拜单车展开了一场单车之战，双方打得难解难分，有小黄车的地方，就一定会有摩拜单车。两者的战争一直持续了好几个月，让背后的资本家都苦不堪言，毕竟在这场拉锯战中，消耗的都是投资人的钱，最后还是朱啸虎忍不住先开了口，呼吁两家企业握手言和。

然而，戴威却在此时站了出来，坚决拒绝和好，誓要坚持下去，直到自己胜利为止，并表示投资人不懂创业人。可惜的是，戴威虽然有一定的创业头脑，却没有经历过职场和商场，他的头脑在社会中显得过分简单与偏执。这样的行事风格使他彻底激怒了当初为他牵线奔走的朱啸虎，两人不欢而散，此后，朱啸虎将ofo的股份卖出后愤然离场。

面对朱啸虎的退出，戴威没有意识到任何问题，在他眼中只看见了络绎不绝的投资人，如滴滴的程维。程维认为，滴滴在交通网络上的空白区域可以由共享自行车来弥补，两者一拍即合，小黄车就像满血复活一样，在平台上狂撒红包和福利，誓要与摩拜单车一较高下。

2017年春天，ofo小黄车公司创始人戴威在苦恼如何打败劲敌摩拜单车时，一个好消息从天而降，程维介绍的投资金主孙正义承诺给戴威的公司投资18亿美元。听到这个消息，戴威似乎听见了胜利的号角，投资资金之庞大，已经远远超过了两家公司的全部融资。

或许是被这个巨大的数字冲昏了头脑，戴威一心想快速完成孙正义对小黄车公司的要求。为了冲破订单量，他将账面上所有的钱全部砸向了市场，订单量一下子冲上了3000万单。

这一次，每一个人都以为公司一定能拿到投资，在2017年的年会上，戴威甚至送出了价值几十万元的牧马人和数百万的期权。平日里，戴威也没改掉挪用公款发福利、发红包的习惯，甚至在公司最缺钱的时候，还花1400万元发射卫星。

一连串行为下来，戴威已经花光了公司的150亿元，公司已经金玉其外、败絮其中，自然没有通过软银的审查。用软银审查的话来说，ofo的管理十分松散，充满散漫的学生气息，即便有滴滴和股东机构引入的高管，也治疗不了这深深扎根的腐败管理体系。

接受不了打击的戴威将问题怪到了滴滴高管的头上，一气之下，甚至将执行总裁踢出了公司，也正是这一举动，直接终止了小黄车和滴滴之间的缘分，没过多久，小黄车公司就和滴滴一拍两散，公司开始走起下坡路，最终宣告破产。

资料来源：https://baijiahao.baidu.com/s?id=1733707740487301979&wfr=spider&for=pc

引导问题：

思考：大学生创业应注意哪些问题？

第一节　大学生创业应注意的问题

创业是就业的另一种模式。随着商业经济的高速发展和知识经济的迅猛来临，越来越多的大学生投入到创业的浪潮中。为了引导大学生的创业活动，使大学生的创业活动健康发展，现把大学生在创业过程中应该注意的问题总结如下，希望能够给正在创业和准备创业的大学生一些启示。

一、要善于发现商机，抓住机遇

培根曾经说过，机遇老人第一次给你送上的是他的头发，如果你一下子没有抓住，再抓就只能碰上他的秃头。幸遇良机，就要及时抓住，一旦错过，就再无法将它挽回。在大学生活中，我们会遇到无数的商机，只要肯观察，肯发现，以最快最有效的方式满足市场的需求，就有可能成功。成功的创业者就是善于发现商机、抓住机遇。

二、充分了解市场信息，提高驾驭市场的能力

充分了解市场需求，是大学生成功创业的重要前提。首先，创业者可以利用现代化的信息技术把握市场发展的整体趋势，判断在某个领域或者某个行业的市场需求是趋于饱和状态还是处于空白状态，找准自己的方向。其次，创业者要时刻注意观察自己所选行业的发展动态，做好跟踪。只有充分掌握市场的需求信息，才能够正确地判断创业的发展方向，才能够正确地确定创业的目标、战略及选择具体的实施方案，才能够驾驭市场。

三、一定要选择适合自己的行业

大学生在创业过程中要根据自己的专业知识、兴趣爱好、心理素质、性格特点等自身特点选择适合自己的行业，不要盲目地跟从，随波逐流，要选择自己比较熟悉和擅长的行业。对于那些在目前还没有找准创业目标的大学生来说，可以找职业咨询老师帮忙做一下职业生涯规划，可能对选择行业有所帮助。创业者只有选择了适合自己的行业，才能够把自己的最大潜能发挥出来，在创业过程中少走弯路。

四、要有一定的创新意识和创新能力

创新是知识经济的主旋律，是企业化解外界风险和取得竞争优势地位的有效途径。创新意识是大学生自主创业不可或缺的部分，它包括欲望、决心、热情、责任感、冒险精神和创业理念等。创新能力是创业能力素质的重要组成部分，它包括两个方面的含义：一是大脑活动的能力，即创造性思维、创造性想象、独立性思维和捕捉灵感的能力。二是创新实践的能力，即人在创新的活动中完成创新的任务的具体工作的能力。创新能力是一种综合能力，并与人们的知识技能、经验、心态等有着密切关系。具有广博的知识、熟练的专业技能、丰富的实践经验、良好的心态的人容易形成创新能力，它还取决于创业者的创新意识、智力、创造性思维和创造性想象等。

创业者要学会独立思考，要敢于展示自我，培养自己技术创新和思维创新的能力，全方位地接受信息，促进创新意识的增强，满足时代新的需要，主宰自己的前途。创新能力和创新意识在大学生创业过程中有非常重要的作用。

五、具备合理的知识结构

一个成功的创业者必须具备两种知识——专业知识和非专业知识。尽管专业知识对于创业者实现创业的目标有至关重要的作用，但是非专业知识同样不可缺少。创业者在创业过程中只有掌握了丰富的知识，才能够驾驭整个创业过程。如果缺少某种知识储备，就有可能使创业中途夭折。

因此在创业的过程中，创业者一定要掌握充足的管理、法律和风险投资等方面的知识，如人事管理、资金财务管理、物资管理、生产管理、市场营销管理、经济法、税法、知识产权法等。丰富的知识，还能使我们的创业思维更加活跃。

六、塑造良好的心理素质

增强自信心，这是大学生进行创业的一个必要条件。创业之路是充满艰险的，创业者要去面对很残酷的现实，面对变幻莫测的激烈竞争及需要随时解决的问题和矛盾。因此需要创业者有非常强的心理调控能力，能够持续保持一种积极向上、沉稳的心态。

七、建设合理的创业团队

大学生的创业形式有个人创业和团体创业。在团体创业中，有合理的团队结构是成功的关键。因此，有效地组合和调整团队，有效地解决来自团队内部的问题和矛盾，增强团队的凝聚力，才有可能在创业过程中立于不败之地。

八、培养交往协调能力和良好的人际关系

在创业过程中，大学生要与许多人交往，如果没有良好的人际交往协调能力，自己就有可能被社会所淘汰。交往协调能力在书本上是学不到的，它是一种社会实践能力，需要大学生在社会实践活动中学习，不断地积累总结经验。

这种能力的形成，一是要敢于与陌生人打交道，敢于冒险和接受挑战，敢于承担责任和面对压力，对自己的决定和想法要充满自信、充满希望；二是养成观察与思考的习惯，培养三思而后行的做事习惯；三是处理好各种关系，社会活动是靠各种关系来维持的，要处理好各种关系就得善于应酬，要学会良好的待人接物能力。创业者只有处理好人际关系，才能够建立一个有利于自己创业的和谐环境，为成功打好基础。

九、培养艰苦奋斗、坚持到底的精神

任何一个创业的过程都是曲折的，创业者在创业过程中，如果没有全身心的付出，没有坚持到底的精神，就不可能取得成功，创业也只能是"纸上谈兵"。而且，创业环境瞬息万变，创业过程中遇到挫折与失败都是非常正常的事情，因为不确定的因素太多了，谁都无法预测。因此，创业者无论做什么事情，只要方向正确，就要坚持到底，从小事做起，从实际做起，发扬"不抛弃，不放弃"的精神。

拓展阅读 10-1: 阻碍创业成功的六大坏习惯

十、要有大局意识，合理投资

大学生习惯了衣来伸手饭来张口的生活，所以初期对于花销没有概念。做长久之事，须深谋远虑，行事需看到五步之外。大学生在创业的时候不能只看到一时得失，行事考量等都须往长远看，做合理的投资，绝不可以任意挥霍。

第二节 "挑战杯"竞赛指导

一、赛事介绍

挑战杯是"挑战杯"全国大学生系列科技学术竞赛的简称，是由共青团中央、中国科

协、教育部和全国学联共同主办的全国性的大学生课外学术实践竞赛，竞赛官方网站为 www.tiaozhanbei.net。"挑战杯"竞赛在中国共有两个并列项目，一个是"挑战杯"中国大学生创业计划竞赛，也叫"创青春"；另一个则是"挑战杯"全国大学生课外学术科技作品竞赛。这两个项目的全国竞赛交叉轮流开展，每个项目每两年举办一届。这里以大学生创业计划竞赛为例进行讲解。

创业计划竞赛起源于美国，又称商业计划竞赛，是风靡全球高校的重要赛事。它借用风险投资的运作模式，要求参赛者组成优势互补的竞赛小组，提出一项具有市场前景的技术、产品或者服务，并围绕这一技术、产品或服务，以获得风险投资为目的，完成一份完整、具体、深入的创业计划。

竞赛采取学校、省（自治区、直辖市）和全国三级赛制，分预赛、复赛、决赛三个赛段进行。

大力实施"科教兴国"战略，努力培养广大青年的创新、创业意识，造就一代符合未来挑战要求的高素质人才，已经成为实现中华民族伟大复兴的时代要求。作为学生参加科技活动的新载体，创业计划竞赛在培养复合型、创新型人才，促进高校产学研结合，推动国内风险投资体系建立方面发挥着越来越积极的作用。

二、赛程安排

（一）组别类别

赛事比赛类别分为大学生创业计划竞赛、创业实践挑战赛及公益创业赛，各个类别区分如下。

大学生创业计划竞赛：参加竞赛项目分为已创业与未创业两类；分为农林、畜牧、食品及相关产业，生物医药，化工技术和环境科学，信息技术和电子商务，材料，机械能源，文化创意和服务咨询等 7 个组别。实行分类、分组申报。

拥有或授权拥有产品或服务，并已在工商、民政等政府部门注册登记为企业、个体工商户、民办非企业单位等组织形式，且法人代表或经营者的在校学生、运营时间在 3 个月以上（以报名当天为截止日期）的项目，可申报已创业类。

拥有或授权拥有产品或服务，具有核心团队，具备实施创业的基本条件，但尚未在工商、民政等政府部门注册登记或注册登记时间在 3 个月以下的项目，可申报未创业类。

创业实践挑战赛：拥有或授权拥有产品或服务，并已在工商、民政等政府部门注册登记为企业、个体工商户、民办非企业单位等组织形式，且运营时间在 3 个月以上（以预赛网络报备时间为截止日期）的项目，可申报该赛事。申报不区分具体类别、组别。

公益创业赛：拥有较强的公益特征（有效解决社会问题，项目收益主要用于进一步扩大项目的范围、规模或水平）、创业特征（通过商业运作的方式，运用前期的少量资源撬动外界更广大的资源来解决社会问题，并形成可自身维持的商业模式）、实践特征（团队须实践其公益创业计划，形成可衡量的项目成果，部分或完全实现其计划的目标成果）的项目，可申报该赛事。申报不区分具体类别、组别。

（二）时间安排

校级初赛（7月）：7月31日前，各学校组织发动学生参与校级初赛，遴选参加省级决赛项目。每校推荐参加省级决赛项目总数不超过20个，每个组别最多7个。校级初赛参赛项目需在大赛官方平台统一填报。

省级决赛（8—9月）：根据各校项目推报情况，分普通高校和职业院校分别进行省级决赛，遴选优秀项目参加全国赛。

全国赛（11月）：每个学校通过省赛复赛。

推荐入选全国决赛的项目总数不超过6个，每个组别最多2个。

（三）评审要点

突出实践导向，在考察项目商业价值的基础上，更加注重考查学生了解社会现状、关注社会民生、解决社会问题的意识、能力和水平。具体包括项目的社会价值、实践过程、创新意义、发展前景和团队协作等方面。

（四）奖项设置

大赛设项目金奖、银奖、铜奖，由全国决赛统一评定。设学校集体奖（挑战杯、优胜杯），按所推报项目获奖名次赋分，核算总分后评定。设学校优秀组织奖，综合各校项目获奖情况、校赛组织情况、线上活动参与情况等评定。设省级团委优秀组织奖，综合省内学校组织动员情况、获奖情况、线上活动组织参与情况等评定。

（五）大赛平台

大赛统一开发赛事平台，实现参赛报名、在线评审、视频答辩、展示交流等功能，平台网址 https://www.tiaozhanbei.net/，大赛有关资讯将通过共青团中央青年发展部官方微信公众号"创青春"发布。

第三节 "互联网+"竞赛指导

一、赛事介绍

中国"互联网+"大学生创新创业大赛，是由教育部与政府、各高校共同主办的一项技能大赛。大赛旨在深化高等教育综合改革，激发大学生的创造力，培养造就"大众创业、万众创新"的主力军；推动赛事成果转化，促进"互联网+"新业态形成，服务经济提质增效升级；以创新引领创业、创业带动就业，推动高校毕业生更高质量创业就业。重在把大赛作为深化创新创业教育改革的重要抓手，引导各地各高校主动服务创新驱动发展战略，创新人才培养机制，切实提高高校学生的创新精神、创业意识和创新创业能力。

拓展阅读10.2：历届互联网+大赛国赛金奖项目名称汇总

大赛主要采用校级初赛、省级复赛、全国总决赛三级赛制（不含萌芽赛道及国际参赛项目）。

二、赛程安排

以第八届"互联网+"大学生创新创业大赛为例。

（一）组别类别

"互联网+"大学生创新创业大赛分为高教主赛道、青年红色筑梦之旅赛道、职教赛道、萌芽赛道、产业赛道。各赛道又细分不同组别，如表 10-1 所示。

表 10-1 "互联网+"大学生创新创业大赛组别类型

赛道	组别	参赛类别
高教主赛道	本科生组：创意组、初创组、成长组 研究生组：创意组、初创组、成长组	新工科类、新医科类、新农科类、新文科类
青年红色筑梦之旅	公益组、创意组、创业组	"互联网+"现代农业、"互联网+"制造业、"互联网+"信息技术服务、"互联网+"文化创意服务、"互联网+"社会服务
职教赛道	创意组、创业组	创新类、商业类、工匠类
萌芽赛道	普通高级中学在校学生	项目应紧密融合学习、生活、社会实践，能创造性地解决问题或提供解决思路，具有可预见的应用性与成长性，可以是教育部公布的面向中小学生的全国性竞赛活动名单中学生赛事获奖项目或作品。项目不只限于"互联网+"项目，鼓励各类创新创业项目参赛
产业赛道	企业需求命题，普通高等学校全日制在校生（包括本专科生、研究生，不含在职教育），或毕业 5 年以内的全日制学生	国家"十四五"规划战略性新兴产业，倡导新技术、新产品、新业态、新模式。围绕新工科、新医科、新农科、新文科对应的产业和行业领域

（二）时间安排

参赛报名（4—7 月）：7 月 31 日前参赛团队通过登录全国大学生创业服务网（网址:cy.ncss.cn）或微信公众号（名称为"全国大学生创业服务网"或"中国互联网+大学生创新创业大赛"）任一方式进行报名。

校赛举办时间（次年 3 月 1 日—4 月 15 日）：初赛复赛的比赛环节、评审方式等由各校、各地自行决定。各地应在 8 月 15 日前完成省级复赛，并完成入围总决赛的项目遴选工作（推荐项目应有名次排序，供总决赛参考）。

全国总决赛（10 月）：入围总决赛的项目将通过网评和会评，择优进入总决赛现场比赛，决出各类奖项。

（三）奖项设置

高教主赛道：中国大陆参赛项目设金奖 150 个、银奖 350 个、铜奖 1000 个，中国港澳台地区参赛项目设金奖 5 个、银奖 15 个、铜奖另定，国际参赛项目设金奖 50 个、银奖 100 个、铜奖 350 个；设置最佳创意奖、最佳带动就业奖、最具商业价值奖等若干单项奖；获得金奖项目的指导教师为"优秀创新创业导师"（限前五名）。

青年红色筑梦之旅赛道：设置金奖 50 个、银奖 100 个、铜奖 350 个；设置乡村振兴奖、最佳公益奖等若干单项奖；获得金奖项目的指导教师为"优秀创新创业导师"（限前五名）。

职教赛道：设置金奖 50 个、银奖 100 个、铜奖 350 个；获得金奖项目的指导教师为"优秀创新创业导师"（限前五名）。

萌芽赛道：设置创新潜力奖 20 个；入围总决赛但未获创新潜力奖的项目，发放"入围总决赛"证书。

产业命题赛道：设置金奖 30 个、银奖 60 个和铜奖 210 个。

（四）大赛平台

大赛统一开发赛事平台，具有参赛报名、在线评审、视频答辩、展示交流等功能，参赛者可登录全国大学生创业服务网（网址：cy.ncss.cn）或微信公众号（名称为"全国大学生创业服务网"或"中国互联网+大学生创新创业大赛"）进行查看。

第四节　电商三创赛竞赛指导

一、赛事介绍

全国大学生电子商务"创新、创意及创业"挑战赛（以下简称三创赛）是在 2009 年由教育部委托教育部高校电子商务类专业教学指导委员会主办的全国性在校大学生学科性竞赛。根据中华人民共和国教育部、中华人民共和国财政部（教高函〔2010〕13 号）文件精神，三创赛是激发大学生兴趣与潜能，培养大学生创新意识、创意思维、创业能力及团队协同实战精神的比赛。

三创赛在中国高等教育学会发布的全国普通高校大学生竞赛排行榜的 57 项赛事中排名第 13 位，是全国广大师生信赖、支持的比赛。

大赛的目的：强化创新意识、引导创意思维、锻炼创业能力、倡导团队精神。

大赛的价值：大赛促进教学、大赛促进实践、大赛促进创造、大赛促进育人。

三创赛一直秉持着以"创新、创意及创业"为目的，致力于培养大学生的创新意识、创意思维和创业能力，为高校师生搭建一个将专业知识与社会实践相结合的平台，提供一个自由创造、自主运营的空间。

二、赛程安排

（一）组别类别

以第十三届创赛为例。

大赛采用校级选拔赛、省级选拔赛、全国总决赛（以下分别简称校赛、省赛、国赛）三级赛制，分为常规赛和实战赛两类比赛。

常规赛主题如下：①三农电子商务；②工业电子商务；③跨境电子商务；④电子商务物流；⑤互联网金融；⑥移动电子商务；⑦旅游电子商务；⑧校园电子商务；⑨其他类电

子商务。

实战赛包括跨境电商实战赛、产教融合（BUC）实战赛、乡村振兴实战赛等。

（二）时间安排

（1）校赛注册及备案时间：9月27日—11月15日；

（请参赛学校务必在11月15日之前完成注册和备案，否则该校学生的报名受到影响，比赛也会受到影响。）

（2）参赛队报名时间：9月27日—12月31日；

（3）校赛举办时间：次年3月1日—4月15日；

（4）省级赛举办时间：4月20日—6月20日；

（5）全国总决赛时间：7月20日—7月22日。

（三）奖项设置

校赛奖项分为特、一、二、三等奖共4个等级，原则上特等奖不超过有效参赛团队数量的5%（可空缺，要排出名次），一等奖不超过有效参赛团队数量的10%，二等奖不超过有效参赛团队数量20%，三等奖不超过有效参赛团队数量的30%。校赛设最佳创新奖、最佳创意奖、最佳创业奖等单项奖若干名。向获得特等奖团队指导老师授予最佳指导老师奖，向获得一等奖团队指导老师授予优秀指导老师奖。

省赛奖项分为特、一、二、三等奖共4个等级，原则上特等奖不超过有效参赛团队数量的5%（可空缺，要排出名次），一等奖不超过有效参赛团队数量的10%，二等奖不超过有效参赛团队数量的20%，三等奖不超过有效参赛团队数量的30%。省赛设最佳创新奖、最佳创意奖、最佳创业奖等单项奖若干名。向获得特等奖团队指导老师授予最佳指导老师奖，向获得一等奖团队指导老师授予优秀指导老师奖。省赛设校赛优秀组织奖（数量和质量都好的）若干名。

国赛奖项分为特、一、二、三等奖共4个等级，另设最佳创新奖、佳创意奖、最佳创业奖等单项奖若干名。向获得特等奖团队指导老师授予最佳指导老师奖，向获得一等奖团队指导老师授予优秀指导老师奖，向承办省级赛的规模大和质量高的单位授予省级赛优秀组织奖，向组织国赛表现优秀的承办单位授予国赛优秀组织奖。

（四）大赛平台

三创赛所有文档均放在三创赛官方网站（www.3chuang.net）"资料下载"栏，所有赛事通知、公告均通过官方网站、微信公众号（名称：电子商务三创赛）发布。

本章小结

本章首先对大学生创业需要注意的问题进行了讲解，其次介绍了挑战杯、"互联网+"、三创赛等大学生"双创"比赛事宜。

通过本章的学习，希望大家能够对大学生最重要的几个大赛有一个基本的认识，懂得大赛基本赛程及注意事项。

关键词

挑战杯　　互联网+　　创青春　　三创赛　　筑梦之旅

即测即练

自学自测  扫描此码

问题思考

1. 大学生创业应该注意的问题有哪些?
2. "双创"大赛应该如何选题?

实训专题

以教学小组为单位,报名参加大学生"双创"赛事。

参考文献

[1] 黄远征,等. 创新与创业基础教程[M]. 北京:清华大学出版社,2017.
[2] 杨彦栋,等. 创新创业基础教程[M]. 长春:吉林人民出版社,2019.

教师服务

　　感谢您选用清华大学出版社的教材！为了更好地服务教学，我们为授课教师提供本书的教学辅助资源，以及本学科重点教材信息。请您扫码获取。

≫ 教辅获取

本书教辅资源，授课教师扫码获取

≫ 样书赠送

创业与创新类重点教材，教师扫码获取样书

清华大学出版社

E-mail: tupfuwu@163.com
电话：010-83470332 / 83470142
地址：北京市海淀区双清路学研大厦 B 座 509

网址：https://www.tup.com.cn/
传真：8610-83470107
邮编：100084